JN418919

자끄 엘륄의
생애와 사상

자끄 엘륄의 생애와 사상

2012년 3월 29일 초판 1쇄 발행

지은이 | 박건택
펴낸이 | 박영호
펴낸곳 | 도서출판 솔로몬

주소 | 서울시 동작구 사당 3동 207-3 신주빌딩 1층
전화 | 599-1482
팩스 | 592-2104
직영서점 | 596-5225

등록일 | 1990년 7월 31일
등록번호 | 제 16-24호

ISBN 978-89-8255-489-6 03230

자끄 엘륄의 생애와 사상

● 박건택 지음 ●

Life and Thoughts of Jacques Ellul

지식인이자 동시에 종교인이었던 엘륄은 신학 외에도 사회학, 법학, 역사, 정치, 경제 등등 다양한 분야에서 그 자체의 학문적 의미를 가지면서, 동시에 오늘날 그리스도인으로서의 우리의 존재 의미를 묻는 질문을 던진다. 이 책은－엘륄 식으로 산다는 것이 무엇을 의미하는가?－에 대한 답이다.

Jacques Ellul

솔로몬

Life and Thoughts of

차... 례...

Jacques Ellul

올해는 자끄 엘륄(1912-1994)의 100주년의 해다. 오래전에 알게 되어 내 삶에 꽤 깊이 영향을 준 고인이 된 이 프랑스 석학에 대해 뭔가 작은 것이라도 기념하는 일이 의무감으로 다가왔다. 그리고 그와의 아쉬웠던 만남이 머리에 스쳐갔다.

내가 엘륄을 만난 것은 파리 유학시절인 1984년 쌀쌀한 초겨울 어느 날 저녁이었다. 생 제르망 거리에 있던, 지금은 없어진, 프로테스탄트 서점을 단골로 다니던 나에게 특이한 책이 눈에 들어왔다. 앞표지에 지장이 빨갛게 찍혀 있었다. 이건 우리가 흔히 도장이 없을 때 찍던 행위가 아니다. 엄지에 인주를 묻히는 행위는 본래 비장함의 상징이지 않던가! 게다가 제목은 뒤집혀진 기독교를 의미하는 "기독교의 전복"이었다. 제목이 주는 의미 때문에 필자는 수차례 망설였고, 서점 2층에 마련된 저자와의 만남마저 무의미하게 흘러 보냈다. 잠시 얼굴을 보고 그냥 내려왔다. 책상 앞에 앉아 몇몇 사람들과 대화하는 모습은 검정색 상의와 콧수염에 머리는 벗겨졌으며 전반적으로 둥근 면상과 크고 빛나는 동그란 눈망울이 전부였다. 책을 손에서 만지작 거린지 일주일 만에 결국 그다지 좋은 인상을 주지 못한 신학생 알바에게 돈을 지불했으나 저자의 친필 서명을 받을 기회는 사라졌다. 하지만 그 책은 끝장을 볼 때까지 손에서 떼지 못했다. 지금은 고전이 되어버린 「뒤틀려진 기독교」는 그렇게 해서 나오게 되었다. 역자의 이름을 밝히지 못한 채 말이다.

본시 내 프랑스 유학 목적은 16세기 제네바 종교개혁자 칼뱅을 연구하기 위함이었다. 신학교 시절 칼뱅주의에 빠져 있던 나는 칼뱅 자신에 대해 좀 더 알고 싶었고, 그가 프랑스 사람이었다는 것과 대학 시절 불어를 전공한 것도 프랑스를 선택한 동기가 되었다. 하지만 뇌종양으로 지도교수를 잃고서도 파리 10대학에서 베자의 서간집을 통해 여전히 칼뱅의 이미지를 추적하던 나에게 엘륄과의 만남은 칼뱅의 세계관과는 다른 실존적 세계관으로의 초대장이었다. 어떤 세계관이건 하나의 세계관을 갖는다는 것은 세상을 설명할 수 있는 하나의 논지를 갖는다는 의미일 것이다. 그리하여 나는 한편으로는 칼뱅과 칼뱅주의로 세상을 바라봄과 동시에 다른 한편으로는 엘륄과 실존적 급진주의의 시각을 가질 수 있게 되었다.

칼뱅이 근대문명의 출발선에서 자신도 모르게 새 문명이 될 무엇의 기초를 놓았다면, 엘륄은 400년 뒤 이 문명의 황혼에서 비판적 예언자로 서 있다. 칼뱅이 기독교/르네상스 인문주의를 통해 로마가톨릭문명에 대한 비판을 가했다면, 엘륄은 성경/마르크스의 사회분석을 통해 근대문명을 비판했다. 칼뱅이 문명비판으로 그치지 않고 새로운 사회를 위한 틀을 제공했다면 엘륄은 대안적인 틀이 아닌 혁명적 삶을 제시했다. 이것은 어쩌면 두 개의 다른 세계관을 들여다보는 일이기도 하다. 하지만 둘 다 예레미야와 같은 역할을 한다(렘 1:10). 한쪽이 문명 세우기라면 다른 한쪽은 문명 부수기이다. 내가 귀국한 후, 한동안 칼뱅과 엘륄 연구를 병행해온 데는 이런 지적 배경이 있었기 때문이다.

사실 엘륄이 한국 교회와 사회에 소개된 지는 내가 그를 강의하기 시작한 것보다 훨씬 전 일이다. 그에 관한 논문들—사실 언제 무엇이 쓰였는지 모르지만—을 제외하고 말한다면, 처음으로 엘륄의 저서를 단행본으로 독자들에게 소개한 것은 신학에 관심이 있는 법학도였다. 「폭력」을 번역한(1974) 사람은 그 책 부록에서 비교적 상세하게 엘륄의 사상 체계를 소개하였거니와, "자끄 엘륄의 현대문명 비판"이란 제목의 분량은 거의 소책자의 수준이다. 역자는 엘륄의 핵심어인 기술에 대한 설명을 빼놓지 않고 있다. 그 후로 엘륄의 신학 관련 서적들이 간간이 출판되었는데, 「법의 신학적 기초」(1985), 「하나님의 정치와 사람의 정치」(1987)는 비교적 일찍 소개되었다.

이때까지의 번역들이 영어 번역에 의존한 것이었다면, 「사람과 돈」(1987, 뒤에 출판사가 바뀌고 「하나님이냐 돈이냐」라는 제목으로 간행됨), 「원함과 행함」(1990)을 비롯한 엘륄의 신학 서적들이 불어와 영어에서 줄줄이 번역되었다. 「뒤틀려진 기독교」(1990), 「세상 속의 그리스도인」(1992), 「도시의 의미」(1992), 「인간 예수」(1993), 「기도와 현대인」(1993), 「무정부와 기독교」(1994), 「요한계시록 주석」(2000), 「존재의 이유: 전도서 주석」(2005), 「자유의 투쟁」(2008), 「서구의 배반」(2008). 2000년대 후반부터 한 출판사와 역자들의 헌신적인 열성으로 엘륄 총서가 구상되었고 그 결과가 조금씩 맺혀지고 있다. 이렇게 「잊혀진 소망」(2009), 「이슬람과 기독교」(2009), 「하나님은 불의한가?」(2010), 「요나의 심판과 구원」(2010) 등등의 한글 번역이 빛을 보게 되었다.

하지만 이것은 분명 일방통행이었다. 신학과 사회학 사이에 변증법을 형성하고 있는 엘륄이기에, 그의 사회학을 모른 채 신학 서적만 읽는다는 것은 그를 절반만 안다고 말할 수 있을 것이기 때문이다. 다행히 그의 사회학적인 주저서(「기술 또는 세기의 도박」)가 「기술의 역사」라는 제목으로 번역 출간되었다(1996). 비록 영어에서 번역되고 제목도 원제—영문판 제목인 「기술 사회」를 그대로 번역하는 편이 좋았다—를 살리지는 못했지만 6년이 넘도록 고군분투했을 역자를 생각하면 고맙기 그지없다.

그 사이 엘륄의 생애와 사상을 인터뷰 형식으로, 또는 모음 형식으로 묶어 소개한 책들과 단일 저자의 입문서도 나왔다—「때를 얻든지 못 얻든지」(1994), 「우리 시대의 모습」(1995), 「자끄 엘륄 사상 입문」(2003), 「자끄 엘륄 입문」(2010), 「대화의 사상」(2011). 가능하면 그의 사회학적인 작품들이 좀 더 번역되었으면 하는 바람이 있던 차에 「기술 체계」, 「정치적 환상」, 「프로파간다」 등이 번역 중에 있다는 소식을 들었다. 이렇게 해서 우리 사회도 이 프랑스 사회학자요 신학자인 자끄 엘륄을 이해하고 적용할 수 있는 기본 문헌의 틀이 마련되고 있다.

II

그런데 우리가 기술 사회에 대한 그의 분석을 통해 한국 사회를 들여다 볼 수 있을 이 시점은 엘륄의 주저서 「기술 사회」가 나온 지 60년이 되어 가고 그가 죽은지도 16년이 지난 후이다. 기술에 대한 그의 분석이 서구 지식 사회에서 많이 퇴색한 느낌을 주는 것은 사실이지만, 만일 그의 분석이 옳다면, 누군가가 그를 "늦게 터지는 폭탄"이라고 말했듯이, 우리는 우리 사회와 지구촌 사회에서 그의 예견을 확인할 수 있을 것이다. 게다가 오늘날 한국 사회에서의 기술 발전 속도는 가히 초고속에 가깝다.

한때* 한국 사회는 서구 르네상스 문명에 거의 가장 늦게 비의도적으로(이것은 서구가 타 대륙에 행한 강포의 일환이다) 합류했지만 100년을 넘기면서 기술 사회로 가는데 가장 앞선 나라들 가운데 하나가 되었다. 흔히

* 여기서부터 몇 단락은 내가 「서구의 배반」 역자 후기에 썼던 내용이다.

정보화 사회라고 불리는 우리 시대에 기술의 선진국은 정부와 기업을 비롯한 온 나라의 염원이 되었다. "산업 사회에서는 후발주자였으나 정보 사회에서는 선두 주자가 되자"고 외치던 우리나라 최초의 노벨 평화상 수상자의 음성이 생생하다. 그리고 실제로 그 거대한 발걸음은 마치 16세기 신세계를 향해 떠나는 포르투갈 사람들과도 같다.

16세기, 이 근대 문명의 기원에서 가톨릭 사회가 이베리아 사람들과 함께 신세계의 문을 여는 사이, 유럽 북쪽에서 프로테스탄트 사회는 좀 늦은 출발을 보이지만 훨씬 강력하게 세계 문명을 향해 돌진했다. 베버나 트뢸치나 왈처 등은 칼뱅과 칼뱅주의의 역할을 높이 샀다. 그러나 그것은 프로테스탄트 종교개혁자의 청지기적인 이념이 분명하고 확고했을 때의 이야기다. 그 후계자들에게서 이 문명을 지속할 힘은 찾을 수 없어 보인지 오래다. 한국 교회는 칼뱅의 종교를 제대로 소화도 못한 채 르네상스 문명의 말기에 도달한 느낌이다.

르네상스 문명의 말기, 엘륄 식으로 말하면 그것은 기술 문명의 시작이다. 엘륄의 역사 구분에 따르면 선사시대와 역사시대가 끝이 나고 20세기 중반 어느 시점(1940년대?) 기술시대로 들어섰다. 따라서 한국 사회는 매우 짧은 산업 사회를 거쳐 곧바로 기술 사회로 들어간 셈이 된다.

그래서 어쨌다는 것인가? 무엇이 문제란 말인가? 남들보다 빨리 기술사회로 들어가는 것이 바람직한 것이 아닌가? 지금껏 우리는 우물 안의 개구리가 아니었던가? 중국의 영향 하에서 너무 늦게 개방한 것이 문제가 아니던가? 기술의 중요성이 고조되는 사회에서 왜 기술이 문제가 되는가? 또 그것이 기독교 신앙하고 무슨 상관인가?

엘륄은 우리에게 이런 질문을 던지도록 하고 있다. 만일 우리가 이런 문제의식을 갖지 못하다면 우리는 아직 엘륄을 이해하고 있지 못하다.

어쩌면 우리가 그를 이해하기에는 이 문명으로 들어온 시기가 너무 짧다. 현대문명을 맛보고 기술의 중요성을 깨달은 지 얼마 되지도 않은데 기술에 문제를 제기하는 것이 쉽지 않을 수 있다. 모두가 기술 사회를 지향하고 있는데 기술 진보에 비판적인 시각이 설득력을 가질 수 있을까? 하지만 그렇기 때문에 기술 문명의 실체를 알아채는 일이 더욱 시급할 수도 있다. 엘륄의 목적도 그런 사회로 가는 진행에 대해 제동을 거는 것이다. 그는 이 역할을 기독교 지성인들에게 호소한다.

그러나 프로테스탄트 종교는 기술 진보에 정신적 후원자가 아니었던가? 오히려 동양의 다른 종교들(특히, 불교와 도교)이 기술문명과 무관할 수 있지 않을까? 이것은 많은 한국 개신교 교회들이 기술 사회에 적극적으로 동참하는 경향을 보인다는 점에서 사실로 받아들여질 수 있다. 만일 그것이 사실이라면 한국교회는 심하게 자신을 돌아볼 필요가 있다. 이점은 역사적으로, 교회 사회학적으로, 그리고 신학적으로 분석 비판되어야 할 것이다. 엘륄은 이점에서 선구자적이다.

엘륄의 기술 분석이 현재성을 갖는지 아닌지, 한국 사회에 어떤 의미를 줄 수 있는지, 그의 입장을 따를지 말지의 문제는 둘째로 치고, 우리에게 우선적으로 중요한 것은 그가 무엇을 문제로 제기했는지, 그 해결책으로 무엇을 내놓았는지, 그를 둘러싼 논쟁들은 어떻게 전개되었는지, 등등을 알 필요가 있다는 것이다.

III

여기에 실린 글들은 이전에 발표된 것과 또 조금씩 써 두었던 것들도 있으나 책자로서의 완성을 위해 상당부분의 내용이 첨가되었다. 사실 오래 끌어오던 「칼뱅작품선집」 7권을 완성하기 위해 수년을 매달리느라 엘륄의 기념 연대를 잠시 망각하고 있었기 때문에 본서의 출판을 서두르지 않을 수 없었다. 다행히 그동안 준비했던 것들이 있었고 덕분에 엘륄에게 진 빚에 얼마간이라도 보답할 수 있게 되었다.

본서에 「자끄 엘륄의 생애와 사상」이라는 제목을 붙이기에는 다소 쑥스러운 면이 있다. 내가 그의 사상을 총괄적으로 말할 만큼 전문가라고 여기지 않기 때문이다. 그래서 처음에는 "생애와 작품세계"라는 제목을 생각했다. 왜냐하면 이 표현에는 내가 의도한바, 엘륄이 평생 자신의 사상을 알리기 위해 사용했던 방식을 그대로 따르려는 의도가 있기 때문이다. 그럼에도 불구하고, 많은 망설임을 거쳐 「자끄 엘륄의 생애와 사상」으로 정했다. 나는 엘륄의 방법론을 따르는 것이야말로 그의 사상을 가장 잘 이해할 수 있다는 생각을 떨칠 수 없었다. 그러므로 본서의 순서는 다음과 같다.

1부에서는 엘륄의 생애와 학문 방법론을 소개한다. 여기서는 내가 이미 발표한 바 있는 기존의 글들이 수정 보완되었다.

2부에서는 엘륄의 글쓰기에 따라 그가 전 생애에 걸쳐 쓴 작품들을 모두 하나의 저서로 여기고 이를 분석하는 작업을 했다. 하나의 저서에 서론, 본론, 결론이 있듯이, 그의 전 작품들도 이런 구성을 갖는다. 서론에 해당되는 책은 「세상 속의 그리스도인」이요, 결론에 해당되는 책은 「존재의 이유」이다. 서론과 결론은 단권으로 이뤄져 있으나, 본론은 변증법적 형식의 두 부류의 책들로 나뉜다. 한편에는 사회학적인 책들이요, 다른 한편에는 신학적 책들이다. 물론 모든 책들을 다 다룰 수는 없다. 두 기둥의 뼈대가 되는 책들 외에는 대부분 상호 보충 자료로 분류될 수 있기 때문에 몇 가지 중요한 책들의 분석으로 충분하리라.

나는 기존에 분석해두었던 엘륄의 "기술 3부작"(「기술 사회」, 「기술 체계」, 「기술학의 허세」)과 서구 문명을 다룬 「서구의 배반」을 분석 대상으로 삼았다. 또한 신학서적으로는 「도시의 신학」, 「자유의 투쟁」, 「기독교 윤리」가 주 분석대상이다. 이런 분석의 목적은 이 저술들을 가지고 엘륄의 기술 철학이나 사회사상 또는 윤리사상을 피력하는 데 있지 않고, 다만 어렵게 느낄 수밖에 없는 엘륄의 텍스트들의 내용이 무엇인지를 간략하게 요약 정리하는 데 있다. 하지만 이것이 그의 사상을 이해하기에 가장 적합하다는 생각에는 변함이 없다. 그러므로 2부는 될 수 있는 대로 간단명료한 분석을 통해 엘륄의 작품세계를 파악하는데 할애되었다.

3부에서는 많은 학자들이 자신들의 분야에서 엘륄에 대해 내린 평가들을 전반적으로 소개하고 내 나름대로 그의 존재 의미를 파악하려 했다. 지식인이자 동시에 종교인이었던 그가 내게도 큰 의미로 다가왔기 때문이다. 엘륄은 신학 외에도 사회학, 법학, 역사, 정치, 경제 등등 다양한 분야에서 그 자체의 학문적 의미를 가지면서, 동시에 오늘날 그리스도인으로서의 내 존재 의미를 묻는 질문을 던지게 한다. 그러므로 나는 내게 던져졌던 질문—엘륄 식으로 산다는 것이 무엇을 의미하는가?—에 답을 해야 했다.

본서가 한국 근대 사회를 분석할 수 있는 능력을 가진 기독 지성인들에게 조금이나마 엘륄의 직관을 볼 수 있는 기회를 제공하고, 혹 있을 수 있는 지적 관심을 충족시켜줄 뿐만 아니라 긍정적이건 부정적이건 기술 사회가 가는 방향을 주시할 수 있도록 도우며, 또한 엘륄 식의 삶을 추구하는 이들이 부딪힐 수 있는 난관 앞에서 약간의 도움이라도 될 수 있기를 바란다.

2012년 2월, 두창리에서, 저자

1부

엘륄의 생애와 방법론

“나는 마르크스가 사회에 대해 말하고 경제와 세상의 불의에 대해 설명한 것들을 왜 포기해야만 하는지를 알지 못한다. 나는 이제 내가 그리스도인이라는 이유 때문에 그것들을 거부해야할 아무런 이유를 보지 못했다.”

“헤겔을 넘어서고 인간을 다시 위치시킨 사람이 마르크스가 아니라 키르케고르임을 기억해야한다. 키르케고르가 한 것을 우리가 다시 할 수 있어야 한다.”

Life and Thoughts of Jacques Ellul

Chapter 1

자끄 엘륄의 생애

1. 분류될 수 없으나 분명한 메시지의 인물

자끄 엘륄은 누구인가? 어떤 부류에 속한 인물인가? "하나님의 사람", "미스터 프로테스탄트", "신학자", "법학자", "사회학자", "경제학자", "논쟁자", "철학자", "기술 이론가", "20세기 키르케고르", "프랑스의 하이데거", 등등 수많은 수식어가 그 이름에 꼬리표로 붙어있지만, 사실 그는 어디에도 분류할 수 없는 존재[1]로 보인다.

흔히 엘륄은 정치적 좌익으로 분류된다. 하지만 그는 줄기차게 좌익을 비판했다. 알베르 카뮈(1913-1960)의 입장에서 멀지 않았던 시절의 알

1. Patrick Troude-Chastenet, "Jacques Ellul: l'inclassable", in Jacques Ellul: *penseur sans frontières*, (Bordeaux, L'Esprit du Temps, 2005), 19-29.

제리 전쟁(1954-1962) 때, 이스라엘이나 남아프리카 공화국 문제(아파르트헤이트)에 있어서, 또는 1981년 미테랑 대통령 선출 때, 그는 언제나 역류에 서서 "진보주의적" 정서와 충돌할 수 있었을 뿐이다.

그는 인문 사회 과학의 지배적 불가지론에 대해 윤리적 문제로 맞서면서 이 학문의 객관주의적인 환상을 고발한다는 점에서 프랑크푸르트 학파의 일면을 보인다. 기술의 자율성 문제에 있어서 차이는 있지만, 엘륄과 하버마스는 동일하게 실증주의, 과학주의적 낙관주의, 경험적 방법의 규범적 결과, 등의 이데올로기적인 기초를 철저히 비판했다.

엘륄이 키르케고르(1813-1855)를 별명으로 갖게 되는 것도 "심미적 단계"의 실존주의 철학을 따랐기 때문이 아니라, 덴마크 철학자에게서 절망을 무시하는 법을 배웠기 때문이다. 반대로 그의 이름에 하이데거(1889-1976)를 붙인 것은 의외다. 왜냐하면 이 독일 철학자가 1934년부터 나치에 가담했다는 사실은 엘륄이 생각하는 진정한 사상가의 태도가 아니었기 때문이다. 엘륄은 자고로 정치를 아무렇게나 생각하는 사상가에게서 배울 원리가 없으며, 「존재와 시간」의 저자가 너무 추상적인 언어를 사용했다고 비판한다. 비록 하이데거가 사물의 중심에 정치가 아닌 기술이 있음을 말함으로써 동일한 결론에 이르렀긴 하지만 그 방법은 철저히 다르다. 독자는 기술에 대한 형이상학적인 접근에서보다 사회학적인 접근에서 그 구체성을 더 잘 배울 수 있다.[2)] 엘륄은 실존주의라는 말도 그다지 즐겨하지 않았는데, 특히 사르트르는 그의 정치적 무일관성 때문에 크게 비판의 대상이 되었다. 엘륄이 주로 즐겨 인용하는

2. Cf. Maurice Weyembergh, "J. Ellul et M. Heidegger: le prophète et le penseur", in P. Troude-Chastenet(éd.), *Sur Jacques Ellul* (Bordeaux, 1994), 90.

인물은 키르케고르이다. 마르크스(1818-1883)와 바르트(1886-1968)의 경우, 전자는 사회학적 분석을 위해, 후자는 그것에 대한 신학적 대응을 위해 사용된다. 그러나 마르크스주의자나 바르트주의자 같은 말은 그에게 어울리지 않는다.

엘륄은 공산주의 노동자 운동에도, 에마뉘엘 무니에(1905-1950)의 인격주의 운동에도 가담한 바 있으나 이내 실망했으며, 여러 전쟁들(양대 대전, 에티오피아, 스페인 내란 등)을 겪으면서 독자적인 제 3의 길을 추구했으나 결론은 언제나 파괴적인 기술이 승리하는 것을 보았다. 2차 대전이 끝나고 그는 패자 히틀러가 승자 민주주의를 이겼다고 보았다. 왜냐하면 나치 모델이 전 세계로 퍼졌기 때문이다. 히틀러 체제를 이기기 위해 민주주의 체제가 "기술적 힘"의 숭배로 들어갔다는 말이다. 이제 인간이 싸워야할 대상은 수단에서 목적으로 변해버린 기술이라는 이데올로기다. 엘륄은 기술을 분석하기 시작한다. 그리고 이 암세포를 기독교적으로 제거하기를 호소한다.

인류는 선사시대와 역사시대를 거쳐 기술시대에 돌입했으며 우리가 사는 기술사회에는 기술체계가 암적 세포처럼 존재한다. 우선적으로 조심해야할 것은 선전이다. 사회학자로서 엘륄은 선전이 현대인을 기술사회로 통합시키기에 절대적으로 필요한 것임을 말하고, 그리스도인으로서 그는 선전을 말씀 통치의 장애물로 여긴다. 또한 기술사회는 정치적인 것과 사회적인 것의 혼동을 야기한다. 모든 것이 정치적이나 정치는 환상에 불과하다. 기술 국가는 본질상 전체주의적이다. 그러므로 현대국가와 기술 이데올로기의 결합은 정치를 위험한 것으로 만든다. 엘륄은 이 리워야단 앞에서 개인적 저항의 힘을 회복시키자고 호소한다. 특히 그리스도인들에게는 이 "혁명적인" 힘이 있다고 강조한다. 그러나 이 투쟁에서 폭력은 제외된다. 단순히 비폭력이 아니라 비-무장이다. 엘륄은 마키아벨리도 베버도 아니다. 정치의 영역에서도 악은 선을 낳을 수 없다. 하지만 하나님의 나라를 위한 진정한 해방의 소망에 기초한 무정부적 사회의 도래를 믿기에는 엘륄은 철저히 "사실주의적인" 그리스도인이다—"나는 현실을 보고 이 현실에서 지배적인 사실들과 미래의 경향들을 구분하며 거기서 결과를 끌어낸다."[3)]

엘륄은 예언자적인 직관을 갖고 있었지만 예언자로 살지는 않았다. 그의 또 다른 별명인 "시대의 예언자"는 새겨서 이해되어야 한다. 누군가의 말처럼 그는 "너무 늦게 생각하기의 훼방꾼"[4)]이다. 그는 자신이 미리 본 것이 거의 모든 영역에서 거의 매번 일어났다고 말하면서 그것이 그를 기쁘게 한다거나 교만하게 만드는 것이 아님을 천명한다. 이는 그가 그렇게 되는 것을 피하기 위해서 썼기 때문이다.[5)]

이처럼 분류할 수는 없지만 분명한 메시지를 갖는 엘륄은 청년기를 넘어서는 어느 시점부터 분명한 목표와 행로를 가지고 살았다. 먼저 그는 그의 부친으로부터 물려받은 네 가지 원칙에 충실하고자 했다. "결코 타인을 속이지 말고 자신을 속이지 말며, 약자에게 긍휼을 베풀고 강자 앞에서 자신을 굽히지 말라."[6)] 비록 그가 평생 50권이 넘는 책과 100편이 넘는 논문을 썼지만 그의 유일한 목표는 "자유를 위협하는 요소들에 직면해서 인간의 자유를 옹호하고 굳건히 하는 것"이었다. 그런데 이와 같은 그의 확신에 찬 삶의 여정은 그가 믿는 기독교 신앙을 떠나서 이뤄

3. *A temps et contre temps* (Centurion, 1981), 69.
4. Jean-Luc Porquet, *Jacques Ellul: l' homme qui avait presque tout prévu* (Paris, 2003), 33.
5. *A temps et contre temps*, 69.
6. Jean-Luc Porquet, *op. cit.*, 25.

지지 않았다. "나는 하나님이 인간의 모든 역사 속에서 그와 동행한다는 확신으로 출구 없는 세상을 그렸다"[7]고 그는 말했다.

⋮

2. "가난하나 행복했던" 젊은 날

자끄 엘륄은 1912년 1월 6일 다국적의 혈통을 가진 "외국인"métèque으로 태어났다. 부친 조셉 엘륄은 영국 국적의 몰타 사람으로 이탈리아계의 아버지와 세르비아Serbia 계의 어머니를 두고 이탈리아 북부 트리에스테에서 태어나 5개 국어를 구사할 줄 알았으나, 한때 제노바에서 해운업으로 성공했던 가문이 기울면서 프랑스 보르도에 정착하여 포도주 도매상인의 대리인으로 일하다가 고집 센 사람으로 평가되어 해고되었다. 볼테르 식의 신념과 명예심을 가진 그리스 정교회 신자였던 그는 그 후로도 여러 차례 실직 상태에 있었으며 가족은 힘든 생활을 해야 했다.

포르투갈 출신의 강한 개신교 프랑스인이었던 모친 마르트 망데Marthe Mendès는 가계를 꾸리기 위해 사설 학교에서 데생을 가르쳤고 그림 과외도 했다. 그녀는 당시 고등학생이었던 외아들 자끄를 부둣가나 습지에서 산책하게 했는데 이것은 훗날 그에게 행복한 추억으로 남는다. 저녁 먹기 전 그는 성서에서 히브리 역사를 읽었고 일요일과 방학 때는 아버지에게서 외국어를 배웠다. 근면하고 가난했으나 행복했던 자끄는 16살의 나이로 대학입학 자격고사에 합격한다. 바다를 좋아해서 해군 장교가 되고 싶어 했던 아들에게 아버지는 법학을 강요했고 엘륄은 1928년

---

7. Patrick Troude-Chastenet, *Entretiens avec Jacques Ellul* (Paris, 1994), 7.

몽테뉴 고등학교를 졸업하고 보르도 법대에 들어간다. 그가 법학을 선택한 것은 부친의 요구도 있었지만 또 스스로도 법학이 직업을 얻어줄 수 있는 학문이며 비교적 공부 기간도 짧다고 여겼기 때문이었다.[8)]

대학 시절 엘륄은 어학(라틴어, 그리스어, 독일어, 프랑스어) 교습으로 생활비를 벌어야 했고 학비와 때로는 가족 부양까지 책임져야 했다. 그는 1929년 어느 날 저녁을 회상한다. "나는 법대생이었고 아버지는 일자리가 없었으며 모두 내가 버는 것에 의존했다. 내 부모는 모두 아파 쓰러졌다. 병은 심각했다. 학교 공부하랴, 밥하랴, 부모님 보살피랴 내 의무를 생각할 때 나는 절망의 바닥을 만진 느낌이었다."[9)] 그가 성인이 되는 순간이었다.

⋮

3. 사상의 형성

칼 마르크스의 「자본론」이 그에게 계시처럼 다가온 것(1930)은 당시 그의 가정이 처한 형편과 무관하지 않다. 그는 5개 국어에 능통한 아버지가 실직한 채 직장을 찾아 헤매는 것이 매우 부당하게 여겨졌다. 「자본론」은 그에게 하나의 세계관을 주었다. "나는 세계에 대한 전반적 해석을 발견했다. 우리가 사는 이 비극적인 비참과 쇠락에 대한 설명을 말이다."[10)] 또한 마르크스는 1930년 당대에 정치적으로 일고 있는 상황(이탈

---

8. *Perspectives on our age* (New York, 1981), 4.

9. *A temps et contre temps*, 14.

10. *Idem*. "나는 「자본론」을 읽었고 모든 것을 이해했다고 느꼈다. 나는 결국 왜 나의 부친이 직업을 잃었는지, 왜 우리가 헐벗었는지를 알았다고 느꼈다"(*Perspectives on our age*, 5).

리아의 파시즘과 독일의 나치즘)들을 이해하도록 도와주었다. 그는 소위 마르크스주의자들(사회주의자들과 공산주의자들)과 접촉했으나 이내 실망했고 마르크스와 그 추종자들 사이에 있는 괴리를 보았다. 그는 공산당과 결별하고[11] 다시 마르크스로 돌아왔다. 사실 그는 누구보다도 마르크스를 많이 읽었고 30년 넘도록 강단에서 그를 가르쳤다.[12]

하지만 마르크스가 설명할 수 없는 무엇이 있었다. 그것은 특히 삶과 죽음, 그리고 사랑이라는 실존적인 문제였다. 그는 성경을 통해, 삶의 다른 수준에서, 마르크스의 사회에 대한 설명보다 더 많은 것을 얻었다. 그는 대학 시절 어느 시점에 그리스도인으로 회심했다.[13] 그는 자신이 그리스도에게 회심하게 된 동기를 설명하지 않는다. 그는 자신의 회심에 대해 두 가지 것만을 말한다. 하나는 돌발적인 회심이라는 것과 다른 하나는 적극적인 회심이 아니라는 것이다(이 말은 자신에게 찾아온 계시에서 도피하고자 했다는 말이다). 그가 회심을 말하는 대목에서 파스칼을 언급하는 것이 결코 우연이 아닌 듯하다.[14]

이때부터 그는 성경과 자본론 사이에서, 예수와 마르크스 사이에서 갈등과 대립을 느껴야 했다. 그는 자신이 마르크스를 포기할 수 없는 이유를 이렇게 말한다. "나는 마르크스가 사회에 대해 말하고 경제와 세상의 불의에 대해 설명한 것들을 왜 포기해야만 하는지를 알지 못한다. 나

---

11. 그는 공산주의를 "인간의 철저한 내적 부패"로 보았다(*A temps et contre temps*, 58).

12. 엘륄 사후 그의 제자들은 1947-1979년 사이 보르도의 <정치학 연구소>에서 행한 스승의 강의를 묶어 「마르크스주의 사상」이라는 제목으로 출간했다(*La pensée marxiste: Cours professé à l'Institut d'études politiques de Bordeaux de 1947 à 1979*, Paris, 2003).

13. Patrick Troude-Chastenet는 이 시기를 대학 입학하던 해로 본다(*Entretiens avec Jacques Ellul*, 10).

14. Cf. *A temps et contre temps*, 16-17. 파스칼 역시 죽을 때까지 자신의 회심 사건을 숨겼다.

는 이제 내가 그리스도인이라는 이유 때문에 그것들을 거부해야할 아무런 이유를 보지 못했다."[15] 하지만 마르크스주의와 기독교의 종합이 불가능하다고 고백했다. 왜냐하면 그에게 있어서 기독교는 세상에 대한 설명이 아니었기 때문이다. "내가 마르크스의 사상을 매우 진지하게 취하는 한, 마르크스가 하나님에 대한 문제 제기를 무용한 것이라고 주장하는 한, 그리고 그가 경제적 정치적 영역 외에 다른 모든 영역을 거부하는 한, 나는 화해가 가능하다고 보지 않는다. 게다가 나는 경제적 정치적 영역에서 기독교의 체계화가 결코 가능하다고 보지 않는다."[16]

그리스도인이 된 뒤 엘륄은 프랑스 개혁교회에 몸을 담고 칼뱅의 「기독교강요」를 읽었다. 얼마동안 그는 칼뱅의 사상에 몰두했으나 점차 키르케고르와 칼 바르트에게로 넘어갔다. 비록 그가 칼뱅과 같은 회심의 급진주의를 공유하긴 했지만 점차 칼뱅의 신학에게서 폐쇄성과 배타성을 느끼게 되었고, 칼뱅과 같은 분석적 사상에 공감하면서도 해석의 다양성을 원하게 되었다. 그러나 무엇보다도 그를 칼뱅에게서 떼어놓게 된 것은 아마도 칼뱅의 세계관이 마르크스의 세계관과 충돌했기 때문이리라. "가장 불편했던 것은 서로 똑같이 배타적이고 전체적인 두 사상가 앞에 직면해야했던 사실이다. 그런데 나는 둘 중 누구도 놓아 버릴 수 없었다. 이런 상태에서 내 사상의 발전은 변증법적이 될 수밖에 없었다. 사실 이 찢김의 장소에서 내가 굳어져 문자 그대로 정신분열이 되거나, 아니면, 모택동이 말한 대로, 내 두 다리로 걸으면서 실존적 상황 또는 역사적 내지는 정치적 상황에 매번 성공적으로 응하면서 모순을 극복하거

15. *Perspectives on Our Age*, 14.
16. *A temps et contre temps*, 18.
17. *A temps et contre temps*, 20-21.

나 해야 했다."[17] 그는 후자를 택해 자신의 길을 가야했다.

바르트는 엘륄의 지적 삶에 있어 마르크스 이후, 칼뱅을 밀어내면서, 두 번째로 큰 요소가 되었다.[18] "칼뱅이 끊임없이 답, 대안, 또는 구조를 제공하는 반면, 바르트는 그대를 모험으로 내보낸다." 게다가 변증법적 사고를 갖는 엘륄에게 있어서 바르트는 기독교 신앙과 칼 마르크스 사이에 있는 순수하고 단순한 모순의 무대 너머로 어떻게 가야할 지를 보여주는 푯말이었다. 하지만 엘륄 사상에 결정적인 영향을 미친 사람은 누구보다도 키르케고르였다. 여기서 우리는 엘륄의 정신세계를 도운 세 사람의 영향이 무엇인지 구체적으로 들여다 볼 필요가 있다.

마르크스의 영향

사회학자로서 엘륄은 철저하게 마르크스의 영향 하에 있다. 하지만 그는 마르크스와 마르크스주의자들을 분리시키면서 후자(특별히 공산주의자)의 행동 방향을 비판하고 거부했다. 엘륄은 스스로 마르크스로부터 받은 영향을 다음 세 가지로 말한다.[19] 첫째로 마르크스는 그에게 혁명적 경향—공산주의나 나치 혁명 같은 것이 아닌—을 심어주었다. 그는 세계가 무한정 계속될 수 없는 세계임을 알았고, 인민이 다양한 역사적 상황에서 그들의 사회와 관련하여 혁명적 기능을 갖는다고 그에게 확신시킨 이가 바로 마르크스였다. 이런 생각은 평생 그에게 붙어 있게 된다.

둘째 요소는 현실의 중요성이다. 이것은 유물론을 말하는 것이 아니

18. "Once I began reading Karl Barth, I stopped being a Calvinist—in my understanding of the world and politics as well as, theologically, in my understanding of predestination, original sin, and the question of universal salvation" (*Perpectives on Our Age*, p.17).

19. *Perspectives on Our Age*, 11-12.

다. 마르크스는 우리를 둘러싸고 있는 구체적인 물질적 실재를 매우 중요하게 여겼다. 지적이고 영적인 심성은 우리로 현실을 잊게 하고, 그것을 감추는 경향이 있다.

셋째 요소는 그로 하여금 가난한 자의 편에 설 결심을 하게 했다는 것이다. 마르크스에 따르면, 프롤레타리아란 단순히 돈에 가난한 자가 아니라, 모든 현대적 생활 조건에서 소외된 사람을 의미한다. 프롤레타리아, 진짜 거지는 기계의 명령에 복종하여 도시에서, 집 없이, 용납할 수 없는 도시 조건에서 살아간다. 프롤레타리아들은 그들의 경제 조건들이 가정생활을 영위하지 못하게 하기 때문에 가정을 가질 수 없다. 마르크스는, 1848년 "공산당 선언"과는 달리 가정을 반대하지 않았다. 그 자신이 결혼하여 딸들을 낳아 가정을 이루었다. 그는 부르주아지가 가정에 특권을 준 사실에 적대했다. 달리 말해서 자본주의의 용납할 수 없는 요소는 가정의 존재가 아니라, 어떤 사람들은 정상적이고 행복한 가정을 갖는 반면 대부분은 그럴 수 없다는 사실이다. 마르크스의 이상은 누구나 가정을 가져야 한다는 것, 그리고 부모가 행복하고 균형 잡힌 자녀를 가진 행복하고 균형 잡힌 커플이어야 한다는 것이다. 따라서 가난한 사람은 이런 가정을 갖지 못하는 사람이다. 이렇게 엘륄은 문화적이고 사회학적인 것을 포함해서 모든 수준에서 소외된 자들 편에 서게 되었다는 것이다.

이 외에도 엘륄은 그의 역사 및 사회학적 분석을 위해 도처에서 마르크스를 이용한다. 무엇보다도 방법론적으로 그에게 지속적인 영향을 준 것은 변증법이다—우리는 이 분야를 별도로 설명할 생각이다. 여기서 한 가지만 언급하자면, 엘륄은 기독교로 회심한 뒤에도 이 마르크스의 영향을 포기하지 않고, 그렇다고 기독교 마르크스주의자나 마르크스주의적 그리스도인이 되려는 생각도 없이, 오히려 기독교와 사회학 사이의 변증법을 시도한다는 사실이다. 그는 이렇게 말한다: "마르크스가 내게 가져다 준 것은 정치 경제 사회 문제를 "보는" 모종의 방법으로 곧 사회학이라는 해석의 방법이었다. 기독교 신앙에서 출발하여 이것을 사용하는 것이 불가능하게 보였듯이, 나는 사회적 정치적 결과 없는 기독교 신앙이 있다는 견해를 받아들일 수 없었다. 한편 나는 누구도 우리의 시대에 효력이 있는 정치 사회적 결과들을 성경 텍스트로부터 직접 끌어낼 수 없음을 분명히 보았다. 내게는 칼 마르크스의 방법(공산주의자들의 방법이 아니라!)이 내가 다른 곳에서 만난 모든 방법보다 우월한 듯 보였다."[20]

바르트의 영향

회심한 뒤,[21] 엘륄로 하여금 프랑스 개혁 교회에 적을 두게 한 것은 칼뱅의 「기독교강요」였다. 그리고 얼마동안 칼뱅의 엄격함과 비타협성, 그리고 성경의 총체적 사용에 매료되었다. 그러다가 칼 바르트를 읽으면서[22] 그의 변증법적 사고를 이해하게 되자 이내 칼뱅에게서 멀어졌다.

우선 엘륄은 칼뱅의 하나님, 곧 이중 예정의 하나님을 거부했다. 그에 따르면 칼뱅은 한 하나님을 두 얼굴로 제시한다는 것이다. 곧 사랑의 얼굴과 정의의 얼굴로서 말이다. 이 때 정의는 영벌을 위해 지음 받은 자들의 영벌에서 나타난다. 그는 히틀러 당이나 공산주의자들에게 구원을 인정할 수 없었던 초기에는 칼뱅의 해석을 따랐으나, 바르트는 그를 다

20. *Introducing Jacques Ellul*, ed. James Y. Holloway, (Eerdman, 1970), 5.

21. 그는 자신의 회심이 성경을 읽는 중에 이루어진 것임을 암시한다(*A temps et contre temps*, 72).

22. 그가 처음 접한 바르트의 책은 1935(또는 1936)년에 읽은 「하나님의 말과 인간의 말」 *Parole de Dieu, parole humaine*이었다(*A temps et contre temps*, 72).

른 차원으로 이끌어 갔다.

엘륄은 바르트에게서 성경의 유연한 해석을 발견했다. 그는 바르트가 당시 정통파와 자유파 사이의 논쟁을 극복한 것으로 여겼고, 이 둘 사이의 변증법은 학문과 성경을 동시에 견지하려는 엘륄에게 딱 맞아 떨어졌다.

나아가 엘륄은 바르트에게서 은총의 신학과 인간의 역할의 새로운 관계를 보았다. 그는 칼뱅에게서 보다 정통 신자들에게서 sola gratia의 부정적 측면을 본다.[23] 물론 칼뱅주의자들이 역사적으로 모든 영역에서 대단한 활동을 했고 또한 일반적으로 성공한 것은 사실이다. 이들에게는 세속 사업의 성공이 하나님의 축복이라고 생각하는 경향이 있다. 하지만 세상사의 성공이 축복의 표시가 되는 순간부터, 사람들은 성공 지향적이 되고 만다. 엘륄은 하나님의 예정을 세상사에 끌어들이는 칼뱅주의적인 태도를 거부하고, 혁명을 하며 사회를 바꾸는 것을 중요하게 여겼다. 그리고 동시에 은총의 신학이 진리라고 여겼다. 그는 바르트가 혁명과 은총의 난관을 극복했다고 보았다. 은총을 베푸시는 하나님은 동시에 인간을 자유하게 하는 하나님이시라는 사실과, 인간이 자유하게 되는 것은 스스로에게 만족을 주기 위함이 아니라, 효과적으로 살기 위함이며, 세상에서 자유의 운반자가 되기 위함이라는 사실이다. 자유와 관련된 바르트 신학을 엘륄은 이렇게 말한다: "자유를 핵심적인 것으로 나타내고, 하나님을 자유하게 하는 자로 보이는 것이 바르트 사상의 매우 중요한 요소이다. 바르트의 사상에서부터 나는 모든 것의 방향이 바뀐다고 말할 수 있다", "인간의 자유가 하나님의 자유의 내부에서 어떻

23. 본훼퍼의 "값싼 은혜"는 루터 정통 안에 있는 sola fide의 비관주의를 보여준다.

게 작용하는지를 보이는 것이 바르트 신학이 가져다준 대 변화가운데 하나이다."[24]

키르케고르의 영향

칼 바르트와 칼 마르크스가 보다 일찍 그리고 보다 즉각적인 영향을 엘륄에게 주었다 하더라도, 엘륄이 가장 많은 감정이입의 느낌을 드러내는 사람은 키르케고르이다.[25] 그 중에서 방법론과 관련된 부분만을 살펴본다. 엘륄 자신의 말을 들어보자: "인간성[을 해치는] 위대한 악인들인 세 명의 천재[마르크스, 니체, 프로이트]가 우리에게 던진 상태는 이런 것이다. 그들은 자비와 사랑의 정반대의 것을 제시한다. 나는, 그들이 그들의 학문에도 불구하고…우리로 하여금 근본적이나 어떤 가능한 답도 없는 문제에 주의를 기울이게 함으로써 인류의 영혼과 지성을 유혹한 마술사들이라고 감히 말한다…이 트리오와 관련해서 우리는 키르케고르가 헤겔적 신화에 수행한 동일한 작업을 수행해야 한다. 왜냐하면 헤겔을 넘어서고 인간을 다시 위치시킨 사람이 마르크스가 아니라 키르케고르임을 기억해야하기 때문이다. 키르케고르가 한 것을 우리가 다시 할 수 있어야 한다. 하지만 그는 예수 그리스도 안에 있는 계시와의 엄격한 관련하에서만 그것을 할 수 있었다. 다시 말해 그는 지적 작업의 현실을 위태롭게 하면서 자기 자신보다 더 힘 있는 자의 행동의 자유를 시도하고 있었다. 모든 것이 후자에게 달려 있다."[26]

---

24. *A temps et contre temps*, 74-75.
25. Cf. Vernard Eller, "Ellul and Kierkegaard: Closer Than Brothers", in *J. Ellul: Interpretive Essays* (Univ. of Illinois Press, 1981), 52-66.
26. *Hope in Time of Abandonment* (*Espérance oubliée*), 52-54.

물론 엘륄이 그가 마르크스로부터 끄집어낸 모든 사회학적 통찰력을 철회하고 있는 것은 아니다. 다만 성경이 말하고자 하는 것을 말한 사람이 마르크스가 아니라 키르케고르임을 지적하고 있다. 이런 점에서 볼 때, 묘하게도 성경과 세상과의 관계를 보여주는 그들의 학문적 내지는 신앙적 태도가 유사하다. 키르케고르의 작품들은 두개의 구별된 범주로 나뉜다. 곧 철학적 (심미학을 포함하여) 전제들을 세우는 익명의 작품들과 명백히 기독교적 전제들을 세우는 대부분 자신의 이름으로 된 종교적 작품들이다. 엘륄의 작품들도, 물론 그가 의식적으로 키르케고르를 모방하고 있다는 어떤 힌트도 없지만, 두개의 구별된 형태로 나뉜다. 곧 그의 (제도사, 등 역사 연구서들을 포함하여) 사회학적 연구들과 그의 신학적 작품들이다.[27)]

엘륄과 키르케고르는 둘 다 그들의 저작물들을, 한 그룹의 책들을 다른 그룹과 대치시켜 놓는 식으로, 거대한 변증법 위에 구축했다. 그러나 특별히 지적해야 할 것은 각자가 자기 사상의 규범적이 되는 것으로 어

---

27. 키르케고르는 그의 책 *The Point of View for My Work as an Author* (New York, Harper Torch books, 1962)에서 이렇게 말한다: "전혀 어떤 설명도 요구하지 않는 것은 마지막 부분으로서, 관점을 세우는 순수 종교적 작품이다"(42). 기독교적 의미에서 단순성이란 계속해서 무슨 흥미를 갖게 되고, 재치 있어지며, 심오해지며, 시인이 되고, 철학자가 되는 등의 출발점이 아니다. 오히려 그 정반대다. "이곳이야말로 사람이 (흥미 등등과 더불어) 시작하여 보다 더 단순화되어 되어져서 단순성에 도달하는 곳이다"(*Ibid.*, 144). 엘륄도 이와 유사하게 자신의 작품에 대해서 말한다: "나는 어떤 인위적이거나 철학적인 종합에 도달하려 함이 없이 신학적이고 성경적인 지식과 사회학적 분석을 대립시키는 일을 추구해 왔다. 나는 종합대신 둘을 서로 마주 세워놓고 사회적으로 사실인 것과 영적으로 사실인 것에 대해 어떤 조명을 비추고자 한다. 나의 각각의 사회학적 분석에 대한 답이 신학적 책에 상응하면서 함축적으로 발견되고, 또 거꾸로 나의 신학이 사회 정치적 경험 위에서 길러진다고 내가 말할 수 있는 것은 바로 이런 이유에서다. 그러나 나는 하나의 사상 체계를 세우거나, 또는 어떤 기독교적 내지는 미리 제조된 사회 정치적 해결책들을 제공하기를 거부한다. 나는 그리스도인들에게 그들이 현대 세계에 휩쓸려드는 의미에 대해 스스로 생각하는 수단을 제공하기를 원한다" ("From Jacques Ellul" in *Introducing Jacques Ellul* [ed. James Y. Holloway], 6).

떤 극을 선택하느냐 하는 것인 바, 그것은 성경적 기독교의 엄격하고 철저한 해석이다. 이처럼 비록 키르케고르가 다가오는 사회(엘륄이 "기술" 사회라고 분석한)에 관하여 매우 지각 있는 통찰력을 가졌다 하더라도, 키르케고르의 사회학과 엘륄의 사회학을 비교한다거나, 엘륄의 심미학을 키르케고르의 심미학과 비교하는 것은 별개의 문제다. 기독교에 대한 그들의 이해야말로 이 두 인물에게 중심적이며, 이점에서 그들 사이의 평행은 특별히 놀랍다.

그들의 일치는 "급진적 기독교 제자도"[28]로 특징 지워지는 교회 내부에 보다 폭넓은 전통의 모습을 만든다. 키르케고르와 엘륄 사이의 거의 모든 유사점은 급진적 전통 내부에 위치될 수 있다.

두 사상가는 그들의 전 저작물의 패턴에서 변증법일 뿐만 아니라, 또한 그들의 신학적 방법이 수행하는 방법에 있어서도 매우 변증법적이다. 물론 많은 다른 사상가들도 (마르크스와 바르트를 포함해서) "변증법론자들"로 특징 지워져 왔다. 주지할만한 사실은 키르케고르와 엘륄이 이 용어의 보다 흔한 이해에 맞서 "변증법"이란 말로 그들이 의미하는 것에 서로 일치한다는 것이다. 엘륄은 이렇게 구별하였다: "신앙의 변증

27-1. 미국에서 엘륄에 대한 어쩌면 최초의 신학적 분석가인 James Holloway는 좀 더 설명한다: "그의 사회학적이고 정치적인 분석은 그리스도인으로서의 그가 알고 있는 요구 하에서 쓰이며, 정확히 바로 이런 위임 때문에 그는 이 작품들에 대한 권위로서 '기독교'를 끌어들이는 것을 비정직하고 의미 없는 것으로 판단한다. 오히려 그의 사회학적이고 정치적인 작품들은 그의 신학적이자 성경적인 작품들에 대한 대립으로, 그는 그것을 '대위법적 구성물'이라고 부른다. 이 '대위법적 구성물'은 결코 틸리히의 '상관의 신학'이 아니다. 그보다 엘륄은 '대립의 신학'을 쓰고 있다. 곧 현대 사회에서의 발전(특히 기술 발전)에 맞부딪히기 위해 쓰인 성경 메시지이다. 그는 설명하기를, 자신의 작품이 처음부터 현대 세계의 진보(특별히 기술의 진보)와 성경의 계시 내용 사이의 모순에 따라 결정되어 왔다고 말한다"("West of Eden", *ibid.*, 20).

28. Cf. Vernard Eller, *Kierkegaard and Radical Discipleship*, Princeton, 1968; "Jacques Ellul, the Polymath Who Knows Only One Thing," *Brethren Life and Thought*, 18 (Spring 1973), 77-84; "Four Who Remember," *Katallagete*, 3 (Spring 1971), 6-12.

법은 지적변증법이다. 오늘날 신학적 변증법이 헤겔적 변증법의 표현으로 되어 가는 것을 막기가 불가능하다. 우리는 소망의 움직임이 또한 변증법적이라는 것과, 그러나 신앙의 변증법과는 대조적으로, 그것이 피할 수 없는 구체물의 변증법이라는 것을 보이려 할 것이다. 그 이유는 소망이 체계화 될 수 없다는 데 있다. 그것은 그 존재 자체의 조건으로 현실적인 것 안에서의 행동을 내포한다."[29]

엘륄이 자신의 변증법을 "지적 변증법"이라고 말할 때, 그것은 보통 신앙의 변증법을 제시하는 것이다. 그는 성경이 철저하게 실존적인 신앙의 변증법을 제공함을 부인하지 않는다. 그가 "신학적 변증법"이 피할 수 없게 헤겔적이 된다고 말할 때, 이 "신학적"이란 말은 좁은 의미에서 사용되고 있다—그때 이 말은 지적 개념의 용어를 배타적으로 취급하는 체계적 사상 형태와 동일시된다. 그는 명백히 헤겔적이 되지 않는 "현실적인 것의 변증법"을 유지할 가능성을 믿는다. 그리고 엘륄이 자신의 변증법이 "체계화될 수 없다"고 주장할 때, 그는 자신이 키르케고르와 어울리기 위해서 바르트와 한편이 되는 위치에 선다.

두 변증법의 차이는 근본적이다. 헤겔의 변증법은 다만 형식적이고 지적인 개념들만 취급하기 때문에, 종합(정과 반이라는 첫 단계의 요소들을 묶는 새로운 제 3의 이념 창조)은 가능성이 될 뿐만 아니라 또한 그 자체가 진행의 목표가 된다. 반대로, 실존적 변증법은 이념들보다는 구체적인 실재들을 다루기 때문에, 그것은 종합에 이를 수 없고, 종합화하려는 노력에 확고히 저항하며, 변증법의 비-종합적인 극들 사이의 긴장 안에 있는 삶의 발견물을 그것의 목표로 삼는다.

---

29. *Hope in Time of Abandonment*, 87.

나아가 할로웨이Holloway는 엘륄의 "대립의 신학"(종합화의 거부)을 틸리히의 "상관의 신학"(종합화하는 것 외에 아무것도 아닌)에 맞서는 것으로 말한다.[30] 엘륄 자신도 "현대 세계와 성경 계시 사이의 모순"에 대해서, "인위적이거나 철학적 종합에 이르도록 하지 않는 것"에 대해서, 그리고 한 "체계"나 "해결책"을 제공하기를 거부하는 것에 대해서 말한다. 이 점에서 엘륄이 한 것은 헤겔로부터 내려와 일반화된 정의보다 키르케고르의 변증법 이해를 선택하는 것이다.[31]

⋮

4. 친구 샤르보노

엘륄에게 영향력을 행사한 상기 인물들 외에도 또 하나의 빼놓을 수 없는 인물이 있다. 여기서 우리는 잠시 엘륄의 대학 시절로 돌아가 그의 일생의 친구가 될 베르나르 샤르보노Bernard Charbonneau(1910-1996)와의 만남을 언급해야 한다.[32] 비타협적이고 엄격하며 극히 반-성직자주의자인 샤르보노는 역사학자요 지리학자로서 일생을 피레네 산맥의 외진 구석에서 살면서 여러 작품들을 썼다.[33] 엘륄은 샤르보노를 시대가 깨닫지 못한 가장 위대한 천재들 가운데 하나로 여기고, 그에게 진 빚을 숨기지

---

30. *Entretiens avec Jacques Ellul*, 9.
31. 키르케고르의 변증법에 대해서는 V. Eller, *Kierkegaard and Radical Discipleship*, 144-45를 보라.
32. Troude-Chastenet는 마르크스의 「자본론」은 언급하지 않은 채, 이 만남을 하나님과의 만남 다음으로 일생의 결정적인 만남이라고 쓴다(*Entretiens avec Jacques Ellul*, 10).
33. 「문화의 역설」(1965), 「바빌론의 정원」(1969), 「체계와 혼돈」(1973), 「슬픈 농촌」(1973), 「녹색 불」(1980), 「국가」(1988), 등이 있다.

않는다. 그는 "사유하는 법과 자유하는 법"을 가르쳐준 이 천재적인 친구가 없었더라면 기술 현상의 실재를 결코 발견하지 못했으리라고 말한다.

전쟁의 기운이 감도는 1930년대 초반 둘은 자주 산행을 하면서 자연의 신비를 발견하고 피레네에서 "반-보이스카우트" 운동을 조직했다. 그들은 프루동과 바쿠닌, 토크빌과 라테나우Walther Rathenau(1867-1922)를 읽고, 과학과 기술 혁명이 야기한 인간 조건의 철저한 변동을 자각했다. 이때부터 둘은 각각의 연구 방향이 결정했는데, 엘륄은 "기술"을, 샤르보노는 "국가"를 자신의 주제로 삼았다. 젊은 날의 이 직관이 그들의 전 생애로 이어지게 되는 것은 놀라운 일이다. 이러는 사이 히틀러가 권력을 잡는(1934. 2. 6) 비극의 시대가 도래 한다.

나치주의의 등장은 두 친구를 인격주의personalisme 운동에 참가하게 한다. 둘 다 에스프리Esprit를 창간하면서 주창자였던 에마누엘 무니에 Emmanuel Mounier[34]와 함께 일했다. 정치적으로 어떤 입장도 취하지 않고 정치적 모순을 극복하려한 이 운동은 19세기 부르주아지에 깊이 얽매인 개인주의를 거부하고, 또한 집단주의도 거부했다. 인간을 경제적 존재일 뿐만 아니라 영적 존재를 의미하는 인격으로 보고, 사회는 마땅히 이런 개성을 발전시키고 소외를 막는 쪽으로 짜여야 한다고 여겼다. 그런데 사람은 그룹에 속할 때에만, 공동체에 속할 때에만 인격이 될 수 있다. 엘륄과 샤르보노는 이 운동의 공동체와 집단체의 대립, 가까운 관계 그룹과 먼 관계 그룹 사이의 대립에서 영감을 얻었다. 그러나 사회 변화를 이룩함에 있어 신학과 전략의 차이는 두 친구로 하여금 1937년 이 운

34. Cf. Paul Ricoeur, "Personnalisme: Emanuel Mounier—Une philosophie personaliste", in *Histoire et Vérité*, Paris, 1955/1993; 「역사와 진리」, 솔로몬, 2002, 162-199.

동과 결별하게 했다.

두 보르도 친구들은 인격주의 사회 건설 방향을 담은 인격주의 성명서 지침을 만들고 자본주의, 파시즘, 공산주의 체제의 기술 우위적 사회에 대한 정치적인 세력 축소를 강조했으며 일종의 "문명의 혁명"을 주장했다. 이 혁명의 가담자들은 최대한 기술 사회에의 참여를 제한하며 세상에 대한 다른 삶의 양식을 창출해야 한다. 대도시를 대신하여 선택적 공동체들이 창설되어야 하며 인간이 인간으로 느껴져야 한다. 국가의 힘을 제한하는 연방제를 통해 인간을 위해 통제된 기술은 노동 시간을 감해줄 수 있고, 돈의 권세와의 투쟁을 위해 모든 이자 붙은 대여를 금하고 이득을 억제해야 한다. 인격주의 사회에서 부르주아지는 옹호되지 않으며 소유는 실제로 소유하는 것만을 가져야 한다. 유산은 가족의 계승만을 인정한다. 기술적인 규정과 흡사하게 된 법은 진정 "살아있는 법"이 되기 위해 정의의 의미와 삶의 현실이 연결되어야 한다. 새 미술을 포함하여 광고와 출판물은 정보지를 위해 정부의 감독이 필요하다. 비참과 부를 거슬러서 금욕적 이상 국가를 지향하는 이 전적인 혁명은 물질적이고 영적인 영역에서 균형 잡힌 사회를 꿈꾼다. 이와 같이 혁명적 영향을 갖는 운동을 형성할 것인가 아니면 지식인들 사이에 배포되는 기관지만을 가질 것인가의 딜레마에서 이들의 행동적 성향은 무니에의 반발을 샀다. 이 인격주의 운동의 창설자는 엘륄과 그의 친구의 "에언주의"와 "극단적 비관론"을 받아들일 수 없었다.[35)]

그 외에도 두 보르도 친구들은 무정부주의적(좀 더 정확하게 말하면 반-파시스트적)이고 연방주의적인 경향의 운동인 "새 질서"Ordre nouveau에도

35. *Entretiens avec Jacques Ellul*, 31-34.

가담한 바 있다. 하지만 이들에게도 입장의 차이가 있었다. 엘륄과 샤르보노는 60년이 지난 후 다시 만나 자신들의 입장을 재확인한다.[36] 샤르보노가 과학과 기술이 인간에게 미친 결과들을 분석함에 있어서 자연과 자유의 변증법을 사용했다면 엘륄은 자연의 자리를 하나님으로 대체했다. 비록 자유의 개념은 서로 다를지라도 이 용어는 두 사상가의 공통된 중심 주제다. 엘륄의 자유가 바르트의 해석이 동반된 그리스도인의 자유라면, 샤르보노의 자유는 불가지론의 인격적 자유다. 둘 다 철학적으로 정의된 추상적 개념이 아니라, 자유의 위협적 요소들에 직면한 개인의 항구적인 투쟁으로서의 자유이다.

⋮

5. 정치-사회-문화 활동

이와 같은 사상가들의 영향으로 내적 무장을 마친 엘륄은 본격적인 외부 활동으로 들어간다. 그는 1937년 스페인 내란에 참여한 뒤, 영국 국적의 화란 태생인 이베트 젠스벨트Yvette Zensvelt와 결혼한다.[37] 엘륄은 몽펠리에에서 1년간 법학을 강의한 뒤 1938년 스트라스부르로 이적한다. 전쟁으로 인해 1939년 교수들과 학생들이 클레르몽 페랑으로 자리를 옮겼고, 엘륄은 마르샬 페텡Marshal Pétain에게 공개적인 반대를 함으로써 1940년 비쉬 정부에 의해 해고당했다. 그것은 패전 중에 알자스 학생들 편에 서서 페텡의 말을 믿지 말고 알자스로 돌아가지 말라고 말 한데

36. 「베르나르 샤르보노와의 대담」, 1993년 7월 24일.
37. 그의 아이들은 모두 4명이었다: Jean(1940), 인류학자; Simon(1941-1947), Yves(1945), 신학에 관심있는 건축가; Dominique(1949), 프랑스 개혁 교회 목사와 결혼.

서 비롯되었다. 만일 돌아가면 독일 군대에 차출될 것이라고 오, 육십 명의 학생들 앞에서 말했고 누군가가 그것을 경찰에 보고했던 것이다. 또 하나의 이유는 그의 부친이 외국인이라는 사실이었다. 그 결과로 그는 보르도 근처의 마르트르Martres에 살던 가족에게로 돌아와 농부로 살면서 무기를 들지 않은 채 레지스탕스 운동에 적극 가담했다. 그는 이 운동에 가담한 이유를 선택의 여지가 없었던 것으로 설명한다. 자신은 해고당하고, 부친은 체포되었으며, 부인 역시 체포 위협을 받고 있었기 때문이다. "내가 매우 자주 말하지만, 내가 레지스탕스에 들어간 것은 미덕이나 조국애 때문이 아니었다. 게다가 무언가 할 수 있다는 확신 때문도 아니었다. 아주 단순히 나는 달리 어쩔 수 없었다."[38)]

엘륄은 마키maquis 조직(레지스탕스의 한 운동)에 가담하여 활동하던 중 지도자 없이 버려진 개신교 교회를 발견하고 이 개신교 농부들을 목양했으며 1943년엔 정규 예배를 이끌게 되었다(그는 1953년에 동일한 것을 다시 경험하게 된다). 그는 전쟁기간 신학을 공부했는데, 1943년 그가 법학교수 자격증 획득을 위해 제출한 논문 제목이 신학과 맞물리고 있음을 알 수 있다.[39)]

1943년부터 엘륄은 보르도 법대에서 비공식적으로 다시 강의를 했다. 해방 후 그는 보르도 시의회에 임명되었고 부시장으로 특별히 무역과 공공 사역에서 활동했다. 그의 관심은 새로운 사회 경제적 조직을 이루는 것이었다. 그러나 정치적 현실은 그의 확신을 흐리게 했다. 그는 1944년 10월에서 1945년 4월까지의 짧은 기간의 정치적 경험을 끝낸

---

38. *A temps et contre temps*, 45.

39. 「프랑스 개혁교회 치리사 입문」*Introduction à l'histoire de la discipline des Eglises réformées de France.*

다. 그가 발견한 것은 정치란 관료주의 앞에서 무력하다는 것이었다.

그 후 엘륄은 본격적으로 대학 교수로서의 활동을 시작한다. 그가 강의했던 보르도 대학(1943-1980)과 보르도 정치학 연구소(1947-1980) 시절, 엘륄은 그의 전공과목들인, 로마 법, 제도의 역사와 사회학, 마르크스와 마르크스주의, 선전, 기술 사회 등을 가르쳤다. 그는 많은 논문을 지도했고 적극적으로 학생들과 연루되었는데, 특히 1968년 5월 소요 때 그는 즉각적으로 학생들의 요구에 직면했다. 그는 오래 전부터 지식을 전달하는 데 그치지 않고 이 지식을, 그리고 세계와 삶을 근본적으로 비판할 수 있는 학생들을 만드는 그런 교육을 꿈꿔왔다. 그 역시 교육 이념에 문제를 제기하는 입장이었다.[40] 하지만 학생들이 가능한 부분적 혁명과 혁명 신화 그 자체를 혼동하자(학생들은 드골 정권 타도를 외치고 노동계층을 앞세웠다), 그는 그 운동에 반대했다. 그의 정치적인 입장은 바쿠닌에 가까운 무정부주의적인 사회주의자이다. 그는 궁극적으로 무정부적 이상 사회를 꿈꿨지만 그 실현 가능성을 믿지는 않았다. 다만 "무정부주의를 사회주의의 가장 완전하고 가장 진지한 형태로 여겼다."[41]

한편 종교 영역에서 엘륄은 1947에서 1951년까지 WCC의 위원회에 속했고, 1951에서 1970까지는 프랑스 개혁교회의 총회 임원이었으며, 신학교 커리큘럼 조정에 특별히 관심을 가졌다. 1969년에 그는 장 보스크 Jean Bosc의 뒤를 이어 죽을 때까지 「신앙과 삶」*Foi et Vie* 편집장이 되었다.

---

40. "모든 이념과 권력들은, 그것이 어떤 형태이건, 끊임없이 문제시되어야 하는바, 이는 파괴를 위함이 아니라 모든 인간이 자신의 자유를 행사할 수 있도록 하기 위함이다"(*A temps et contre temps*, 145).

41. J. Ellul, *Anarchie et christianisme* (Paris, 1988), 10. 이것은 구체적으로 말해서, "소그룹을 창설하여 설득을 수단으로 행동하며, 거짓과 억압을 고발하는…평화주의적인, 반민족주의적인, 반자본주의적인, 도덕적인, 반민주주의적인(다시 말해서 부르주아 국가들의 거짓 민주주의에 적대적인)" 무정부주의다(*Ibid.*, 24-25).

기타 활동으로 엘륄은 1945년에서 1955년까지 보르도에서 영화 클럽을 지도하면서 선정된 영화의 주제에 대해 토론을 이끌어 갔다. 또한 1958년 그는 이브 샤리에Yves Charrier와 더불어 청소년 범죄 예방 클럽을 만들었는바, 보르도 근교에 위치한 그곳 폐삭을 자신의 집으로 삼았다. 1968년 이래 그는 환경 운동에 개입해 왔고, 특히 아키텐 해안 보호 위원회 회장으로 있는 기간 그는 정부의 개발 계획으로부터 보르도 근처 해안 지역을 보호하기 위한 노력들에 적극 참여했다. 엘륄은 정부가 파리에 세운 폭력에 대한 알랭 페레피트Alain Peyrefitte 국가 위원회 임원이기도 했다. 그는 북아프리카에서 시간을 보냈고 또 유럽과 이스라엘(1977 봄)을 널리 여행했으나 결코 서반구를 다 방문하지는 못했다. 1980년 은퇴한 후 1994년 죽을 때까지, 엘륄은 글쓰기와 논문 지도(명예 교수로서)에 전력했다.

그의 평생에 걸친 저술 활동은 이미 초반에 그 방향이 결정되었을 정도로 분명한 특징을 갖는다. 그는 사회학과 신학이라는 분리된 영역에서 작품 활동을 전개했는바, 이것은 일종의 변증법을 형성한다. 사회학의 영역에서 그의 대표작인 「기술 또는 세기의 도박」(1954)은 영국인 올더스 헉슬리(1894-1963)에 의해 발견되어 10년 뒤 영미 권에 널리 알려졌다. 특히 미국인들은 이 책을 읽으면서 지난 수년간 그들이 살아온 여정을 되돌아볼 수 있었다. 그는 기술에 대한 분석을 계속하면서 정치, 경제, 문화에 대한 사회학적인 분석을 곁들였다. 하지만 이런 연구 활동은 그가 젊은 시절부터 기술 사회를 변화시키고자 했던 그의 "혁명적인" 꿈을 이루기 위함이었다. 그는 그 가능성을 기독교에서 찾았고 혁명에의 동참을 호소함으로써 일련의 신학 작품들을 지술했다. 「세상 속의 그리스도인」(1948)에서 전도서 묵상인 「존재의 이유」(1987)로 이어지는 많은 작품들은 여러 나라에서 번역될 정도로 영향이 컸다. 특히 미국 대학들은 프랑스를 비롯한 어느 나라보다도 활발하게 엘륄 연구를 해왔고, 지금도 가장 중요한 엘륄 도서를 소장한 곳이 일리노이 소재의 휘튼 대학이다.

그는 나이 많아서도 계속 교수 강연회에 참석하고 특별히 보르도 지역에서 자주 공개강좌를 열었으며, 정기적인 성경 그룹을 인도하며 한 달에 한두 번 설교했다. 하지만 무쇠 같은 건강과 컴퓨터 기억력을 주신 창조주께 감사했던 그는 말년 그가 좋아했던 시인이나 화가의 이름을 기억해내기 위해 극심한 고통을 겪었다. 그의 정신은 흐려졌다. 이것은 그의 아내 이베트의 죽음과 무관하지 않다. 1991년 4월 16일 평생의 동반자의 죽음은 엘륄에게 엄청난 슬픔이었다. 그는 아내의 사진을 거실 도처에 놓아두었으며 이것은 그의 삶에 그녀의 중요성을 입증해준다. 어쩌면 그는 그녀 없이 어떤 책도 쓸 수 없었는지도 모른다. 3년 뒤 그는 아내가 간 길을 따라 갔다(1994년 5월 19일).

Chapter 2

엘륄의 방법론과 변증법

앞에서 엘륄의 생애를 살펴보았으므로 이제는 그가 어떤 식으로 학문 활동을 했는지 그 방법론을 알아볼 차례다. 엘륄의 천재성은 그가 30대에 이미 평생 무엇을 해야 할지에 대한 계획을 세우고 그 방식대로 글을 썼다는 데 있다. 그는 자신의 전 생애의 작품을 서론, 본론, 결론으로 나눌 수 있도록 설계했다. 서론과 결론은 각각 한권의 책으로 썼는바, 「세상속의 그리스도인」(1948)과 「존재의 이유: 전도서 묵상」(1987)이 그것이다. 그리고 본론에 해당되는 작품들은 두 축으로 되어 있다. 하나는 사회학적인 작품들이요 다른 하나는 신학적인 작품들이다. 그러므로 엘륄의 본론은 그 작품 배치 형식이 변증법적이다. 이런 글쓰기는 리쾨르의 글쓰기와 비교될 수 있는바, 후자의 경우는 하나의 작품 맨 마지막에 남는 침전물에서 시작하여 새로운 작품이 구상되는 식이다.

두 축 가운데 하나인 엘륄의 사회학적인 작품들은 기술technique에 대한 것들이다. 기술은 그가 20세기를 보는 키워드요 그가 분석하여 풀어낸 사회는 기술 사회다. 그리고 다른 축인 신학 작품들은 이 기술에 대한 성경 계시의 조명과 관련한다. 자유는 그리스도인의 키워드 중 하나다.[42] 실로 엄청난 작품들이 쏟아졌다. 필자는 2부에서 이 작품들을 분석할 것이다. 물론 그 모든 작품들을 다 분석할 수는 없고 다만 본론을 형성하는 가장 주된 텍스트들만을 분석할 것이다.

여기서 필자가 말하려는 것은 엘륄에게는 형식적인 외적 작품에서나 구조적인 내적 사상에 있어서 모두 변증법적인 방법론이 사용되고 있다는 것이다. 먼저 그가 왜 이런 방법론을 사용해야 했는지를 알아보자.

⋮

1. 엘륄의 변증법적 방법론

엘륄은 자신의 결론적인 작품을 쓰던 해(1987)에 자신의 믿는 바를 고백적으로 밝히는 책을 출판하고[43] 그곳에서 자신의 변증법을 진술한다. 엘륄의 신학은 기독교와 세상을 마주 세워놓는 일종의 "대립의 신학"이다. 이것은 둘을 일치시킨다거나 분리시키는 것이 아니라 둘 사이에서 변증법을 세운다는 의미다. 그러므로 그의 일생의 작업은 신학과 사회학 사이의 연결고리를 찾는 일이었다. 이것은 양자 사이에서 무슨 통합을 찾는 것이 아니라 거기서 필요한 것이 무엇인지를 찾는 일이다.

당연히 기독교 정치나 기독교 경제 따위는 존재하지 않는다. 동시에 현실에서 벗어난 독자적인 기독교의 존재도 불가능하다. "기독교가 사

42. 그는 본래 자유(소망)의 윤리, 성결(믿음)의 윤리, 관계(사랑)의 윤리를 쓰고자 했으나 뜻을 이루지 못했다.

43. J. Ellul, *Ce que je crois* (Paris, 1987).

회의 구조를 관통하고 변경할 수 있다고 주장하거나…거꾸로 기독교가 세상의 필요, 요구, 방향에 따라 적응되고 바뀌어야 한다고 주장하는 것은 이상주의적이며 영향력을 상실하는 것이다."[44]

이런 입장은 "현대사회 분석의 독립성"과 "신학의 특수성"을, 세상의 중요성과 계시의 진리를 동시에 주장하는 것이다. 모순적인 진술과 상호 비판은 필수적이 된다. "세상이 교회에 비판적이며, 과학이 신학에 비판적"이듯이, "교회가 세상에 비판적이고 신학이 과학에 비판적일 수밖에 없다."[45]

사회학자로서 엘륄은 "정확한 방법들을 사용함으로써 사실주의적이고 과학적이어야" 했으며, 신학자로서 그는 "시대정신에 양보함 없이 가능한 한 엄격하게 계시를 제시함으로써" 비타협적이 되어야 했다. 이렇게 해서 그의 사회학적인 책들과 신학적인 책들은 "음악의 대위법에서처럼 서로 자신들의 역할을 수행한다."[46] 「정치적 환상」과 「하나님의 정치와 사람의 정치」, 「자유의 윤리」와 「기술 사회」은 정확히 변증법적인 대위법을 형성한다.[47] 하지만 엘륄은 그 책들이 자신의 의도에 따라 읽혀지지 않았음을 한탄한다. 거기에는"위기에 대한 기독교적인 이해"를 통한 반성이 전제되고 있기 때문이다. 이것은 엘륄의 독자들에게 시사

44. *Ibid.*, 61.

45. *Ibid.*, 62.

46. *Ibid.*, 63.

47. 다른 곳에서도 밝히고 있지만 영어판 제목인 「기술 사회」는 본래 불어판에서는 「기술: 세기의 도박」으로 되어 있었다. 본서에서는 특별한 경우를 제외하고는 「기술 사회」로 통일한다. 사실 엘륄은 「자유의 윤리」와 「기술 사회」를 한권의 책으로 묶어 출판하려 했으나, 너무나 방대한 양 때문에 출판을 거절당했다. 그리하여 *La Technique ou l'Enjeu du siècle*와 세권으로 된 *Ethique de la liberté*가 각기 별도로 출판되었다. 「자유의 윤리」제3권은 *Les Combats de la liberté* (Paris-Genève 1984)라는 제목으로 나왔다(「자유의 투쟁」 [솔로몬, 2008]).

하는 바가 크다. 반성 없는 단순한 반영은 무의식적인 반동만을 낳기 때문이다.

그렇다면 엘륄은 왜 이런 태도를 취해야 했는가? 그는 두 가지로 말한다. 하나는 삶이 이런 방법론을 요구할 수밖에 없다는 것이다. 사람이 세상의 구조와 필연에 무력하나 그래도 모든 시도를 다 해야 한다는 것, 자유 없는 사회는 동시에 공격과 유지의 대상이라는 것(방법은 파괴적 분노 없이 사회의 경직을 막는 것뿐), 인간의 시도는 가치가 없으나 가치가 있는 듯이 수행되어야 한다는 것, 인간이 세운 가치와 도덕은 절대적은 아니지만 그것 없이 못 살기 때문에 지지한다는 것이다. 다른 하나는 기술 체계가 세상의 전부가 된다면 그것의 대위법은 세상에 존재하지 않고 초월적일 수밖에 없으며, 따라서 계시만이 기술 사회와 변증법적인 관계를 형성한다는 것이다.[48]

2. 엘륄의 이중적 변증법

앞에서 밝혔듯이 엘륄이 사용하는 변증법은 이중 구조를 가지고 있다. 먼저는 형식적 변증법으로서 마치 파스칼에게 희미한 형태로 남아 있고 키르케고르에게 보다 확실하게 나타나는 방법론이다. 파스칼의 신학은 그의 기하학과 일종의 형식적 변증법을 이루며, 키르케고르의 신학은 그의 심미학과 명백한 형식적 변증법을 이룬다. 다음으로는 내용적 변증법으로서 필연과 자유 사이의 관계를 설명하기 위함이다.[49] 그런데

48. *Ce que je crois*, 64-65.

이 필연과 자유의 변증법은 기술과 윤리의 변증법이라는 말로 달리 표현될 수 있다. 엘륄에게 있어서 기술은 필연과 관련하고, 윤리는 자유와 우선적으로 관계하기 때문이다. 이런 점에서 우리는 엘륄의 초기 작품 구상을 이해할 수 있다. 위의 각주에서도 밝혔듯이, 엘륄은 「기술 사회」와 「자유의 윤리」를 한 권의 작품으로 쓰려했다. 이런 작품 구상은 당연히 저자의 의도를 기술과 윤리의 관점에서 보게 한다. 뒤에 분리되어 나오게 되는 그의 사회학적 작품들은 하나같이 사회에 있는 필연적인 요소들의 분석과 관련한다. 기술[50], 정치[51], 선전[52], 혁명[53], 예술[54], 영상매체[55] 등이다.

기술과 윤리

먼저 기술과 윤리의 관계로 이 변증법을 설명해보자. 기술은 20세기 필연의 사회의 주된 요소이다. 엘륄에게 있어서 기술이란 효율성 추구에 의해 지배되는 수단의 총체이다. 이것은 경제에서나 정치에서, 그리고 인간 존재에 이르기까지 적용된다. 따라서 기술이 갖고 있는 특성을 살피는 것은 기술 사회를 보는 필수적 과제이다. 엘륄은 「기술 사회」에

49. 이런 시각으로 쓰인 논문이 있다. Daniel B. Clendenin, *Theological Method in Jacques Ellul* (Univ. Press of America, 1987). 저자의 말대로 자유/필연의 변증법이 엘륄 사상의 유일한 열쇠는 아니나 중추적인 것임에 틀림없다(59).
50. *Le système technicien* (Paris, Calmann-Lévy, 1977); Le bluff technologique (Eerdmans, 1990).
51. *L'Illusion politique* (Paris, Robert Laffont, 1965).
52. *Propagande* (Paris, Armand Colin, 1962).
53. *Autopsie de la Révolution* (Paris Calmann-Lévy, 1969); *Changer de révolution* (Paris, Editions du Seuil, 1982); *De la Révolution aux révoltes* (Paris, Calmann-Lévy, 1972).
54. *L'Empire du non-sens* (Paris, PUF, 1980).
55. *La Parole humiliée* (Paris, Editions du Seuil. 1981).

서 현대 기술의 특징을 8가지로 말한다. 뒤에 본격적인 분석을 하겠기에 여기서는 매우 간략하게 언급하겠다.

우선 기술에는 합리성과 인위성이라는 두 가지 본질적 특성이 있다. 그 위에 또한 기술은 다음 6가지 특성을 갖고 있다. 곧 자동성, 자기 증대, 단일성 또는 비분리성, 연계성, 보편성, 자율성이다.[56] 엘륄은 기술의 이런 특성을 바탕으로 기술의 경제, 정치, 인간과의 관계를 분석했다. 다시 말해 기술이 20세기의 인간 사회의 주된 생활에 어떤 모습으로 자리 잡아 가는지를 그렸다. 기술과 경제의 밀접한 관계는 상식이다. "우리가 새로운 세계로 진보하면 할수록, 경제생활은 기술 발전에 더욱더 의존하게 된다"(마르크스). 기술은 인간의 생존과 생활 향상을 위해서 뿐만 아니라 국가의 존재를 위해서도 필요하다. 국가는 그것의 운영에 필요한 요소들인 법, 교육, 행정, 군대, 재정의 모든 영역에서 기술을 만날 수밖에 없으며, 강력한 정부일수록 더욱 기술에 대한 의존이 높다.

엘륄은 결국 인간 문제를 기술을 통해 풀어보고자 하는 휴먼 테크닉에 이른다. 기술의 증가와 더불어 인간은 필연적으로 기술의 노예가 되고 이 문제를 해결하기 위해 인간은 또다시 기술에 의존하지 않으면 안 되는 것이다. 이렇게 기술 사회를 논하면서 엘륄은 인간이 기술을 통해서 그가 원하는 것을 항상 긍정적으로 얻는 것이 아니라, 오히려 기술이 지배하는 사회로 변한다고 말한다.

엘륄은 이런 기술 사회의 개념이 하나의 체계를 갖추는 것을 목격하

---

56. Cf. *The Techological Society*, 47-147. Sylvain Dujancourt는 그의 글, "Technique et ethique selon la pensée de Jacques Ellul," 에서 이 성격들을 잘 요약하고 있다 (in *Le siècle de Jacques Ellul: Hommage de Foi et Vie à la mémoire de son Directeur* [Foi et Vie, N°5-6, Déc. 1994], 30-32).

면서 새로운 책을 썼다. 「기술 체계」*Le système technicien*라는 이 책에서 그는 20년 전에 쓴 자신의 "기술 사회 개념"의 단계가 이미 지나가 버렸다고 말한다.[57] 엘륄은 당대에 널리 알려진 레이몽 아롱Raymond Aron의 산업 사회société industrielle나 다니엘 벨Daniel Bell의 후기 산업 사회란 용어를 부적합하게 여긴다.[58] 이런 용어들은 현대 사회의 부분적 특성들은 드러내줄 수 있으나 공통된 전체적 특성을 표현하지는 못한다고 말하면서 기술 사회société technicienne를 주장한다.[59] 이와 같은 기술 체계의 발견은 기술 사회의 이념을 넘어서기 위함이다. 그 이념이란 기술을 통한 유토피아 건설이다. 엘륄은 이 기술자들을 네오-유토피스트라고 부른다. 오늘날에는 기술적 유토피아 외에 다른 것이 없다. 바로 이 유토피아를 통해서 기술 체계와 기술 사회가 일체화된다.[60] 「기술 체계」에서 엘륄은 기술의 현상적 특성과 진보적 특성을 구분하고, 전자에 자율성, 일체성, 보편성, 총체화를, 후자엔 자기 증대, 자동성, 인과관계의 진행과 궁극성 부재, 가속도accéleration를 특성으로 부여하였다.[61]

---

57. *Le système technicien*, 7.

58. *Le système technicien*, 11-12. 엘륄은 비교적 기술의 결과들을 잘 표현하는 "계획 사회"(société programmée), "소비 사회", "풍요 사회" 등의 용어에 호감을 보인다. 엘빈 토플러의 "정보화 사회"라는 용어의 득세는 최근의 일이다.

59. *Le système technicien*, 19. 엘륄은 H. Lefebvre의 비판에 대해서 세 가지로 답한다. 첫째, 기술이 도시 계층을 통해서만 존재한다는 비판에 대해, 도시 밖의 "고립된 대상들" 사이에 있는 연관성과 시골의 기술화 현상을 상기시킨다. 둘째, 기술은 기술정치가들technocates이라는 사회 계층을 통해서만 실행될 수 있다는 이유로, "기술정치 사회" 또는 "관료정치 사회"에 대해 말해야 한다는 주장에 대해, 엘륄은 이 주장이 각자가 어떤 모양으로든 기술 체계에 참여하고 있다는 점을 간과하고 있으며, 기술 사회가 오히려 반反기술 정치적(어떤 기술자도 사회를 이끌어가려 하지 않기 때문에)이라고 반박한다. 셋째, 기술 사회 이론이 실로 하나의 환상이며, 상황을 정당화하는 신화(혁명을 정당화하는 마르크스주의적 이데올로기)라는 비판에 대해, 엘륄은 기술 체계의 발견이 상황을 정당화하기는커녕 언제나 기술에 대한 공격으로, 기술성에 대한 비판으로 나타난다고 말한다(*Ibid*., 20-22).

60. *Le système technicien*, 22-28.

이러한 기술의 특성들은 몇 가지 윤리적 문제들을 제기한다. 첫째는 기술의 양면성 문제이다. 기술은 인간을 자유롭게 하기도 하고 동시에 소외시키기도 한다. 기술은 인간에게 생활의 안락과 편리함을 가져다준다.[62] 한편 기술은 또한 인간을 다른 형태로 소외에 굴복시킨다. 기술은 우리를 해방되기 불가능한 세계에 가두어 놓는다. 기술은 우리가 기술이 낳는 세계 외에 다른 삶과 사상의 세계를 꿈꾸는 것을 방해한다. 나아가 기술은 긍정적인 것만을 보게 한다. 따라서 우리는 "우리가 사용하는 수단의 부정적 양상들을 보기에 힘들고 또 불가능한" 상태에 있다.

둘째, 기술은 한 가지 것을 해결하는 것과 동시에 새로운 문제들을 만들어 낸다는 것이다. 이것은 특히 의료 기술 혁신들이 입증한다. "새로운 선택들이 그것들을 만날 준비가 전혀 되어있지 않은 사람에게 제시된다."[63] 이와 같이 기술 윤리에게는 오직 발명해야 할 일만이 있다.

셋째, 기술적 심성mentalité 문제이다. 기술은 인간을 매료시키는 사회의 마법이다. 이 매혹이 기술을 신성화한다. 기술을 신성화하는 것은 아무 것도 그것을 거부하지 못하며 모든 것을 그 앞에 복종시키는 것이다. 그리하여 우리는 기술이 낳은 결과에 의문을 제기하지 못한다. 장애는

---

61. *La Technique ou l' Enjeu du siècle*에서 취급된 특성들과 별반 차이 없는 이 특성들은 *Le Système Technicien*의 주된 분석 대상이다. 이후 엘륄은 기술의 진보에 대한 분석을 다른 사람들에게 넘기고 기술학(technologie)의 영역으로 나아간다. 그가 1988년에 쓴 *Le Bluff technologique* (기술학의 허세)는 기술에 대한 담론(discours sur la technique)이 풍선처럼 부풀어 있음을 고발한다.

62. "De toute évidence, la technique répond à des besoins, à des désirs permanents de l'homme: combler sa faim, chercher des moyens plus efficaces, épargner sa peine, assurer la sécurité, connaître et comprendre. Elle donne corps à ses rêves, elle est la réponse à ses désirs" (*Le système technicien*, 350).

63. "De nouveaux choix sont proposés à l'homme qui n'est nullement préparé à les affronter" (*Le Vouloir et le Faire*, [Labor et Fides, Genève 1964], 152).

기술 발전의 근본적인 결점이나 실패로 여겨지지 않고 제거해야할 도전으로 여겨진다. 윤리가 기술에 대해 거리를 둠으로써 시작한다. 기술에는 기상천외와 힘에 대한 고집이 있다. "인간은 이제 더 이상 자신의 정복의 한계를 인정하지 않는다."[64] 여기에 기술의 악마적 양상이 있다.

넷째, 인간 행위의 의미 문제이다. 이 영역에서 기술은 "무의미의 제국"이다. "우리 시대는 무의미로 특징지어진다."[65] 이 무의미는 현대 예술 속에 불가피하게 들어 있는 바, 그것은 예술이 "자기 세계의 반영"[66] 이외에 다른 것이 아니기 때문이다. 하지만 인간은 의미 없이 살 수 없음을 알아야 한다.

다섯째, 인간을 기술 사회에 위치시키는 문제이다. 우선 엘륄이 인간을 말할 때 그것은 18세기 고전적 휴머니즘을 의미하지 않는다. 그에게는 기술 사회에 위치하고 있는 인간들만이 존재할 뿐이다. 기술은 자신을 섬기는 인간 형태를 만들어 낸다. 이 점에서 인간은 기술의 대상이다. "기술은 모든 영역으로, 심지어 기슬에게 하나의 대상이 되는 인간 자신에게로 들어간다…기술은 인간에게 대상이기를 멈추고 그 자체의 본질이 된다. 기술은 더 이상 인간 앞에 놓이지 않고 인간과 통합되며 점차적으로 인간을 흡수한다."[67]

이러한 기술의 윤리 앞에 엘륄은 어떤 윤리를 말하는가?[68] 첫째는 자

---

64. "L'homme ne reconnaît plus de limites à sa conquête" (*Ibid.*, 160).
65. "Notre temps est caractérisé par le non-sens" (*Les combats de la liberté*, 236).
66. *L'empire du non-sens*, 63.
67. "La technique entre dans tous les domaines et dans l'homme lui-même qui devient pour elle un objet…La technique cesse d'être l'objet pour l'homme, elle devient sa propre substance; elle n'est plus pos?e en facc de l'homme, mais s'intègre en lui et progressivement l'absorbe" (*La technique ou l'enjeu du siècle*, 4).
68. Sylvain Dujancourt, *art. cit.*, 38-41.

유이다. 둘째는 기술을 다스리는 것이다. 셋째는 그리스도인들을 위한 윤리의 추구이다.[69] 그런데 이런 윤리는 오직 기독교 계시의 의미를 바로 파악한 사람들에 의해서만 가능하다. 따라서 엘륄은 자신이 계시를 파악하기 위해서 뿐 아니라, 파악한 계시를 전달하기 위해서 수많은 성경해석을 시도한다. 「자유의 윤리」와 「도시의 신학」[70]이라는 확실한 대칭물 외에도, 열왕기하, 요나서, 공관복음, 요한 계시록 연구를 통해, 구약의 왕과 선지자들, 그리고 신약의 예수와 사도들을 기록된 그대로[71] 해설함으로써 정치, 폭력, 돈을 포함하는 모든 문명에 대한 계시의 삶이 무엇인지 밝힌다.

필연과 자유

기술과 윤리는 필연과 자유라는 말로 쓰일 때 훨씬 쉽게 이해된다. 엘륄에 따르면 세상은 필연의 질서이고 거기서 사는 그리스도인은 자유의 질서에 따라 행해야 한다. 무엇보다도 빵은 인간 생존의 필연이다. 그러기에 더욱 인간은 빵을 살 수 있는 돈을 필요로 하게 되며, 돈은 경제생활에 있어서 필수적이다. 엘륄은 예수의 빵에 대한 시험에서 현대 문명의 필연을 본다: "제기되고 있는 문제는 한 가지 욕구를 충족시키는 것

69. *Le Vouloir et le Faire.* 이 모든 것을 살펴보면, 한마디로 엘륄의 기술 윤리는 검소의 윤리(éthique de la frugalité)라고 할 수 있다. 곧 "maîtriser l'abondance de la technique par la maîtrise de sa propre fascination pour la technique, en prenant appui sur le maître de l'univers qu'est le Dieu de la Bible."

70. *Sans feu ni lieu: théologie de la ville* (Paris, Gallimard, 1975/2003). 이 책도 원 제목은 「집도 없이 가정도 없이」이며, 「도시의 신학」이 부제다. 우리말로 번역된 「도시의 의미」는 영역본 제목이다. 본서에서는 특별한 경우를 제외하고 「도시의 신학」이라는 제목을 사용한다.

71. 이 말은 엘륄이 자주 쓰는 말로서 그의 성경 해석학의 일면을 보여준다. 성경을 "있는 그대로", "전체적으로", 또는 "통전적으로" 읽기 같은 표현도 마찬가지다.

(여기서는 배고픔이라는 가장 즉각적인 명백한 욕구와 관련됨)만이 아니라 생산적이고 소비적인 현대 문명 전체이다."[72] 이것은 자본주의뿐만 아니라 사회주의에서도 동일하다.[73] 왜냐하면 돈은 노동과 관련되고, 다만 자본주의에서의 노동이 존재를 개인적 소유에 굴종케 하는 반면, 사회주의에서의 노동은 존재를 집단적 소유에 굴종케 하기 때문이다.[74] 이 노동 역시 필연의 질서이지 은혜와 자유의 질서에 속하지 않는다.[75] 그렇다고 필연의 질서에 있다는 인식이 노동을 경멸하고 거부해야함을 의미하지 않는다. 그리스도 안에는 필연의 질서에 대한 제거가 있는 것이 아니라, 그 질서에 대한 승리가 있다. 이와 같이 빵, 돈, 노동을 은혜와 사랑과 자유의 질서와 혼동해서는 안 된다.[76]

엘륄은 필연의 질서에 사는 그리스도인들이 자유의 행위를 통해 그 필연에서 승리를 가져와야 한다고 말한다. 맘몬으로 불린 돈은 전적으로 은혜에 반대된다. 돈은 은혜, 무료, 너그러움이 되어야 할 모든 것을 악착스런 정복, 소유, 집착이 되게 한다. 그런데 자유의 질서에서는 이것이 뒤집힌다. 엘륄은 초대교회의 재산 공동체가 일시적이었던 것이 아니라 교회사에서 면면히 흐르고 있음을 증거 한다.[77] 노동 역시 마찬가지다. 노동에 대한 그리스도인의 소명[78]은 필연의 질서를 넘어서는 것이다.

---

72. *Si tu est le Fils de Dieu: Souffrances et tentations de Jésus* (Centurion, Paris, 1991), 72 (「인간 예수」 [엠마오, 1993], 81).
73. 그는 이미 *L'Homme et l'Argent* (Paris, Delachaux, 1953)에서 돈에 대한 사회학적이고 성경적인 설명을 한 바 있다(*Money and Power*, [IVP, 1984]).
74. *Money and Power*, 20-21.
75. "어떤 상황에서도, 어떤 순간에서도, 성경적 관점에서 노동이 자유라고 말할 수 없다" (*Les Combats de la liberté*, 271).
76. 엘륄이 말하는 기독교 사실주의réalisme chrétien는 이런 의미이다.
77. 「뒤틀려진 기독교」, 288-289.
78. 유일하게 그리스도인의 것만은 아니다.

엘륄은 자신이 청소년 경범죄 예방 클럽Club de Prévention에서 일한 체험을 사례로 제시한다. 그는 이렇게 사회에 부적응자들의 요구에 부응하는 기관을 만들어서, 흔히 하는 대로 감금하여 의학 치료를 한다거나 규범적 생활을 통해 어떤 일에 적응을 시키는 방법을 쓴 것이 아니라, 그들의 부정적 적응 불능을 긍정적 적응 불능으로 바꾸고 그들의 호전성을 절제 있게 행동하는 힘으로 바꾸며 그들의 삶의 어려움을 스스로 감당할 수 있는 능력을 갖게 하는 수단들을 제공하였다. 엘륄은 "이러한 기업을 운영하는 것이야말로 (이것은 명백히 돈을 지불하는 풀타임 고용인이 필요하다) 진실된 노동"이라고 말한다.[79)]

다음으로, 인간의 정치적 행위들이 필연의 질서에 속한다. 현대인들은 정치적 환상을 갖고 있다. 엘륄은 그의 책「정치적 환상」에서 세 가지 환상을 갖고 있다고 말한다. 첫째는 시민이 국가를 통제해야 한다는 환상이요, 둘째는 시민이 정치 생활에 효과적으로 참여할 수 있다는 환상이며, 셋째는 모든 문제가 정치적이기 때문에 정치적으로 풀어야한다는 환상이다.[80)] 그러나 이런 환상은 결국 국가의 규모와 권력을 더 크게 해주며 그것에 대한 우리의 의존도를 더 높이는 결과를 초래한다. 이와 같이 정치적 자유는 "형식적 민주주의, 시민 의회주의, 경제적 자유주의 안에 자리 잡으며," 자유로운 인간이 사회에 살면서 이 자유를 제도화시키는 방법을 모색한다. 하지만 이 체제는 결코 인간의 자유를 표현하지 못하며, 나아가 국가로 하여금 개인의 자유의 분배자요 보증이 되게 한다는 점에서 거짓이다.[81)] 그리스도인들의 정치 참여는 바로 이 필연의

79. *Les Combats de la liberté*, 274. 노동과 자유 전반에 대해선 같은 책 XI장을 보라.
80. Cf. *L'Illusion politique*, ch. IV, ch. V, ch. VI.
81. *Les Combats de la liberté*, 102.

질서에의 참여이다.[82] 정치의 영역에서 그리스도인의 자유의 표명은 각 정당에 속한 그리스도인들이 그들의 정치적 입장을 부수적으로 하고 그리스도에 대한 고백을 우선으로 하는데 있다. "그때 그리스도인의 자유가 무엇인지 드러난다."[83] 그것은 이내 정치의 상대화로 이어진다.

엘륄은 선전, 혁명, 폭력 등, 인간의 정치 사회적 행위들을 같은 시각에서 본다. 선전은 공산주의 사회건 민주주의 사회건 자유의 적이며 모든 사람에게 "불가피한 필연"이 되었다.[84] 정부는 선전을 사용하는 것에 선택의 여지가 없으며, 개인 또한 그것이 필요하다. 선전은 전체적이고, 지속적이며, 올바른 교훈orthodoxia뿐만 아니라 올바른 행위orthopraxis를 겨냥한다. 예를 들어, 민주주의 선전은 다른 경쟁 체제와 마찬가지로 그 국가의 명분을 여론화시키기 위해 필수적이다. 민주주의 선전원이 개인을 존중하면 할수록, 그는 선전의 효과를 상실한다. 왜냐하면 선전은 민주주의 이상들, 곧 관용, 다양성, 타인에 대한 이해, 표현의 자유, 소수 의견 존중 등을 폐기하기 때문이다. 그룹 일치, 적응, 통합. 이것들이 개인적 자유를 뒤집어 놓는 선전의 진짜 목적이다. 교회도 선전을 사용하지 않을 수 없으며, 그럴 때 두 가지 결과가 초래된다. 하나는 기독교가 이데올로기로 전락하는 것이요, 다른 하나는 교회가 선전을 통해 성공하지만 이내 거짓 교회로 변질된다는 것이다.[85]

---

82. "C'est une fausse question que de se demander si le chrétien doit participer à la politique: il y est complètement. Ce n'est pas un devoir de conscience, c'est l'ordre de la nécessité. La seule question est de savoir comment nous participons pour introduire dans cet ordre de la nécessité une certaine liberté" (*Les Combats de la liberté*, 107).

83. *Les Combats de la liberté*, 113.

84. *Propaganda: The Formation of Men's Attitudes*, xv.

85. *Ibid.*, 228-232.

혁명보다도 더 잘 인간의 자유를 예증하고 변화를 충동하는 것은 없다. 그러나 엘륄은 실제로 역사 안의 혁명들을 "해부"하면서, 혁명이 언제나 독재로 이어졌음을 본다.[86] 그러므로 진실한 혁명은 사라졌고 혁명은 시시껄렁해졌다.[87] 특히 기술 사회에서 혁명은 불가능하게까지 보인다. 그러나 엘륄은 필요한 혁명이 있음을 역설한다. 이때의 "필요한 혁명"은 위의 혁명들과는 달리 필연의 질서에 속하지 않는다.[88] 이것은 도덕적 명령과도 같다. 엘륄은 이 "필요한 혁명"의 성격을 세 가지로 말한다. 우선 현 사회의 사건의 흐름에 있어서 모종의 필연이 있어서, 혁명이 이 필연의 의미로 들어갈 목적을 가져야 한다. 다음으로 혁명은 부정과 반대와 결별의 행위여야 한다. 마지막으로 혁명은 현 사회의 구조와 관련해서 생각돼야 한다.[89] 그리스도인의 혁명에의 가담은 바로 이 "필요한 혁명"의 성격과 관련한다.[90] 이는 또한 기독교의 혁명성과도 관련한다.[91] 그런데 해방이나 혁명이라는 이름이 붙은 신학들은 진정한 기독교의 혁명성과는 거리가 멀다.[92]

혁명은 이내 폭력 문제를 야기한다. 모든 사회의 폭력은 필연의 질서

86. Cf. *Autopsie de la Révolution.*
87. 엘륄은 la révolution banaliséе라고 말한다(*Ibid.*, ch. V).
88. La révolution nécessaire. 이것이 역사 밖의 혁명을 의미하는 것은 아니다.
89. *Autopsie de la Révolution.* 291-297.
90. 엘륄은 *Les Combats de la liberté*에서 혁명이 늘 자유를 위한 것이 아니기 때문에, 그리스도인은 혁명에 가담하기 전에 다음과 같은 세 가지 질문을 제기해야 한다고 말한다. 즉 "이 혁명적 운동의 실제적 목적들이 무엇인가? 그것이 무엇을 공격하는가? 그것이 잘못된 목표거나 이미 지나가 버린 실재인가?" (169).
91. 우리가 기억하는 대로 엘륄은 *Présence au monde moderne*에서부터 혁명적 기독교를 호소했다.
92. 해방 신학과 혁명의 신학들에 대한 엘륄의 분석적 비판에 대해서, cf. *Les Combats de la liberté*, 173-208.

에 속한다. 엘륄은 말하기를, "폭력은 어느 곳에서나 어느 때에나, 심지어 그것이 존재하지 않는다고 생각하는 곳에서도 존재한다"[93]고 한다. 모든 국가의 정치적 폭력, 모든 기업의 경제적 폭력, 모든 사람의 심리적 폭력 등. 이렇게 폭력은 불가피하지만, "그러나 그것은 어느 면에 있어서도 그리스도 안에서의 하나님의 사랑과 기독교적 소명의 표현이 아니다."[94] 그러나 진정한 자유와 사랑의 질서를 위해서도 필요한 폭력이 있다. 지금까지 이야기 해온 필연의 질서에 속한 세력들과 자유의 전투를 치르기 위해선 그리스도인들에게도 새로운 의미의 폭력이 필요하다. 그것은 "사랑의 폭력"이라는 영적, 정신적 폭력이다. 여기에는 세 가지 조건이 요구된다. 승리와 효과를 위한 모든 인간의 수단을 거부할 것, 전적으로 물리적, 심리적 폭력을 배제할 것, 진지한 신앙 위에 기초할 것이다.[95] 혹 그리스도인이 견딜 수 없는 상황에서 필연에 속한 폭력을 쓸 수도 있다. 그러나 그때 그는 자신이 그리스도인이 아니었음을 고백해야 한다.

그리스도의 자유의 대리인인 역사 속의 교회에는 이 필연의 질서를 깨뜨리는 소명이 있으나, 오히려 자유의 원수가 되었고 필연의 대리인이 되었다. 엘륄은 교회가 이처럼 뒤틀려진 이유들을 나열한다.[96] 계시가 종교로 바뀐 것, 권력과의 결탁, 도덕과 법으로의 전락, 기독교의 성공, 돈의 유혹에의 굴복…그럼에도 불구하고 이 배반의 교회는 존재한

93. 「폭력」, 100.

94. 위의 책, 150. "사회 안에서 그리고 인간들 속에서 크리스천이 해야 할 역할은 운명과 필연성을 섬멸시키는 작업이다. 그렇기 때문에 폭력의 수단을 사용하여서는 이 역할을 완수할 수 없다. 그 이유란 폭력 자체가 필연성의 질서라는 단순한 사실이다"(151).

95. 위의 책, 195-202.

96. 「뒤틀려진 기독교」(대장간, 1990) 제2장.

다. 그것은 제도나 조직으로서가 아니라 그리스도의 몸으로서 존재한다. 이렇게 역사적 교회의 주변에는 필연의 질서에 굴복하지 않고 살았던 "등대", 소그룹, 민중적 흐름들이 있었다.[97] 이와 같이 교회 자체가 필연과 자유의 변증법을 형성한다.

이제 그의 작품 세계로 들어가서 이 변증법을 확인해 보아야할 것이다. 그의 사상 체계는 바로 이 변증법적 방법론에서 나온다.

97. 「뒤틀려진 기독교」 (대장간, 1990) 제11장. 엘륄이 볼 때, 진정한 교회 개혁은 이렇게 탄생했다.

2부

엘륄의 사상

“그리스도인은 본질적으로 혁명적인 일을 한다. 그렇지않다면, 그리스도인은 어떤 면에서 세상에서 자신의 소명을 배반한 것이다.”

“나는 모든 사람이 현대 아시아의 시련의 일부는 서구가 아시아에 부가해온 복잡성, 즉 불가피한 기술의 적용에 의해 야기된 구조의 복잡성과 밀도에 기인했다는 점에 동의하리라 믿는다.”

“자유를 부정하는 수단들은 결코 자유에 이를 수 없다. 독재를 통해 백성을 자유로 이끈다는 것은 기만이다. 그러므로 자유의 수단은 폭력이나 증오나 거짓을 배제하는 수단이다.”

Life and Thoughts of Jacques Ellul

Chapter 3

• 엘륄의 서론 •

현대 문명과 그리스도인

1부에서 우리는 엘륄의 생애와 그의 변증법적 방법론을 지적함으로써 그의 일생의 저작들이 어떻게 구성되어 있는지를 검토했다. 이제부터는 그의 작품 세계로 들어가서 주요 저서들을 지루할 정도로 분석하는 일을 해야 한다. 그러므로 전개 방식은 다음과 같다. 첫째, 엘륄의 전 작품의 서론에 해당되는 책을 분석하여 그가 평생 하고자 했던 것이 무엇인지를 파악한다. 둘째, 변증법적 구조로 되어 있는 그의 사회학적 작품과 신학 작품을 차례로 분석하여 문명과 계시를 보는 그의 시선을 따라간다. 셋째, 결론에 해당되는 책을 분석함으로써 성경 계시가 세상에 대해 어떤 평가를 내리는지를 분명히 한다.

이런 분석 방법은, 엘륄이 계획하고 읽히기를 바랐던 그대로 그의 작품들을 분석한다는 점에서 정확히 그를 이해하는 방식이 될 것이다. 엘륄은 현대 문명의 위기에 내한 그리스도인의 이해를 촉구하는 글을 마치 선언서처럼 작성함으로써 그의 평생의 작업을 시작한다. 36살의 나이에 과연 그는 현대를 사는 그리스도인들에게 무엇을 호소하기 위해 분연히 일어났을까? 엘륄의 서론적인 책 「세상 속의 그리스도인」[1]에는 이미 그의 사상 체계가 제시된다.

"혁명적" 기독교 선언서

엘륄이 얼마나 성경 텍스트에서 출발하는지는 이 서론적인 책—비록 그가 영어 역본 서문을 쓰면서 인용하는 것이지만—에서도 입증된다. 그는 그리스도인들, 특히 기독 지성인들에게 현대 문명 앞에서 로마서 12:2을 적용하라고 외친다.[2] "너희는 이 세대를 본받지 말로 오직 마음을 새롭게 함으로 변화를 받아 하나님의 선하시고 기뻐하시고 온전하신 뜻이 무엇인지 분별하도록 하라." 그는 이 성구에서 혁명적 기독교 선언서의 메시지를 발견했다. 하지만 우선되는 질문은 이렇다: 이 메시지를 전달할 세상이 과연 마땅히 혁명을 요구할 문명인가?

따라서 본받지 말아야 할 "이 세대"가 어떤 모습인지를 아는 것이 먼저다. 엘륄은 20세기의 현대 문명을 성경 속의 로마 문명과 같은 맥락에서 파악한다. 당연히 바울의 권면은 현대 문명을 사는 그리스도인들에게 적용된다. 즉 하나님 나라에 속한 그리스도인은 이 문명을 본받지 말고 "새로운 마음으로" "하나님의 뜻"을 분별해야 하는 것이다.

엘륄에 따르면 이 세상, 특히 현대 문명은 자멸적인 성격을 갖는다. 따라서 모종의 혁명이 필요하다. 이것은 세속 지성인들도 외치는 필요

---

1. *Présence au monde moderne* (Genève, Roulet, 1948); 「세상 속의 그리스도인」 (대장간, 1992).
2. 그는 이 책의 영역본 제2판 서문에서 이것을 밝힌다(*The Presence of the Kingdom* [Eerdman, 1989], xi-xiv). 영역본 초판은 1967년에 나왔다.

성이다. 그리하여 역사는 수시로 혁명을 야기 시킨다. 그러나 세상의 혁명은 또 다른 혁명을 낳을 수밖에 없다. 대안의 혁명은 또 다른 대안을 요구하며 이것은 끊임없이 반복된다. 세상 혁명의 실패 이유는 일반적으로 사람들이 사실을 중시하고 그것을 숭배하는 경향이 있기 때문이다. 현대 지성인들은 지적 환경의 변화 때문에 현상 인식 능력을 상실했으며, 그 결과로 지적 자살 충동을 느낀다.

반대로 세상에 진정 필요한 혁명은 그리스도인들에 의해 수행되는 혁명이다. 그리고 하나님의 나라를 이 세상에 실어 나는 그리스도인들, 특히 평신도들이야말로 이 기독교 혁명의 수행자들이다. 그 이유는 기독교의 혁명성이 종말론적 세계관에 근거하고 있기 때문이다. 다시 말해 그리스도인들은 이 땅에 살지만 그것에 속하지 않기 때문이고 그리스도의 재림의 약속을 믿기 때문이다. 기독 지성인들은 세속 지성인들이 느끼는 지적 자살 충돌과 투쟁한다. 그들은 세상과 자신에 대한 자각을 통해 현대 문명의 구조적 틀을 발견할 뿐만 아니라, 그리스도 사건과 거룩한 영역을 보여 준다. 여기서 중요한 것은 현대 문명이 독재적이기 때문에 "성령의 조명"이 절대적으로 필요하다는 사실이다.

그렇다면 우리 시대에 혁명의 필요를 초래한 것은 무엇인가? 그것은 목적과 수단의 전복이다. 첫째, 현대 문명은 모든 것을 수단화한다. 그리하여 인간의 행복이라는 목적은 상실되었다. 둘째, 수단은 성공과 효율을 위해서 자신을 정당화한다. 기술이라는 수단의 등장과 더불어 수단의 통제가 불가능하게 되었으며, 기술이 점점 확장되어 감에 따라 목적의 가치는 상실되고 말았다. 셋째, 수단은 총체성을 갖는다. 수단은 수단 외의 모든 것을 배제하며 심시어 영적인 것도 수단에 이용하기 때문에 인간을 포함한 모든 영역을 지배한다. 이런 상태에서는 복음이 들려질 수 없다.

이와 정반대의 길을 가는 것이 기독교 혁명의 길이다. 첫째, 그리스도인들은 목적과 수단을 일치시켜야 한다. 목적은 하나님이 설정하는 것이고 인간은 그 수단에 불과하다. 세상의 제도들이 수단들이기 때문에 개인은 제도에 앞서야 한다. 둘째, 수단 속에 목적이 상실되어 있음을 보여주고 모든 수단들을 원위치 시키는 것이다. 이것이 종말의 실현의 의미이다. 셋째, 사물들을 중시하지 않고 인간의 삶을 강조하는 것으로, 바로 이것이 혁명적 태도이다. 행동보다 존재가, 특히 영적인 삶이 강조되어야 한다. 이것이 그리스도인들이 세상에서 행사하는 자유다. 여기서 우리는 16세기 초 저물어가는 로마 가톨릭 문명 앞에서 기독교 병사들의 지침서를 마련했던 에라스무스의 목소리를 듣는다. 물론 16세기 기독교 인문주의자에게서 엘륄같은 혁명적 투사의 모습을 발견한다는 말이 아니라, 그의 「엔키리디온」에 정확히 목적과 수단의 전복을 주의하라는 가르침이 들어 있다는 말이다.[3)]

그러므로 이러한 기독교 혁명을 수행하기 위해서 현대 문명의 수단들을 이루는 것이 무엇인지 분석해야 한다. 우리가 싸워야 할 적과 전투의 성격과 무기가 무엇인지를 알아야 할뿐만 아니라 그리스도인들로 하여금 이 싸움에 동참할 것을 호소해야 한다.

이것이 엘륄이 쓴 서론적 작품의 내용이다.

왜 "혁명"이어야 하나?

대체로 우리나라 독자들은 이 책을 현대 문명과 크게 관련짓지 않고

3. 박건택 편, 「종교개혁사상선집(솔로몬, 2009)」, 156-200 참고.

기독교 인식론적으로 읽는 경향이 있다. 그러나 앞서 진술한 저자의 저술 배경을 다시 살펴보면 이것이 현대 문명의 심각성과 대응의 절박성을 호소하는 것임을 알게 된다. 단순히 이 책을 접할 때, 우리는 엘륄이 지나치게 급진적이라고 여기며 "혁명"이라는 단어에도 의혹을 품는다. 대체 왜 그는 이렇게 심각하고 절박한 것일까? 1940년대 후반의 유럽 정황 때문일까? 그렇다면 오늘날 한국 사회에는 적용이 가능할까?

1988년 로잔의 복음주의 사회는 이 책의 재판을 출판했는데, 그 서문에서 베르나르 로르도르프Bernard Rordorf는 40년이 지난 엘륄의 호소가 결코 낡아 없어진 것이 아니라 여전히 세심하게 들려져야할 것을 말한다. 그에 따르면 당시 엘륄이 쓴 것은 유럽에서도 그 현실성을 조금도 상실하지 않았으며 특히 "그리스도인들의 윤리적 소명과 임무에 대해 그가 이해하고 설정한 방식"은 반드시 주목되어야 한다.[4]

그렇다면 왜 혁명적이어야 하나? 그것은 수단이 목적을 대체하고 있기 때문이다. 물론 이런 목적과 수단의 전복은 어제 오늘의 일이 아니다. 위에서 말했듯이 에라스무스는 「엔키리디온」에서 목적/수단의 뒤바뀜이 온 교회의 불행임을 강하게 말한 바 있다. 엘륄은 이미 오래전에 에라스무스가 이 문제를 제기한 것에 대해선 알지 못했지만 적어도 키르케고르의 글에서는 동일한 문제의식을 발견한다.[5] 어쩌면 구태의연한 지적이 될 수 있는 이 문제제기가 왜 엘륄에게 그토록 심각했을까? 그것은 기술이라는 수단이 이전과는 달리 현대문명에 엄청난 "영적 실체"로 등장했기 때문이다. 서구문명이 가져온 기술 수단의 발전은 이제 수단의

4. *Présence au monde moderne* (Lausanne, 1988), 5.
5. 「자유의 투쟁」, 310.

영역에서 목적의 영역으로 넘어갔다. 이것은 국지적인 현상이 아니라 총체적이고 세계적이 되어가고 있다. 기술 발전에 제동이 걸려야 한다.[6] 기술이 각 인간과 온 인류를 통제하기 전에 말이다. 그것은 모종의 혁명으로만 가능하다. 기술이 수단에 불과하다는 것을 선포할 뿐만 아니라 그것을 수단의 자리로 되돌려놓음으로써 말이다. 혁명의 내용은 그것이다. 단지 그것뿐이다!

그런데 기술은 발전하게 되어 있다. 그러면 어떻게 하란 말인가? 무엇보다도 먼저 해야 할 일은 기술이 무엇인지, 어떻게 발전해 왔는지, 어떤 성격을 갖고 있는지를 분석해야 한다, 바로 이것이 엘륄이 사회학자로서 수행한 작업이다.

---

6. 이 말은 새겨들어야 한다. 뒤에 언급하겠지만, 기술 자체가 악한 것이 아니라 목적으로서의 기술이 악한 것이다. 기술은 언제나 수단에 불과하다.

Chapter 4

현대 기술 사회

엘륄이 기독교적인 혁명의 대상으로 삼고 분석한 사회학적인 요소는 기술이다. 고대로부터 인간과 함께 해온 기술은 점점 발전하여 마치 독자적인 인격을 형성이나 한 듯 그 몸을 살쪄왔고 20세기에는 거대한 괴물처럼 인간 위에 군림하기 시작한다. 엘륄은 이런 기술의 발전 역사를 추적하고 그것의 특성과 조직을 분석한 책을 썼다. 그것이 「기술 사회」[7]이다. 이제부터 그가 말하는 기술 사회를 들여다보자.

---

7. 앞에서도 언급한바 있거니와, 원래 불어판 제목은 「기술 또는 세기의 도박」*La Technique ou l'Enjeu du siècle* (1954)이다. 하지만 이 제목은 어쩔 수 없이 붙여진 제목이다. 오히려 영역본인 「기술 사회」*The Technological Society* (1964)야 말로 본래 저자가 붙이려 했던 제목이었다. 엘륄이 이 제목을 사용하지 못한 것은, 이미 누군가가 동일 제목으로 책을 쓰겠다는 구상을 밝혔기 때문에 출판사 측에서 정한 제목인데, 정작 그 제목으로 출판된 책은 없다. 한글 번역본인 「기술의 역사」(한울, 1996)는 더 더욱 저자의 의도와 관계없이 달린 경우이다. 따라서 여기서는 이 책을 저자의 의도를 살려 영어 역본에 따라 「기술 사회」라 칭하겠다.

⋮

1. 기술의 정의와 발전

엘륄이 이해한 기술이란 어떤 의미인가? "기술이란 인간 활동의 모든 분야에서 (주어진 발전 단계를 위해) 합리적으로 도달할 수 있는 수단과 절대적 효율성을 갖는 총체성"[8]이다.

그는 인류의 시대를 선사시대, 역사시대, 탈역사시대로 삼등분하고 바로 20세기를 탈역사시대의 시작이라고 본다.[9] 선사시대가 자연환경을, 그리고 역사시대가 사회 환경을 갖는다면, 탈역사시대는 기술 환경을 특징으로 한다.[10] 선사시대에 기술은 물질적 기술과 주술적 기술의 두 방향으로 발전했다. 전자는 후대에 전달되었으나 후자는 문화와 함께 소멸되었다. 역사시대에 기술은 점진적으로 발전되어 왔다. 고대 그리스도시대에 기술은 과학과 분리되었고, 고대 로마시대에는 조직 기술(법적 기술)이 발달되었으며, 중세 기독교 시대에는 이런 로마의 조직 기술이 붕괴되기도 했다. 16-18세기에는 기계기술의 발전으로 다른 기술이 부재했을 정도였다. 산업혁명시대에 기술은 그야말로 급격한 발전을 이루었으며 결국 19세기 발명의 시대에 도달하게 되었다. 이렇게 기술이 획기적인 발전을 이룩한 데는 분명한 기술적 의지의 출현이 나타났기 때문이다. 엘륄은 그것을 다섯 가지로 요약한다. 1) 최종적인 개화 이전에 어떠한 결정적인 방해가 없는 매우 오랫동안의 기술적 성숙 및 배

---

8. *The Technological Society*, xxv.
9. 현대 컴퓨터의 기원인 "에니악"ENIAC이 출현한 것은 1946년이며, 반도체의 꿈이 실현된 것은 1947년 12월이다.
10. Cf. *Ce que je crois*, 121-188.

양, 2) 인구 성장, 3) 적절한 경제적 환경, 4) 기술의 보급에 대한 융통성 있고 개방적인 사회의 거의 완벽한 유연성, 5) 다른 요인들을 결합시켜서 그것들을 기술적 목적의 추구로 지향케 하는 명백한 기술적 의도.[11)]

이렇게 발전된 기술은 자기 존재를 형성하게 되었는데, 엘륄은 그 모습을 "폭군"[12)]으로 묘사하고 이 폭군의 심리학(특성)과 생리학(조직)을 각기 구분하여 설명한다. 이제부터 아무런 사족이나 각주 없이 간단하게 이 두 가지 내용을 분석하겠다.

⋮

2. 기술의 심리학

기술의 심리학은 다른 말로 하자면 기술의 특성이다. 18세기까지의 전통적인 기술에는 한계가 있었다. 한정된 분야라든가, 국가적, 시간적 그리고 선택적 한계를 가졌다. 현대 문명사회에서 기술에 부여된 새로운 특성은 합리성과 인위성이다. 이 본질적인 특성은 과거의 기술현상들과 비교할 때 현저하게 차이가 나는 것으로 둘 사이에 "거의 공통점이 없다." 엘륄은 합리성과 인위성 외에 현대 기술의 특성을 다음 6가지로 분류한다.

첫째, 자동성이다. "가장 좋은 유일한 방법"이란 기술에 상응하는 공식과도 같다. 결정되는 방식이 이성적인 관점에서 만족되기 위해 수학적으로 계측되고 산출되며, 현실적인 관점에서 가장 효율적인 방법일

11. *The Technological Society*, 59-60.
12. *The Technological Society*, 147.

경우 그러한 기술운동은 자기-방향적self-directing이 된다. 이러한 과정을 엘륄은 자동성이라고 한다. 이전에는 선택권은 인간이 갖고 있었으므로 수단이 수단을 선택할 수 없었으나, 이제 수단들 간의 선택은 더 이상 인간의 계산이 아닌 그 어느 것도 막을 수 없는 기계적 과정에 의해 이루어진다. 기술적 행위는 자동적으로 모든 비-기술적 행위를 제거하거나 기술적 행위로 변형시킨다.

둘째, 자기 확장성이다. 기술은 인간의 결정적 간섭 없이 스스로 변형하고 발전하는 단계에 이르렀다. 그것은 다음 두 가지 법칙 때문인데, 하나는 주어진 문화에서 기술 발전이 뒤집을 수 없는 사실이라는 것이며, 다른 하나는 기술 진보가 산술적이 아니라 기하급수적으로 이루어지는 경향이 있다는 것이다. 첫 번째 법칙으로 인해 우리는 전 역사를 통해 확신할 수 있듯이, 모든 발명이 다른 분야의 다른 기술적 발명을 이끌어 낸다는 것을 알 수 있다. 기술 발전을 후퇴시키는 것은 고사하고 멈추게 만들 수 있는 것은 아무것도 없다. 두 번째 법칙과 같이 기술발전은 기하급수적으로 발전하는 경향이 있다. 하나의 기술발견은 해당 분야만이 아니라 여러 분야에 영향을 미치고 발전을 야기 시킨다.

셋째, 단일성이다. 모든 개개의 기술을 포함하는 기술현상은 하나의 전체를 형성한다. 기술현상은 어디서나 본질적으로 동일한 특성을 드러낸다. 기술과 그 용도의 구별은 불가능하며 기술은 도덕적 판단을 거부한다. 모든 기술의 필요성과 양식은 결합되어 하나의 전체를 구성하며 각각의 부분은 다른 부분을 보완, 강화한다. 그러한 요소들은 하나의 조정된 현상을 구성하며 이들 중 어떤 요소도 다른 요소로부터 분리될 수 없다. 그러므로 기술의 나쁜 영향을 버리고 좋은 점만 보유하고자 하는 희망은 하나의 환상에 불과하다.

넷째, 연계성(기술의 결합 필요성)이다. 기계 기술의 발전은 조직 기술을 필요로 하고 그에 따라 산업, 상업을 발전케 하였다. 도시 특히 공업, 산업 도시들이 생겨났다. 도시 계획을 통해 특히 오락기술이 발달하게 되었다. 그리고 도시 자체가 가지는 모든 기술이 발달하였다.

다섯째, 보편성이다. 기술현상의 이러한 특성은 두 가지 측면에서 입증되는데 하나는 지형적이고 나머지 하나는 질적인 측면에서 그러하다. 지형적으로 모든 지형이 보편성을 띤다. 기술은 모든 국가에서 점차로 입지를 넓혀가고 있으며 그 활동영역이 전 세계임을 쉽게 알 수 있다. 기술자들을 통해 기술이 이전되어 보편화되고 세계가 기술사회로 바뀌게 된다. 전통적 문화의 붕괴가 오고, 옛날의 기술은 사라지며 새로운 기술이 대치된다. 다른 모든 문명은 파괴된다. 기술이 전체 문명, 문화가 된다. 이전에는 기술이 문명에 속하였으나 이제는 문명이 기술에 속한다.

여섯째, 자율성이다. 먼저 기술은 경제 및 정치와 관련하여 자율적이다. 그 누구도 스스로 결단하지 못하고 기술자들에 의해 행해진다. 다음으로 기술은 도덕적 및 정신적 가치와 관련해서 자율적이다. 기술의 자율성으로 인해 현대인은 그의 목적을 선택할 수 없듯이 수단도 선택할 수 없다. 기술은 인간에게서 독립하기 시작하여 기술의 자율성은 인간의 선택권도 빼앗았다. 그래서 기술 자체가 신성한 것이 되었다.

이렇게 기술이라는 폭군의 심리학이 무엇인지를 지적한 엘륄은 이제 그것의 생리학을 해부한다.

⋮

3. 기술의 생리학

기술의 생리학이란 다른 말로 기술의 조직을 의미한다. 엘륄은 기술의 조직에 경제 기술, 조직 기술, 인간 기술이라는 세 가지 내부 구조가 있다고 본다. 이 내부 구조를 하나씩 들여다보자.

경제 기술

기술이 경제와 결합하는 것은 기술이라는 말에 매우 잘 부합하는 기본적인 경우다. 엘륄은 이것을 네 가지로 나누어 설명한다.

첫째, 경제 기술은 최선이자 최악이라는 것이다. 시간이 가면 갈수록 기술사회에서 경제가 갖는 영향이 증대하는 것은 사실이다. 기술은 경제적 불황의 요인을 타계하는데 더욱 요청되고 있다. 기술은 최선을 향해서 나아간다. 그런데 이것이 왜 최악이 되는가? 기존 전통, 특히 기존 문화를 파괴하면서 나타나므로 그러하다. 미시경제에서 계획하고 구성하는 거시경제로 이동하게 되고, 경제는 국가와 불가분의 관계에 이르게 된다. 그러므로 최선의 길 같으나 최악의 길이다.

둘째, 경제 기술에는 비밀통로가 있다. 즉 기술자 외에는 잘 모르는 영역이 나타난다는 것이다. 전문 기술자의 비법은 같은 통로 속에 있어야만 알 수 있다. 이 비밀통로는 그것이 미치는 영향이 전 국가이므로 매우 중요한 역할을 한다. 여기에는 경제적 관찰기술과 경제적 행위기술이 있으며, 전자는 통계학, 여론분석 등을 통하여 특별한 방향성과 영향력을 정책에 끼치고 인위적 조작까지 한다. 그러나 이들은 그 밑의 기술자들의 경제적 행동기술에 의해서 꼭두각시가 될 수 있다. 지식으로서의 기술은 행위기술을 발생시키고 행위기술을 필요로 하며 행위기술은 소위 계획의 확장법칙이라 부르는 진정한 법칙에 따라 특정한 조건과 발전을 전제로 한다. 지식을 위해 경제학자가 어떤 기술을 창조하는 순간, 동시에 그는 행위에 대한 기술을 창조한 것이다. 이에 따라 새로운 세계가 열리고 있으며 경제의 흥망성쇠가 발생하고 있다. 한편 이러한 기술의 개입중재 중에는 계획과 기준이 있다. 거의 모든 사람들은 오늘날 두 개의 개입기술, 즉 계획과 기준의 효율성을 확신하고 있다. 사실상 국가뿐만 아니라 정치적, 사회적 체제들이 서로 각축하는 도전의 관점에서, 그리고 인간이 비참함과 곤궁함 및 기아에 대해 노력하고 있는 도전의 관점에서 계획이 제공하는 수단을 사용하지 않는다는 것은 어려운 일이다. 기술이 계획과 관련하여 특정 분야에 침투할 때, 기술은 완벽하게 기술의 전체 운영에 영향을 미치며 그것으로 경제를 재설정하거나 다른 절차를 찾는다는 것은 쓸데없는 일이다.

셋째, 경제 기술에 기대는 큰 희망들이 끊임없이 있다는 것이다. 기술은 경제 체제를 바꾼다. 역사는 시장경제에서 계획경제로 흘러가는 것이 흐름이다. 기술사회는 계획경제로 갈 수밖에 없다. 미국사회를 예로 들어볼 때, 미국사회도 반드시 최고의 기술 사회가 될 것이며 그때 멸망이 가까울 것이다. 인간본성이 파괴되어지는 데까지 가게 되면 혁명이 일어날 수밖에 없다. 시장경제와 계획경제의 본질은 같고 기술을 기반으로 한다. 두 체제는 경제를 확고하게 장악하고, 정확한 수학적 방법에 기초하여 경제를 운영하며, 모든 우연적인 요소를 배제하는 프로메테우스적인 사회로 경제를 통합한다. 그리고 국가의 구조로 경제를 집중화시키며, 경제로 하여금 진정한 민수수의는 완선히 배세하고 형식적인 민주주의의 측면만 취하도록 하며, 인간을 통제하기 위해 모든 가능한 기술을 사용한다. 물질적인 구조에 있어서의 차이점에도 불구하고 두 체제는 매우 유사하다. 이와 같이 기술이 경제와 결합할 때 인간은 큰 희망을 꿈꾼다. 사람들은 진보에 대한 희망을 갖는다. 인간에게 천국의 신화가 찾아왔다고 생각한다. 1, 2차 세계 대전을 겪었음에도 불구하고 여전히 진보에 대한 개념은 희망적이다. 사람들은 중세 때부터 돈이 떨어지지 않는 지갑을 꿈꿔왔고 그것이 오늘날 현실화되었다.

다음으로 기술은 항상 중앙 집중화를 전제로 한다. 기술적인 '중앙' 은 어디에나 적용할 수 있는 일반적인 표현이다. 이러한 중앙조직의 공존은 궁극적으로 모든 인간행위를 포괄하는 완벽하게 집중화된 조직체를 의미한다. 기술발전을 유지하면서 탈집중화를 꾀한다는 것은 순전한 환상이다. 기술 그 자체의 집중화를 위해 기술은 상호 관련 있는 경제적, 정치적 집중화를 필요로 한다. 또한 기술적인 동인 달성을 위해서 국가는 권위주의적인 결정에 따라 권위주의적인 처벌로서 국민을 통제해야 한다. 기술에 완전히 기반을 둔 경제는 자유주의 경제가 될 수 없다. 자유방임정책이 제기하는 것은 아무리 그것이 완화되더라도 기술의 사용을 포기하는 것이다. 결국 기술은 대중인간을 경제의 테두리 속으로 끌어들이며, 이전에는 참여하지 못했던 경제에 참여토록 허용한다. 현재의 기술적인 확언에 있어 우리는 사회주의로 나아가고 있다는 사실을 지적할 수 있다. 인간은 경제의 진행방향에 대해 진정한 영향력을 행사할 수 없다. 결코 경제적으로 민주적이 되지 않는다.

넷째, 경제 기술은 결국 경제 인간을 탄생시킨다. 즉, 경제인만이 중요해진다. 경제적 활동의 도식이 되어버린 경제적 인간은 19세기 후반 두 개의 경향에 의해 공식화되었다. 첫 번째는 전체로서의 인간이 더욱 광범위한 경제적 틀 속으로 흡수되고, 두 번째는 경제적이 아닌 모든 인간 활동 및 추세를 평가절하 하는 것이다. 생산력이 없고, 이득을 내지 못하면 도태될 수밖에 없다. 비경제적 활동은 있을 가치가 없다.

조직 기술

조직 기술은 곧 정치 기술을 의미하는바, 기술은 경제와의 결합에 이어 정치와도 결합한다. 여기서도 엘륄은 네 가지 현상을 직시한다.

첫째, 국가와 기술과의 만남이다. 18C 후반 이래로 국가는 모든 기술들과 접촉, 결합하였다. 이것은 역사적으로 가장 중요한 사건으로 탈역사시대는 기술 환경의 시작이라 할 수 있다. 결합요인은 첫째로 개인 기술이 국가가 몰랐던 분야까지 확장되었기 때문이고, 둘째로 기술적용에 많은 비용이 들기 때문이며, 셋째로 국가의 역할 개념이 변화가 되었기 때문이다. 국가의 기술은 개인의 기술보다 떨어진다. 개인은 자신의 기술을 소명으로 생각해 더욱 완벽히, 열심히 하여 전문화시켜 정교하게 만든다. 그러므로 국가에게 맡기는 것보다 훨씬 낫다. 그러나 국가 기술로 자꾸 넘어가게 된다.

둘째, 국가는 가술에 영향을 받는다. 기술이 국가에 끼치는 영향은 개인 기술이 국가에 흡수됨으로써 국가기술이 발전된다는 것이다. 국가는 거대한 기술적 유기체로 발전된다. 정치 영역에서도 옛날 개념의 정치인들은 밀려나고 사라지게 된다. 기술자들, 소위 정치 공학도들이 역할을 하며 이들은 국가를 정치인과 다르게 간주한다. 이데올로기나 도덕적 장애에 대한 점진적 억제가 이루어지고 기술과 정치적 독트린도 인권 선언도 없어질 것이다. 민주주의의 독트린도 점차 쇠퇴될 것이다. 기술사회에서 독트린은 합리화하는 것일 뿐 그 목적이 같지 않다.

기술은 전체주의적 국가로 나아가게 한다. 기술은 모든 국가를 전체주의적 국가로 만든다. 이유는 기술이 대중수단이기 때문이며 기술을 가지고서만 살 수 있기 때문이다. 독재국가들은 의식적으로 기술 사회를 열망했고, 기술 사회로 갔었다. 그러나 민주국가는 기술 사회로 가는 데에 제동을 거는 담론들(예를 들면 환경문제, 인권문제)이 있기 때문에 기술 사회로 가는 것이 느리다. 독재는 효율적인 경우 정당성을 묻지 않지만 민주국가에서는 효율적이라 해도 기술 사회에 대해 정당하냐고 묻는 질문들이 있다. 민주국가도 속도는 느리지만 결국에는 기술 사회에 통합될 것이다.

셋째, 기술이 법과 결합하여 사법 기술이 발생한다. 법의 기능은 법에 대한 권리와 사법적 기술의 주장 간에 그치지 않는 중요한 논쟁을 불러일으킨다. 사법기술은 법의 개념을 기술적 요소로 변형시키기에 불가능하기 때문에 다른 기술들보다 모든 면에서 자기 확신적이지 않다. 사법기술은 법적인 결정을 통해 현실을 수단의 틀 속에 가두는 것이며, 또한 이러한 결정들을 효율적으로 만드는 것이다. 그 후에는 정치적 기능과 사법적 기술은 상호보완적이라고 합리적으로 주장할 수 있다.

넷째, 기술이 국가로부터 영향을 받는다. 그 결과 기술자체가 통제가 되지 않는다. 억제 요소는 도덕체계, 여론, 전통, 국가이다. 그러나 처음에는 반대하기 위해 시작한 것이 기술적으로 바뀌기 때문에 통제가 되지 않는 것이다. 인간은 기술에 영향을 끼칠 어떤 도구도 없으며 기술의 노예가 된다. 국가조차 기술의 제동기가 되지 못하며, 오히려 국가 자체가 기술 지향적으로 나아가고 있다. 기술에 봉사하는 기관들이 많이 생겨나며 국가가 전체를 장악 연구케 한다.

인간 기술

엘륄은 기술이 경제 및 정치와 결합하고 나서 마지막으로 인간 자체와도 결합한다고 주장하면서, 여기서도 역시 네 가지 현상을 목도한다.

첫째, 기술이 인간과 결합할 필요성이 제기된다. 인간기술의 필요성의 첫 번째 요인은 인간의 긴장이다. 노동시간이 자꾸 늘어나므로 힘이 들어진다. 힘이 안 들게 하기 위하여, 계속 일하도록 하기 위하여 심리적 기술을 써야 한다. 공산주의 사회는 이것을 잘 이용하고 있다. 다음으로 환경과 공간의 변형이다. 인간의 동작도 기술적으로 바뀌게 되었다. 환경과 공간의 변형을 가져왔으며, 도시 쪽으로 몰려 산업화, 거주지 자체의 변화가 왔다. 세 번째는 시간과 동작의 변형이다. 기술은 또한 인간의 시간도 변형시켰다. 인간의 생활은 시계에 의해 측정되었고 삶의 유기적 기능들은 기계에 복종하게 되었다. 그리고 기술은 삶의 자연발생적인 표현이자 기시적인 형식인 동작도 변형시켰다. 기술적인 분석은 인간행위의 효율적인 측면에 초점을 맞추어 인간의 개성을 드러내는 모든 부차적인 것을 배제한다. 네 번째는 대중사회의 창조다. 현대사회가 대중사회가 되고 있다는 것은 너무나 자명하다. 대중화의 과정은 오늘날의 사람들이 그 특성상 대중이기 때문이 아니라 기술적인 이유로 인해 발생한다. 인간은 그에게 부가된 새로운 틀 속에서 대중이 된다. 새로운 사회적, 대중적인 구조와 문화의 새로운 기준들은 불가피하고 부정할 수 없는 것처럼 보인다. 그러한 것들은 인간의 능력 밖에서 기술적인 요인들과 경제적 고려에 의해 부가되기 때문에 불가피하다. 대중이 되기 위해서는 엄청난 심리적 변화가 뒤따른다. 인간을 대상으로 하는 소위 인간기술의 목표는 이러한 변화에 있어 인간을 지원하고 가장 신속한 방법을 찾도록 도와주는 것이며 그의 두려움을 진정시키고 그의 심장과

두뇌를 다시 세뇌시키는 것이다. 인간 기술이 필요한 이유는 대중 사회가 그것을 필요로 하기 때문이다.

둘째, 엘륄은 기술이 인간과의 결합을 통해 많은 인간기술을 창출하는 것으로 보고 일곱 가지 사례를 든다. 첫째는 교육 기술이다. 새로운 교육방법은 현대 기술사회에 있어 교육이 부여한 역할에 정확하게 상응한다. 교육은 더 이상 인간적이거나 그 자체로 어떠한 가치를 가지지 않게 된다. 그것은 단 하나의 목표, 즉 기술자 양성이라는 목표만을 가진다. 둘째는 노동 기술이다. 이것은 최대한의 착취가 아니라 최적의 결과에 대한 문제에 관심을 가지기 시작하였다. 노동을 인간에 맞게 개조하며 노동자의 심리적 균형을 고려하여 이 모든 것의 배후의 동기인 생산성을 추구한다. 셋째는 직업 지도이다. 모든 사람들의 직업에 대한 적성을 밝혀내어 그들에게 가장 적합한 직업, 그가 자연스럽게 적응할 수 있는 직업으로 이끌 수 있다고 주장한다. 그러나 진정한 의미에서 직업지도는 인간을 경제 기술의 요구에 복종하게끔 만드는 수단이다. 넷째는 프로파간다이다. 프로파간다란 용어는 여론에 대한 국가의 행위와 대중의 행위를 전제로 한다. 이러한 새로운 인간기술을 낳은 것은 매우 다른 범주의 기술들 간의 결합이다. 하나는 자연발생적으로 집단내의 개개인에게 말을 하면서 동시에 집단적으로 수많은 사람들과 직접적인 대화를 할 수 있게 해주는 기계적 기술(라디오, 신문, 영화)이요, 다른 하나는 인간의 정신에 대해 정확한 접근법을 제공하는 심리(및 심리분석학적) 기술이다. 현재의 기술현상은 두 가지 범주의 기술을 분리할 수 없는 하나의 기술로 결합시킨다. 인간과 프로파간다의 본질은 너무나 분리할 수 없게 결합되어 모든 것은 선택이나 자유의지에 달려 있는 것이 아니라 반사작용과 신비에 달려 있게 된다. 다섯째는 오락 기술이다. 프로파간다의 기술은 계측되고 의도적이지만 오락기술은 자연발생적이고 비의도적이다. 또한 프로파간다 기술은 계획하는 사람의 결정에 따른 결과이지만 오락기술은 대중의 욕구를 위한 기술이다. 여섯째는 스포츠이다. 스포츠를 통해 개인은 그가 복종해야만 하는 다양한 억압으로부터 안식처를 발견할 뿐만 아니라 무의식중에 새로운 억압에 대비해 자기 자신을 훈련시킨다. 스포츠에 있어 훈련은 개인을 지금까지 그의 신체를 이용하여 승리를 얻는 냉혹한 즐거움을 제외하고는 어떤 것에도 생소하게 만드는 기계의 효율적인 한 부분으로 만든다. 일곱째는 의학이다. 의학기술은 인간기술의 전체 중 중요한 요소로는 보이지 않는다. 순수한 의학 분야가 아닌 실용적인 적용을 할 수 있는 기회는 거의 없을 것이다. 외과적인 개입은 상대적으로 먼 미래의 일이다.

셋째, 엘륄은 인간기술이 미치는 영향을 주시한다. 먼저 인간에 대한 기술의 영향을 논함에 있어서 엘륄의 목적은 이미 되어 지고 있는 인간의 변형에 대해서가 아니라 현재 다소나마 완전한 기술의 침입 현상에 대해 연구하는 것이다. 인간기술은 다른 모든 기술과의 연결을 통해서만 존재할 수 있기 때문에 결코 최대의 영향력을 가진 것은 아니다. 인간기술은 기술체계의 일부가 될 것이다. 다음으로 인간기술은 인간행동의 완벽한 조절로 귀착되며 인간을 미래의 공식인 인간-기계라는 복합체로 통합시킬 것이다. 우리는 평범한 현대의 사람들과 비교해 볼 때 새로운 인간이 무엇을 얻고 무엇을 상실할 것인지 예언할 수 없다. 셋째로 인간기술의 목적은 인간의 상실된 통일성을 명백하게 재통합하고 회복하는 것이다. 그러나 새로이 창조된 통일성은 이상적 인간의 추상적 통일성이지만 사실은 기술들의 구체적인 적용으로 인해 인간을 산산조각으로 분리시키는 것이다. 인간의 여가시간은 일종의 기계화된 시간이며, 비록 인간의 일반적인 노동기술과는 다르지만 침략적이고 엄밀하게 인간에게 노동 그 자체보다 더 큰 자유는 남겨두지 않는 기술들에 의해 착취된다. 넷째로 인간기술은 무의식의 승리를 가져온다. 만일 진정한 구원이 있을 수 없다면, 개인은 환상과 무의식 속으로 도피하게 된다. 현대인은 기술세계에 대한 그의 두려움을 억누르며 자기 자신의 행위에 아니 행위라는 환상에 중독 시킨다. 마지막으로 대중인간의 창출이다. 현대사회는 대중사회로 나아가고 있으나 아직은 인간은 이러한 새로운 형태에 충분히 적응되어 있지 않다.

넷째, 기술은 인간의 전체적인 통합을 가져온다. 인간 기술은 모든 것을 통합하려는 경향이 있다. 먼저 인간의 기술의 무감각성에 의해 함몰된다. 인간화와 관련된 기술들의 핵심은 다른 기술들이 만들었던 단점들을 알아차리지 못하게 만드는 것이다. 기술자들의 임무는 기계기술과 인간기술을 완벽하게 발전시켜 심지어는 직접적으로 기계를 작동시키는 사람조차도 인간의 창의성이나 탈출하려는 생각을 가지지 못하게 하는 것이다. 다음으로 본능과 영혼이 통합된다. 인간본성의 최고의 힘들이 즐거움만을 위해 움직이기 시작한다. 인간의 가장 깊은 열정이 일어나는 것은 많은 다른 원인에 기인한다. 이러한 정신적 움직임은 전적으로 기술세계 내에 한정된다. 셋째로 최종 결단도 기술이 한다. 기술은 행위의 독점권을 가지므로 정신적 영역에 있는 사람들이 기술에 의존할 수밖에 없다. 그 사상은 기술에 함락된다. 기술은 정신적인 것을 지향하는 인간의 추구를 변형시켜왔다. 인간정신의 몰아적인 충동현상은 오늘날 공공연한 목표로서 기술의 최대한의 이용을 강조하는 사회에서 발견된다. 하지만 그러한 몰아는 원인으로서가 아니라 기술사회의 결과로서 나타난다. 결국 진짜 영성은 튕겨져 나가고 기술 자체가 종교가 된다.

이와 같이 기술이라는 존재의 심리와 생리를 들여다본 엘륄은 이 폭군의 성장과 더불어 미래가 어떻게 전개될 지를 예언적으로 말하면서 작품을 완성한다.

⋮

4. 예언적 전망

엘륄은 이 책의 결론을 예언적 전망으로 대체한다. 그는 1954년에 이 글을 쓰면서, 장차 기술이 생각하는 기계(컴퓨터)를 만들 것이라고 말하고, 미래 2000년대에는 기술 사회가 승리할 것이라고 전망한다. 예를 들어 자동 인공위성 및 달 여행이 일반화 될 것이며, 세계 인구의 4배 증가에도 불구하고 안정추세를 보이리라는 것이다. 다시 말해 인류는 철학적 이상으로 간직했던 것을 실제로 얻는 황금시대를 맞이하리라는 것이다. 그러나 이것은 기술이 모든 것을 통제하는 일종의 세계적 규모의 전체주의의 출현을 의미한다.

그렇다면 두 번째 밀레니엄을 경험한 우리가 볼 때 그의 예언은 적중했던가? 기술은 그가 생각한 만큼 빨리 성장하지는 않은 듯하다. 물론 그가 말한 2000년대가 2999년까지라면 충분하리라. 신의 경지에 이른 인간은 자신의 기술을 통해 뭐든 해낼 것이다. 엘륄이 기술의 능력을 얼마나 크게 보는 지는 하늘에 새 예루살렘이 될 아름다운 천상 도시가 세워질 것으로까지 보는데서 알 수 있다. 하지만 「기술 사회」의 저술 목적은 이런 기술을 높이 본다거나 그런 장밋빛 청사진을 바람직한 것으로 말하기 위함이 아니라 그런 사회로 가는 것을 막자는 것이다. 우리가 허망해지는 것은 아무리 막아도 결국 그런 방향으로 간다고 말하기 때문이다. 그래서 막아야 되겠다는 생각을 가지고 미래적으로 본 이 책은 실상 어떻게 못 막게 되었는지를 회고적으로 읽게 된다.

엘륄은 이런 사실을 직시하면서 다음 단계의 책을 준비하는데, 그것들 역시 마찬가지 현상으로 끝난다. 「기술 사회」와 더불어 엘륄의 기술 3부작에 해당되는 다음 두 권의 책은 거의 언급만 하고 지나가겠다.

5. 「기술 체계」와 「기술학의 허세」

우리가 위에서 말했듯이, 「기술 사회」는 기술이 승리하는 사회가 되는 것이 바람직하지 않다는 취지로 분석된 사회학 서적이었으나, 기술의 발전 속도는 이런 책의 저술을 비웃기라도 하듯이 빠르게 지나가면서 저자의 예언을 과거의 역사로 만들어버린다. 엘륄은 그가 바랐던 목적을 이루지 못하리라는 것을 알고 있었기 때문에(그래서 그가 부정적으로 비친다), 이런 기술 사회의 개념이 하나의 체계를 갖추는 것을 목격하면서 새로운 책을 썼다. 그는 「기술 체계」[13]라는 책에서 20년 전에 쓴 자신의 "기술 사회 개념"의 단계가 이미 지나가 버렸다고 말한다. 「기술 체계」에서 엘륄은 기술의 현상적 특성과 진보적 특성을 구분하고, 전자에 자율성, 일체성, 보편성, 총체화를, 후자엔 자기 증대, 자동성, 인과관계의 진행과 궁극성 부재, 가속도accéleration를 특성으로 부여하였다. 사실 기술 발전을 따라잡기란 결코 쉽지 않다. 엘륄은 자신의 컴퓨터에 대한 분

13. *Le système technicien* (Paris, Calmann-Lévy, 1977/2004).

석이 다른 학자에게 한 발 늦자 기술의 진보에 대한 분석을 다른 사람들에게 넘기고 기술학technologie의 영역으로 나아간다.

그리하여 「기술학의 허세」[14]를 쓴다. 여기서 그는 이미 기술에 대해 펴낸 두 권의 책의 예언이 이뤄졌음을 다시 한 번 확인한다. "오늘날 기술의 흐름을 바꾸기를 바라기에는 너무 늦었다. 인간의 역사 속에서 결정적 기회는 상실되었다…그러므로 이 책은 〔앞선 책들과〕 동일한 특성을 갖지 않는다. 그것은 다만 우리가 도달해 있는 지점, 30년 전 미국이 있었던 곳이 전혀 아닌 지점을 고려하는 것과 관련한다." 엘륄이 이 책에서 말하고자 하는 요점은 기술에 대한 담론이 기술에 대한 정당성의 담론이 아니라 "기술들의 현저한 힘과 다양성과 성공, 기술들의 실제적이고 보편적인 적용, 그리고 기술들의 완전무결함을 증거하는 담론"이라는 것이다. 이런 담론은 기술을 사회의 모든 문제들을, 집단적이건 개인적이건, 해결해 줄 수 있는 유일한 대안으로 삼게 만든다. 그리고 이런 허세는 인간으로 하여금 기분전환과 환상의 세계(예를 들어, 사이버의 세계)에서 살도록 이끌어 간다는 것이다.

이것은 그의 말대로 기술의 허세가 아니라 기술학문의 허세를 의미한다. 다시 말해 우리로 하여금 끊임없이 허무맹랑한 소리를 하게하고, 나아가 기술에 대한 우리의 태도를 바꾸게 하는 기술에 대한 담론의 터무니없는 허세를 의미한다. 이는 마치, 정치인들의 허세, 대중매체의 허세, 기술자들의 허세(그들의 기술로 작업을 하는 대신 담론을 할 때), 광고의 허세, 경제적 모델들의 허세 등과 같다.

14. *Le Bluff technologique* (Paris, Hachette, 1988).

6. 단평

과연 엘륄이 현대 문명의 핵심 요소로 본 기술이 그가 생각한 방향으로 진행될 것인가? 한글로 번역된 「뒤틀려진 기독교」가 3년 만에 햇빛을 본 뒤, 나는 안식년을 맞아 프랑스로 갔고 이전의 만남을 아쉬워하면서 페삭에 있는 엘륄에게 전화를 걸었다. 그리고 단 하나의 질문만 던지고 딱히 할 말이 없어 끊었다. "당신의 기술 사회에 대한 분석이 한국에도 해당되는가?" 엘륄은 한국을 일본과 동일한 맥락에 두면서 당연하다는 식으로 답했다. 나는 1990년대 초반에서 2000년대 중반까지 엘륄의 시각에서 한국 사회의 변화를 지켜보았고, 그의 분석이 정확하다고 판단했다. 그리고 이것은 이런 사회에 대한 엘륄 식의 기독교적 대응을 심각하게 고려하는 데로 나를 이끌었다. 하지만 엘륄의 분석이 개연적이지 않을 수도 있지 않은가?

리쾨르는 엘륄이 현대 문명의 보편적 특징을 너무 빨리 기술로 결정했다고 말하면서 과학정신 자체를 기술 확산의 근원으로 제시했다.[15] 그럴 경우 기술은 과학정신 하에서 보다 긍정적인 역할을 맡게 되고 미래에 인류를 구원할 창조적 요소로까지 여겨질 수 있다. 엘륄의 입장에 대한 다른 사람들의 평가는 3부에서 보겠지만, 어쨌건 만일 엘륄의 기술사회가 인류의 미래에 대한 불안보다는 희망을 주는 쪽에 가깝다면, 이 모든 분석을 어두운 음색으로 들을 이유가 없을 것이다. 하지만 흔히 공상 과학 영화가 보여주듯이 실로 기술이 인간을 통제하는 사회가 도래

15. 「역사와 진리」, 솔로몬, 347-348.

한다면 그것은 실로 끔찍한 일이리라. 따라서 올더스 헉슬리와 같이 인류의 미래를 불안하게 보는 사람들에게 엘륄의 책은 충분한 관심꺼리가 되는 것이다. 그렇다고 엘륄이 기술 자체를 부정하는 기술 혐오자는 아니다. 그 자신도 이런 사실을 누차 강조한다.

만일 오늘날 엘륄이 살아 있다면, 아마도 그는 스마트폰을 사용할 지도 모른다. 하지만 스티브 잡스에 대해서는 그를 기술 사회의 총아로서 언급하면서 옛날 처음 컴퓨터를 만든 인물—우리가 더 이상 이름조차 기억 못하는—의 연장선에서 볼 것이다.

Life and Thoughts of Jacques Ellul

Chapter 5

서구 문명 비판

앞에서 분석한 기술 3부작 외에도 엘륄의 사회학 부류에 속하는 다른 분야들—일례로 프로파간다, 정치, 혁명, 이미지 등—이 있지만, 모든 것이 기술과 상당히 직접적인 관련이 있기 때문에, 여기서는 좀 다른 시각에서 서구 문명 전체를 비판하는 「서구의 배반」이라는 책[16]을 보기로 한다. 이 부분에서는 필자의 해설을 곁들인다.

⋮

1. 문명과 계시의 대립

엘륄의 대립의 방법론은 그가 서구 문명을 헬레니즘과 헤브라이즘의 대립으로 본다는 점에서도 분명해진다. 엘륄에 따르면 헬레니즘의 문명과

---

16. *Trahison de l'Occident* (Paris, 1974/2003); 「서구의 배반」 (솔로몬, 2008).

헤브라이즘의 계시는 모순의 관계다. 그리스 철학과 로마의 정치로 이어지는 헬레니즘은 인간 에로스 문명의 상징이다. 바로 이 문명의 절정이자 아우구스투스 통치 절정에 하나님의 계시 자체이신 예수 그리스도가 오셨다. 그리고 그와 더불어 시작된 하나님 나라의 아가페 문명은 당시 로마 문명에 대항하여 물리적이 아닌 영적 전투를 벌였다. "하나님이 인간의 힘과 우쭐함과 교만과 지배의 한복판에 개입하시는 전투"다.[17) 바울을 서쪽이 아닌 동쪽으로 가게 한 성령의 의도가 여기에 있다.

엘륄은 이 두 문명 사이의 모순을 풀기 위해 그것들을 종합하려는 시도가 기독교의 왜곡으로 이어진다고 본다. 엘륄이 이런 역사적 사실들을 「뒤틀려진 기독교」[18)에서 명백하게 제시하고 있거니와, 기독교의 발전은 이런 종합과 관련하며, 중세와 근대 초기까지 서구 사람들은 이 모순을 크게 느끼지 못했다. 모순을 느끼지 못할 때 계시는 빛을 잃는다. 엘륄은 서구의 위대함을 에로스 문명의 위대성 창출에서보다 "하나님이 인간에게 근본적이고 궁극적인 이의를 제기한 장소"라는 데서 찾는다. 그런데 18세기부터 상황은 달라졌고 이제 서구는 자신의 에로스 문명으로 되돌아갔다. 이번에는 계시를 그들의 철학 속에 완전히 담아내는 수단을 갖게 되었고, 그 결과 갈등과 모순은 절정에 이르렀다. 이 수단은 단순한 철학이 아니라 "합리성의 의지를 성취하는" 과학이다. 물론 서구에 아가페는 존재하지만 그것은 더 이상 하나님과 관련하지 않는다. 엘륄에 따르면 이렇게 더 이상 계시가 그 역할 할 수 없는 서구 문명은 사

17. 「서구의 배반」, 110.
18. *La subversion du christianisme* (Seuil, 1984/2001); 「뒤틀려진 기독교」 (대장간, 1990).

실상 죽은 것이다. 왜냐하면 서구는 이 모순 속에서 존재 이유를 갖기 때문이다.

⋮

2. 서구근대문명의 기초 - 개인, 이성, 자유

엘륄은 서구 문명의 존재 이유가 에로스와 아가페의 갈등과 모순 속에 있음을 지적한 뒤 근대 서구 사회가 어떻게 자신의 문명을 배반했는지를 비판한다. 물론 그는 서구 사회가 자유 문명에 끼친 영향을 간과하지 않는다. 모두가 인정하듯이, 르네상스와 더불어 서양인이 인류에 결정적으로 공헌한 것은 "개인, 이성, 자유"의 발견과 확산이다. 서구가 세상에서 처음으로 개인과 자유의 이름을 붙였다는 데 이의가 없을 것이다. 서구는 인류를 그 유년기에서 나오게 한 거대한 발걸음을 전 인류에게 성취케 했다. 다른 민족이 서구의 자기배반에 대해 항의할 수 있는 것도 그 근원이 그들이 보급한 자유의 선포 속에 있다. 오직 서구만이 인간 개인의 이 신성불가침의 성격, 개인의 가치, 모든 사람 앞에서의 "단 한사람"을 선언했다. 자주 그것을 실천하지 못했을지라도 말이다. 중요한 것은 개인과 자유의 가치 및 계획이 제시되었고, 그것들이 전 세계로 보급되어—비록 정복을 통해서라도—인간으로 하여금 자신의 자유를 요구하게 했다는 데 있다. 이성의 경우, 18세기 서구인의 이성은 자연인의 태생적인 이성이 아니라 그리스-로마 시절부터 점진적으로 만들어진 이성이다. 기독교는 이 가치들이 올바르게 사용되도록 이끌어주는 일종의 방향타였다. 하지만 끝내 르네상스 문명은 에로스 문명의 승리로 결말이 난다. 엘륄은 그 과정을 설명해준다.

⋮

3. 식민주의와 제국주의 문명

"신대륙 발견"과 더불어 서구 근대문명은 기독교와 더불어 세계사에 참여한다. 유럽을 남북으로 가른 종교개혁은 "남쪽" 가톨릭문명으로 하여금 먼저 세상의 다른 민족들(중남미, 아프리카) 및 문명들(이슬람, 중국)과 만날 수 있게 했다. 스페인과 포르투갈(조금 뒤에 프랑스)이 중심이 된 유럽 모델의 보급은 식민지 체계를 정당화했고 토속민(아프리카인, 인디언)의 자유와 복음화를 무시한 채 착취에 열을 올렸다. 십자군과 세계 선교의 이념은 결국 국익을 위한 수단으로 전락했다.

이런 현상은 "북쪽" 프로테스탄트 문명도 마찬가지였다. 네덜란드와 영국 역시 식민지 정책에 가담했는바, 칼뱅주의와 퓨리턴주의로 이어지는 국가들의 식민지주의 정책은 정도의 차이가 있을 뿐이지 가톨릭 국가들과 그다지 달라 보이지 않는다. 자신들의 자유를 위해 싸운 미국 청교도들은 아메리카 인디언의 기본권과 재산권을 인정하지 않았고 아프리카에서 흑인들을 노예로 데려왔다.

서구인들은 자유와 평화 가운데서 살고자 한 민족들을 죽였고 속임수 협정으로 북아메리카 인디언 종족들을 철저히 박탈했으며, 자유를 되찾고자 노력한 종족의 지도자들을 반란자로 몰아 제거했으며, 주말에 인디언을 사냥했다. 라틴아메리카에서는 유럽의 질병을 퍼뜨려 토착 부족들의 생명을 앗아갔으며, 중국에서 영국의 끈질긴 의지는 아편을 도입하여 아시아 민족들의 진을 빼는 일이었다. 유럽인들은 모든 것을 사용했다. 목적은 단 하나, 유럽에 유익한 자원 발굴과 재화 생산이다. 노동력은 유럽이 만들어낸 노예제도다.

이와 같이 기독교 문명을 빙자한 서양 세계가 근대 500년간 저지른 행각은 수치의 역사요 기독교 창설자에 대한 배반의 역사다. 서양은 근대문명 초기의 식민지주의에 이어서, 지금도 상당수의 나라들을 독립시킨 뒤에도 여전히 제국주의의 형태로 약소국들을 착취한다. 그들은 비열한 게임 규정을 정해놓고 그것을 실행하기 위해 손에 손을 잡고 기도한다. 이런 서양 제국주의의 행태는 어떠한가? 군인과 선교사가 떠난 후에도 서양은 다른 방식의 힘을 행사한다. 그들은 더 큰 위선으로 제3 세계의 경제를 통제하며 인류의 3분의 2를 기아상태로 몰아넣는다. 그들은 부정한 협정, 국제 시장 법칙, 가격의 일방 조정, 관세법 장난 덕택으로, 스스로 자유롭게 되었다고 여기나 여전히 경제적으로 종속적인 민족들의 모든 자원을 계속해서 약탈한다. 대상 민족들은 악순환에 빠진다. 식량재배 문화와 산업문화 사이에서 수출 물품과 소비 물품을 맞추지 못해 굶어죽는 일이다. 모든 자원은 다른 경로를 통해 서양을 향하고 토착민들에게는 도움이 되지 않는다. 토착민들은 과학과 기술의 영향을 너무도 받아서 백인과 동일한 위업을 달성하는 꿈만을 꾼다.

이런 문명은 내부에서 자체 반발이 없을 수 없다. 먼저 중산계급이, 이어서 프롤레타리아가 혁명에 성공한다.

⋮

4. 좌익 문명과 반反-기독교

수세기동안 서양을 지탱한 기독교는 독재, 고유 가치의 부정, 교회의 압제, 가난한 자의 착취에 이르고 말았다. 역사는 경직되었다. 잠시 부르주아 자본주의의 자유 민주주의 시기가 있었고 개인과 이성과 자유로 되돌아갔다 하더라도, 그것은 추상과 위선의 정당화에 대한 천명에 불과했다. 바로 이 늪, 또는 이 막다른 길에서, 좌익은 점진적으로 형성되고 공식화되었다. 그리하여 16세기 종교개혁에 의해 남북으로 나뉜 유럽은 19-20세기에 마르크스주의자들에 의해 동서로 나뉘었다.

좌익은 정확히 기독교의 실패 위에 서 있다. 좌익은 기독교가 내팽개친 역사의 흐름을 바로 그 지점에서 되찾고 동일한 위대함을 찬양하기 위해 동일한 길로 들어섰다. 좌익 역시 개인과 자유라는 궁극적인 목적과 함께했다. 또한 좌익은 하나 같이 이성의 승리를 선포했고, 종교의 어둠에서 나와 명백한 지성을 요구했다. 나아가 좌익은 역사를 만들어냄과 동시에 혁명을 만들어내는 일을 담당했다. 좌익은 이 가치들의 총화를 전달하는 역할을 했다. 새 시대가 눈앞에 열리는 듯 했다. 1930년에 좌익은 희망을 가져다주었다. 우익은 무엇이 되어야 했던가? 우익은 매우 강하게 서양 전통을 표방했지만 왜곡에 불과했다. 우익이 만들어낸 자본주의와 파시즘은 서양이 지향한 가치의 전복이다. 그 어둡고 잔인한 면이요, 그 비참하고 거짓된 면이다.

자유주의가 국내적으로는 기업가들이 자본을 무기로 피고용자들을 착취해서 사유재산을 확충한다는 의미라면, 국제적으로는 강대국들이 부국강병을 무기로 미개발국가나 저개발 내지는 개발도상국가 위에 군림하여 그들의 부국강병을 늘려간다는 의미이다. 프롤레타리아는 개인적인 무산계급만을 의미하지 않는다. 그것은 약소민족을 대변하는 표현이기도 했다. 억압의 폭력은 반발의 폭력을 낳는다. 이제 죽음의 압박을 받은 프롤레타리아는 생존을 위한 자유의 투쟁을 벌여야 했다. 사회주의 운동은 이렇게 태어났다. 출발 시 그것은 휴머니즘 운동이었다. 그러나 이런 공상적인 사회주의는 이내 마르크스-엥겔스의 과학적 사회주의로 이동한다. 전자가 이상주의라면 후자는 현실주의다. 계급 간의 투쟁을 통해 자유를 얻는 혁명만이 희망이었다. 마르크스는 프롤레타리아의 구세주였으며 원시 기독교의 천국이론과 조직방식을 그대로 채용했다. 그러나 혁명 다음에는 언제나 독재가 등장한다. 공산주의에 의한 세계혁명으로 무정부의 평등 세계를 꿈꾼 레닌은 혁명 자체는 성공시키고 약소국을 단결시키는 데는 성공했으나 그 결과는 소련이라는 신제국주의였다. 가난하고 힘없는 자들을 위한 복음 전파를 목적으로 한 기독교가 결국 하나의 권력으로 전락하고 제국주의화 되었듯이, 인간 평등을 목적으로 한 사회주의 운동 역시 하나의 국가들 사이에서 약소국을 집어삼키는 꼴이 되고 말았다. 민주/자본주의의 미국이나 사회/공산주의의 소련이나 다를 바 없는 제국주의였다. 결국 100년에 걸친 공산주의는 그 실험을 끝내고 말았다.

확실히 좌익만이 그 위대성과 자기희생에서, 미래를 보는 시선에서, 극복의 의지에서, 2천 년 전부터 만들어진 그대로의 서양을 간직한 듯 보였다. 새 길을 엶으로써 그 모든 가치들을 담당하는 방식 말이다. 왜냐하면 이번에는 좌익이 서양의 경이로운 역사를 증대시키기 때문이다. 좌익은 가난한 자의 권리를 주장했고, 그들을 옹호할 것을 결심했으며, 그들로 하여금 미래를 배달하는 사람들이 되게 했다. 좌익은 정의에 길을 텄다. 물론 그리스, 로마, 기독교 세계에서 정의가 없었던 것은 아니나 사회 정의는 모자랐다. 좌익은 그리스의 직관과 기독교의 약속의 절정에 이르렀다. 좌익은 가난한 자를 옹호하면서 동시에 서양의 악의 교정을 담당했다. 서양의 승리와 확장 운동은 빈곤 증가라는 비싼 대가를 지불했다. 프롤레타리아, 준-프롤레타리아, 식민 지배를 받는 민족, 피수용자, 조국을 잃은 자, 도시화되어 떠도는 자, 굶는 자, 노예. 서양은 이들의 피와 파멸과 고통 위에 세워진 것이다. 서양이 바로 자신의 나쁜 양심과 고유 가치들에 입각해서 고치고 치유하며 스스로를 용서하게 하려고 시도해야 할 때였다. 좌익은 이 매우 중요한 일을 기획하고 실천했으나, 결과는 파선이었다.

⋮

5. 이성, 개인, 자유의 배반

엘륄은 마지막 장에서 근대 서구문명의 근간이 되는 이성과 개인과 자유가 어떻게 그 본래의 의미에서 멀어지게 되었는지를 언급한다. 그 과정에는 우리가 위에서 분석한 기술의 힘이 있다.

1) 서구의 이성은 합리성, 합리주의, 유토피아라는 세 단계로 자신을 배반했다. 절제와 중용을 의미했던 이성ratio이 과도한 방향으로 발전한 것이 합리성이요, 그보다 더 심한 이탈인 합리주의다. "19세기 합리주의자들보다 더 쩨쩨한 것은 없다." 그런데 합리주의는 유토피아의 단계로 나아갔다. 분석 요약하기가 꽤 어려운 유토피아를 한마디로 말하자면 이성의 기술적 발전의 끝이라고 볼 수 있겠다. "현대의 합리성은 기술에 속한다. 합리주의는 유토피아에 속한다. 기술자들이 하고자 하는 것은 결정적으로 유토피아주의자가 그들에게 제안하는 것 외에 다른 것이 아니다."[19] 이 모든 것은 일치의 추구에서 오는 결과로서 아폴로와 디오니소스의 최후의 조화는 광기로 나타날 수밖에 없다. 이제 이성은 인간의 이성 본연의 자세를 배반하고 기술의 영역으로 들어갔고, 인간은 우익이건 좌익이건 기술 망상을 갖게 되었다.

2) 엘륄은 개인의 배반을 사형집행인의 경우에서 발견한다. 본래 인간

의 죽음은 신성한 것이어서 살인과 관련된 처벌이 신의 법정에서 이뤄졌고 대부분 추방과 격리를 통해 신의 손에 맡겼다. 하지만 점차 인간이 신의 처벌을 대행하게 되면서 사형집행인이 나타났다. 이때 그는 사형 선고받은 자와 유사한 존재로서 살았다. 그러나 근대로 들어오면서 국가가 사형을 선고하며 그것을 집행하는 자는 정의를 대변한다. 이런 "악을 구현하는 자"는 공무원이고 사람들은 그가 누르는 버튼에 관심을 기울인다. 국가에 불의한 자는 살 권리가 없다. 나아가 이 사형집행인은 익명의 존재다. 방아쇠를 당기는 무리가운데 하나다. 이제 그에게는 심리적 청산 외에 다른 책임이 없다. 이것이 사형집행인과 관련된 기술의 진보다.

엘륄은 여기에 시체처리까지 포함시킨다. 왜냐하면 인간의 육신과 영혼이 사회에 활용가치를 갖기 때문이다. 비누와 티슈는 시체에서 만들어질 수 있었다. 때로 목숨 부지를 위해 동료의 시체를 먹기도 한다. 뿐만 아니라 그가 비밀을 간직한 채 죽지 않도록 고문과 약물을 통해 털어놓게 한다. "고문은 과학적이고, 사형집행인은 기술자며, 희생자는 스스로 자백해야하는 사회의 일부분이다."[20] 이점에서 서구는 개인을 부정하고 집단과 기술을 위해 몸과 영혼을 부인했다.

3) 엘륄은 사랑과 자유의 배반의 경우를 정치지도자에게서 본다. 오래전 서구 문명에서 최고 권력자는 종교재판관Grand Inquisiteur이었다. 근대로 접어들면서 황제와 왕이 그 역할을 대신했다. 20세기에는 히틀러와 스탈린이 그 자리에 들어섰다. 이들 모두 백성의 행복을 약속한 자들이다. 오늘날 모든 정치지도자들 역시 같은 것을 약속한다. 그들은 백성

---

19. 「서구의 배반」, 223.
20. 「서구의 배반」, 252.

에게 빵과 행복을 약속한다. 만일 그가 모든 기술 수단을 생활수준 향상에 쓰지 않으면 그 자리에 오래 있지 못한다. 따라서 모든 선거 공약들은 일자리 창출과 같은 경제적 영역에 집중된다. 하지만 동일한 것을 약속하는 다른 경쟁자들을 인정할 수 없었다. 따라서 실제로 벌어지는 것은 광기와 학살이다. 수많은 권력자들이 역사의 심판대 위에 섰다. 그들에게는 분명한 이름들이 있었고 백성의 반란도 분명한 목적을 가졌다. 그것이 자유였다. 이제 최고 종교재판관은 익명으로 존재하여 백성에게 새로운 것을 주어야 한다. 그렇지 않으면 권력을 오래 유지할 수 없다. 그는 반란의 목적을 흐리게 한다. 그러기 위해서 철학적이고 종교적이어야 한다. 자유란 무엇인가? 자유의 척도는 무엇인가? 인간은 자유라는 덧없는 이미지에 따라 사는 것이 아니라 현실적이나 잔인한 불확실에 따라 사는 것이 아닌가? 이제 자유의 개념이 바뀐다. 물질적인 것의 희생을 감수하는 영적 추구는 사라지고 "물질세계가 실현되었다". 행복과 자유는 끊임없이 만들어지는 물건을 보는 데 있다. 또한 영의 세계도 "체험된 환상 가운데서 자신을 완성한다." 그렇다면 이 최고 종교재판관은 누구인가? "그는 단순히 우리의 꿈과 욕망의 총체를 통합하는 질서—본래의 질서—다."[21] 이 질서를 흔드는 자유는 인정되지 않는다. 이것이 배반된 자유의 모습이다.

⋮

6. 사회학에서 신학으로 : 자유의 투쟁으로서의 역사참여

지금까지 우리는 기술과 문명을 중심으로 엘륄의 사회학 저술들을 매우 간단하게 요약 분석했다. 다른 많은 책들을 검토하지는 않았지만 결국 그의 사회학 이론은 기술의 진보가 인간 사회를 어떻게 변화시켰고 또 시킬 것인지를, 그리고 그런 변화가 어떤 결과를 낳을 것인지를 아무런 통계나 수치에 의존하지 않은 채 다소 예언적으로 펼쳐놓은 직관에 가깝다. 그런데 이 직관은 상당히 예리하여 많은 점에서 독자들을 수긍하게 한다. 물론 단순한 직관이 아니라는 것은 그가 역사를 좋아할 뿐만 아니라, 5권으로 된 「제도사」[22]를 썼다는 사실만으로도 충분히 입증된다. 문제는 그가 이 기술의 진보를 객관적으로 서술하면서도 늘 부정적인 평가를 동반한다는 사실이다.

그의 이런 반문명적인 태도는 그의 일관된 성경 해석에 근거한다. 위의 방법론에서 언급했고 또 앞으로 직접 그의 신학 서적들을 분석하겠지만, 그는 창세기에서 요한계시록까지 거의 모든 성경 텍스트에서 하나님의 계시가 인간 문명에 언제나 대립적으로 주어지고 있음을 발견한다. 「도시의 신학」[23]은 바로 이런 맥락에서 작성된 것이다. 도시야말로 기술 진보의 결정체다. 엘륄은 성경에 나타난 도시들이 어떤 식으로 존재하고 있는지, 각 도시들의 의미가 무엇인지, 그것들에 대한 하나님과 예수 그리스도의 태도가 어떠했는지, 그리고 그들의 미래가 어떠할지를 숨 가쁘게 써내려간다. 우리는 조금 후 이 텍스트를 분석할 것이다.

이렇게 「도시의 신학」은 「기술 사회」의 신학적 대칭물 가운데 하나로 자리매김한다. 우리에게는 분석해야할 또 하나의 신학적 대칭물이 있다. 왜냐하면 이런 사회학적 도시에 대한 신학적 입장 표명 외에도 복잡

21. 「서구의 배반」, 270.
22. *Histoire des institutions*, 5 vols. (Paris, PUF, 1951-1957).
23. 「도시의 의미」 (한국로고스연구원, 1992).

한 현대 기술 문명에서 그리스도인의 구체적인 삶의 윤리가 요구되기 때문이다. 이런 사실을 정확히 알고 있는 엘륄은 그리스도인이 가져야 할 3대 윤리—성결, 자유, 관계—가운데 하나가 「자유의 윤리」[24]임을 선포하고 「자유의 투쟁」[25]에 초대한다. 이제부터 이 두 가지 신학 작품들과 엘륄의 윤리를 전체적으로 볼 수 있는 「원함과 행함」[26]을 분석함으로써 엘륄 신학의 이론과 실제를 규명할 것이다. 따라서 분석 순서는 「도시의 신학」, 「자유의 투쟁」, 「원함과 행함」이 될 것이다.

---

24. *L'Ethique de la liberté*, 2 vols., (Gen?ve, 1973).
25. 「자유의 투쟁」 (솔로몬, 2008).
26. 「원함과 행함」(전망사, 1990).

Chapter 6

도시의 신학

앞에서 언급했듯이 엘륄의 「기술 사회」에 대한 두 가지 신학적 대응 작품들 가운데서 먼저 「도시의 신학」[27]을 분석하겠다. 엘륄에 따르면, 우리가 살고 있는 생활환경은 도시이고 이 도시의 특성은 "힘의 정신"과 "탐욕"이며, 이것은 정확히 예수 그리스도께서 받은 유혹이자 투쟁의 대상이었고, 오고 오는 모든 그리스도인들의 몫이기도 하다.

엘륄은 창세기에서부터 요한계시록에 이르기까지 성경에 나오는 도시들을 조사하고 그 의미를 파악했다. 그는 먼저 성경에 나오는 도시들의 성격과 그 의미를 찾아내고 그 도시들의 멸망과 구원이 어떻게 하나

27. 이미 언급한 대로 원제인 「집도 없이 가정도 없이」의 부제인 "도시의 신학"을 책 제목으로 사용한다. 「도시의 의미」는 영역본에서 유래한 것인데, 이는 마치 「기술 사회」를 「기술의 역사」로 번역해 놓은 것과 흡사하다. 현재 진행이자 미래의 기술 사회를 직시하자는 의미에서의 제목이 과거를 이해하는 책의 의미로 뉘앙스가 바뀐다. 「도시의 의미」는 역시 「도시의 신학」의 의미를 살리지 못한다(다만 한글번역을 인용할 경우 번역본의 제목을 사용한다). 그리스도의 삶이 보여주는 도시의 신학은 "집도 없이 가정도 없이"이다. 그러므로 엘륄은 이미 책 제목에 자신의 의도를 담고 있다.

님 손에 달려 있는지를 지적한다. 이어서 예루살렘의 의미와 더불어 계시 자체이신 예수 그리스도가 이 거룩한 성에 대해 어떤 태도로 임했는지를 "성경이 말하는 그대로" 그려낸다. 그리고 그리스도인이 도시에서 취해야할 태도가 그 모방의 대상이신 그리스도와 닮아야 할 것을 강조하면서 인류의 미래의 도시와 새 예루살렘과의 관계를 추측한다. 이 순서에 따라서 분석하기 전에, 좀 오래되긴 했지만, 도시의 출현과 관련하여 예전에 참고했던 자료 하나를 소개한다.

⋮

1. 도시의 출현과 미래

도시의 출현을 경제학적인 면에서 풀어가는 폴 베이로슈는 그의 책 「여리고에서 멕시코까지」[28]에서 인간사의 도시 현상을 신석기 시대(대략 BC 8000)와 연관시킨다. 신석기 혁명의 두드러진 특징은 "농업의 출현"이다. 농업이 먼저냐, 도시가 먼저냐의 논쟁은 마르크스 학파와 종교사학파 사이에서 벌어지는 주요 논쟁 가운데 하나이다. 농업의 출현이 도시를 건설했건, 모여 살다보니 필요에 의해 농업이 발전했건, 어쨌든 도시와 농업의 관계가 밀접한 것만은 틀림없다. 도시의 출몰은 중동에서 비롯되었다. 고고학적으로 발견된 최초의 요새화 된 도시는 여리고(BC 7800, 인구 1,000-2,000명, 10-20km²)다. 하지만 최초의 도시 문명으로 부를 수 있는 것은 BC 4000이후이며 BC 2000에 와서 도시의 규모는

28. Paul Bairoch, *De Jéricho à Mexico : villes et économie dans l'histoire* (Paris, Gallimard, 1985).

1,000km²의 크기에 1km²당 40-70명의 주민을 가졌다. 중세 유럽이 1km²당 15-40명인 점을 고려하면 규모를 짐작할 수 있다. 아시아는 BC 6000-5500, 아프리카는 BC 5000, 아메리카는 BC 7000-6500, 유럽은 BC 6500-6000경에 농사짓는 가정이 출현한 것으로 기록된다. 도시는 이후 대체로 2000-1500년 후에 등장한다. 아시아에서 4번째로 많은 인구를 가진 한국은 BC 2000에 농업이 중국에서 유래했고 BC 1500에는 쌀이 도입되었다. 도시의 출현은 다소 늦은 BC 108-AD 313경이다.

그렇다면 우리 도시들의 미래는 어떠할까? 도쿄는 한참 전에 뉴욕(1927/29년), 런던(1949/50)에 이어 세 번째로(1966) 천만을 넘긴 도시가 되었다. 서울도 이미 천만을 넘긴지 꽤 됐다. 멕시코시티가 2000년에 3천만이 되리라고 예측한 폴 베이로슈의 예견은 지나친 억측으로 끝나고 말았지만, 앞으로 도시 인구 증가율은 세계 인구 증가율의 절반가량을 차지할 전망이다. 2025년에는 도시 인구만 50억을 넘는다. 아마도 이후 어느 시점에서 지구촌의 인구는 100억에 이르리라(학자들은 이 숫자에 도달하는 연대를 2030/35년경으로 본다). 2400년에는 170억에 도달한다. 그것은 포화 상태요 몰락의 정점이 될 수 있다. 한 도시의 이상적 인구를 5,040명으로 말했던 플라톤의 규모에서 2800년이 지난 시점이며, 오, 육백만 명의 신석기시대에서 만년이 지난 시점이다. 누군가는 지구상의 적정 인구수를 칠백만으로 보았다. 호랑이 담배 피우던 시절 이야기 같다.

시간 속에서 인간의 진보는 필연적이다. 시간이 가건 인간이 걷건 간에 인류는 어떤 미래를 향해서 간다. 인간이 밥/빵으로 살기 때문에 도시 안의 고용, 식량, 주거 문제는 갈수록 심각해질 것이고 이것을 해결하기 위한 노력 역시 눈부실 것이다. 물론 해결 방법의 제시는 간단하다. 인구를 줄이고 식량을 늘이면 된다. 인구를 줄이는 방법이 고안될 것이다. 사실 UN의 인구 통계는 언제나 실제보다 많은 수치를 기록하고 있다. 더욱 관심 있는 것은 식량의 문제다. 죽음을 무릅쓰고 선악과를 먹은 인간이 생명나무에 욕심을 내지 않을 이유가 없을 것이다. 아니, 죽음 때문에 더욱 더 애착을 가질 것이고, 그 때문에 화염검이 두려울 이유가 없을 것이다. 농업 혁명과 산업 혁명으로 문제를 해결했듯이 모종의 혁명을 탄생시킬 것이다. 현대인은 미래에 거대한 도시의 건설을 꿈꾸면서 어쨌든 도시의 승리를 예상한다. 우리는 현재의 과학적 진보가 어디쯤 왔는지 막연히 안다. 긴 세월 후에 어쨌건 자연과 역사는 결국 하나로 합해질 것이다. 그리고 그 날 새로운 도시 하늘의 예루살렘이 탄생할 것이다. 어쩌면 지구촌의 규모를 넘어설지도 모르는 이런 신도시를 현재로선 상상한다는 것조차 불가능하다.

이렇게 굳이 성경 계시를 빌려오지 않더라도 도시의 미래는 그다지 밝아 보이지 않는다. 물론 인간의 기술적 발전이 온 인류를 먹여 살리리라는 긍정적인 입장을 갖는 학자들도 있지만, 그래도 이런 폭발적 도시 발전이 가져오는 문제점은 경제/사회학자, 미래학자, 문명사학자 등의 우려 섞인 글들로 표출되고 있다. 엘륄은 이런 심각한 현상을 오직 성경 계시에서 찾아낼 수 있었다. 이제 위에서 언급한 순서대로 「도시의 신학」을 분석하자.

⋮

2. 성경 도시들의 의미

엘륄은 창세기에서 시작한다. 가인이 세운 에녹성은 도시의 시작이다. 이것은 에덴 동편에 위치하면서 에덴을 대체한다. 에녹과 함께 "낙원은 전설이 되고 창조는 신화가 된다." 최초의 영웅인 니므롯은 함의 아들로서 여호와 앞에서 특이한 사냥꾼(정복자)인데, 그가 세운 여러 도시들은 "힘의 정신"을 반영한다. 레센, 갈레, 길라 바빌론 등등. 레센(큰성)은 굴레라는 의미로서 기병을 수용하는 도시였다. 실로 도시 문명은 전쟁의 문명이다. 바빌론은 도시 문명의 종합이었다. 이것은 정확히 오늘날 베니스, 파리, 뉴욕, 등 대도시들이 갖는 의미다. 전쟁의 총화로서의 니느웨는 회개한 도시로 나타난다.

이스라엘도 도시를 세운다. 성경은 이집트의 도시들에 대한 언급이 없다. 왜냐하면 바로의 도시들은 본질상 가인의 도시나 니므롯의 도시와 같기 때문이다. 바로의 도시에 한 가지 특성이 있다면 "국고성"이다. 다만 이스라엘이 이집트의 노예상태에서 도시 건축기술을 배우는 것으로 기록된다. 가나안 정복 후 접수한 도시들의 정치적 방향을 계속 유지한 므낫세 지파는 우상숭배의 길로 간다(기드온). 여리고야말로 도시가 갖는 "힘의 정신"을 무너뜨린 대표적인 예이다. 후에 이스라엘이 이 도시를 재건하는 것은 범죄가 된다(수 6:26; 왕상 16:34). 재건 자체가 범죄가 아니라 재건이 의미하는 내용이 문제(힘의 정신)다.

솔로몬의 첫째 범죄는 문안에 사는 이방인을 노예로 삼아 건축한 것이다. 성전 건축 후 첫 번째로 건축한 성읍 밀로는 이스라엘 붕괴의 시작이다(왕상 11:26-33). 그 후로 지어지는 도시들의 이름은 우상의 이름들이다(바알랏, 벧호른). 르호보함[29]이래 이스라엘/유다의 왕들은 도시의 게임으로 들어가지만, 이 게임은 이방 왕들을 당할 수 없다. 심지어 아사와 여호사밧의 좋은 동기의 건축들도 결국 "힘의 정신"으로 이끌린다(대하

29. 그는 22개의 성읍을 갖고 28명의 아들을 낳아 그들에게 분배한다(대하 10-12장).

14:7). 도시의 게임에는 건축, 분열, 힘, 배반의 반복적 작용이 있다.

모든 역사서들 가운데 역대기만이 도시 건축을 기록한다. 세상은 도시의 건설을 필요로 한다. 인간은 합리적으로 이 일을 한다. 그런데 도시 건설은 그 자체로 하나님에게서의 분리의 표시이다. 그럼에도 불구하고 이스라엘도 한 국민으로 살기 위해 땅의 논리를 따라야 한다. 결국 도시의 영적 힘과 은총의 정신은 충돌한다. 해결책은 없다. 대답은 세상의 필요(세상의 지혜)와 하나님이 주신 자유(십자가의 미련한 것) 사이의 갈등 속에서 온다. 사실 성경은 도시가 무엇인지 이미 창세기 때부터 가르치고 있다.

⋮

3. 구약에서 도시의 멸망과 구원

엘륄은 성경 도시들의 성격을 규정한 뒤, 이 도시들이 저주와 구원의 대상이었음을 말한다. 우선 성경 도시들은 저주의 대상이었다. 무엇보다도 도시의 영인 바빌론의 천사(사 14:12-15)와 두로의 천사(겔 28:1-9)가 그 대상이다. 예루살렘은 영적 바빌론이다. 어쨌든 대도시는 국가 전체를 의미하며, 돈과 불가분의 관계를 맺는다. 도시는 자기 고유의 존재 이유이며 자체로서 충분한 힘이자 법이다. 이 도시는 개선될 수 없다. 한편 소돔의 멸망과는 달리 니느웨는 구원되었다(일시적). 도시에는 10명의 의인이라는 연대성을 요구한다. 그것은 도시의 개혁이 아니라 회개를 의미한다. 도시의 힘이 무력해지는 것은 바로 회개를 통해서이다. 하지만 그럼에도 불구하고 우리가 살아야 하는 곳은 도시다. 시골이 다소간 독립적으로 보일 수 있으나 그것은 이미 도시의 속국이 되어가고 있다.

우리는 도시의 포로이다. 성경은 도시의 멸망이 임박해질 때 그곳을 떠나라고 명한다. 그것은 도시에 미련을 갖지 않는 행위다.

도시는 때때로 하나님의 백성의 불순종을 벌하기 위해서(바벨론 왕 느브갓네살), 그리고 보존의 질서를 위해(도피성) 하나님의 도구로 사용된다. 예루살렘은 독특한 위치를 차지한다. 본래 다른 이방 도시와 동일했던 예루살렘은 하나님에 의해 선택받아 거룩하게 되었다. 그럼에도 불구하고 예루살렘은 도시의 모습을 그대로 드러낸다. 그것은 도시의 죄를 극한까지 몰고 갔다(에스겔). 그리하여 그것은 끔찍한 우상숭배에 빠지고 정죄 당한다. 하지만 이 저주는 영원하지 않다. 이 도시에는 회복의 약속이 주어졌다. 예루살렘에 주어진 용서는 다른 도시에로 확대된다. 하지만 이 약속은 더 이상 지상의 예루살렘과 관계하지 않는다. 그럼에도 불구하고 선택받은 이 도시는 하나의 표징으로 남는다. 바로 이 도시에 하나님은 인간들이 원하지 않는 곳으로 찾아오신다. 그리하여 예루살렘은 하나님의 도시가 되었다. 그렇지만 하나님은 도시를 변화시키거나 교화하지 않는다. 하나님은 도시의 모든 악과 우상숭배를 취하셨다. 비록 예루살렘이 다른 도시와 다를 바 없지만 하나님은 다른 면으로 자신의 일을 완성하신다. 이제 그가 건축가가 되셔서 예루살렘을 모든 도시들의 첫 열매로 삼으신다. 따라서 이 도시는 모든 도시에 대한 하나님의 심판과 은총의 증거 도시이다. 그리고 예루살렘은 이 심판과 은총을 구체적으로 드러내기 위해 존재한다. 다시 말해 예수 그리스도를 맞이하기 위해 거기 있는 것이다.

4. 예수 그리스도와 도시의 구원[30]

엘륄은 구약의 도시들에서 일어난 하나님의 개입을 분석한 뒤, 도시의 신학의 탄생을 알린다. 그것은 하나님이 친히 아들의 형상으로 도시 안에 오셔서 행동하는 사건이다. 예수 그리스도는 구약의 메시지를 완성시키며 도시의 힘과 대항한다. 광야 3대 시험 가운데 하나는 정확히 도시를 배경으로 한 시험이었다. 그는 도시를 향해 저주한다(마 11:20-24). 그의 저주 목록들은 도시적 요소들과 관련한다. 즉 인간의 자기 자신에 대한 믿음, 자기 안정에 대한 믿음, 자기의 영적 생활에 대한 믿음, 자기 힘에 대한 믿음이다. 이것은 태초부터 도시에 선포된 심판이다. 인간의 말은 도시와 싸울 능력이 없다. 도시는 혼돈의 장소요 상호 몰이해의 장소이기 때문이다. 오직 기적만이 효력이 있을 법하다. 그러나 물리적 기적의 목적은 하나님의 말씀을 회복하기 위함이다. 말씀의 회복, 이것이 복음의 기적이다. 그럼에도 불구하고 도시는 기적에 부딪혀서도 변화하지 않는다.

엘륄은 이 도시 신학의 성격을 정확히 짚어낸다. 예수는 집도 가정도 없었다. 성경에 나타난 예수는 바로 이런 모습이었다. 가인은 반항하며 도시를 건설했으나 메시야는 죄의 결과를 받아들인다. 예수는 가인에 의해 사용된 수단 때문에 결코 완전하게 완성된 적이 없는 저주를 자신 안에서 완수한다. 그는 가인의 방법을 따르지 않는다. 그 이유는 만일 인간이 가인의 반응을 유지하여, 도시를 그의 지속적 안정으로 취하기를

30. 이 부분은 「인간 예수」(엠마오, 1993)에 의해 보다 풍부해진다.

계속하면 예수의 일이 헛되기 때문이다. 예수는 진정한 유일의 휴식이 하나님 안에 있는 믿음에 있음을 안다.

도시의 인간은 필연적으로 군중 가운데 하나이다. 예수는 정확히 이 군중, 이 도시에게 말씀한다. 그것도 광야[31]로 찾아온 군중에게 말이다. 그는 대중을 "한 무리의 어리아이들, 결단성 없고, 대등하지 않으며, 끊임없이 싸우고 잘못 판단하는 어린아이들"로 보았다. 예수는 이런 군중 가운데 있었고 그들을 민망히 여겼으나 그들의 목자나 지도자가 되지 않았다. 군중은 예수를 만나는 것 외에 다른 목적을 가져서는 안 되었다. 예수 뒤에는 아무것도 없다. 메시야의 임재 사실을 부인하고 그 이상의 것을 구하기 때문에 오류에 빠진다. 예수는 군중을 돌려보내고 그들로부터 분리된다. 도시로 되돌아가는 사람은 이제 예수를 보러 나갈 때의 사람이 아니다. 그는 도시 정신의 지배 밖에 있다. 이 사람에 의해서 도시는 그대로 붕괴되기 시작한다. 니느웨성의 예가 보여주는 것이 바로 이것이다.

예수는 예루살렘의 기다림을 성취한다. 이제 우리는 예루살렘 같은 특수한 표징을 더 이상 필요로 하지 않는다. 거룩한 도시의 일은 끝났다. 그것이 표징으로 남아 있는 것은 그곳에서 예수가 죽었고 구원 사역을 완수했기 때문이다. 베들레헴에서 태어난 예수는 예루살렘을 자신의 몸으로 대체한다. 세속화된 도시 예루살렘은 "큰 성 바빌론"이요, "소돔"이며 "이집트"로서, 사탄의 힘의 충만함이 집중된 곳이다. 예루살렘을 떠나라는 말은 다른 모든 도시들과 관련해서 들어야 하며 새 예루살렘

31. 광야는 인간의 힘이 포기되는 장소이다. 광야로의 후퇴는 늘 인간의 힘으로부터의 하나의 분리이며 영적 싸움의 한 체험이다(「도시의 의미」, 213).

의 도래와 관련해서 들어야 한다. 다가올 하나님의 도시는 다른 이름을 취하지 않는다.

엘륄은 이제 미래의 하나님의 도시를 말할 때가 되었다. 하지만 그 전에 아직 세상 도시에서 살아야할 그리스도인들이 무엇을 해야 할지를 말하기 위해 도시의 신학을 발전시킨다.

⋮

5. 도시의 신학과 그리스도인

엘륄은 성경을 통해 도시와 그리스도인과의 관계가 무엇인지 분명히 지적한 뒤, 이 도시의 역사에 참여하는 의미와 방법을 가르친다. 도시의 신학을 갖는 그리스도인은 세상의 도시에서 다른 목적을 가지고 산다. 그러므로 역사적이고 사회학적인 도시의 문제들은 부수적이다. 그리스도인의 도시 참여의 목적은 "성경의 가르침에 따라", 그의 도시 신학을 그 논리적 결론에 이르게 하는 것이다. 엘륄은 이것을 세 가지로 기술한다.

첫째, 엘륄은 우리가 위에서 분석한바와 같은 도시의 역사를 서술하면서 도시가 문명의 산물임을 분명히 한다. 인간은 의식이 들면서, 다시 말해 그가 내면으로 향하여 무언가 다른 것과 관련 하에 자신을 고찰하면서, 자기실현의 사회학적이고 영적인 표현으로서 도시를 창조한다. 도시는 존재하자마자 모든 외부 활동을 자신의 품속으로 끌어들이는 경향이 있다. 이것이 도시의 기식자寄食者로서의 성격이다. 도시는 혼자 스스로 살지 못하는 흡혈귀요 식인종이다. 도시는 지적 생활을 생산하며 모든 활동을 자기 쪽으로 편중시키는 마술적 매력을 갖는다. 그리하여 사람들은 도시로 몰려든다. 과연 도시가 무엇인가에 대한 질문에 아무도 답을 할 생각을 갖지 못한다. 도시의 현실은 하나의 사건으로서가 아니라 세계의 한 구조로서 오직 계시에 비춰서만 이해될 수 있다. 계시에 비쳐진 도시는 "인간의 가장 큰 업적"이라는 결론으로 이끈다. 그것은 자율성을 획득하고 의지와 지성을 행사하려는 인간의 위대한 시도이다. 인간의 다른 모든 업적은 도시에 딸린 부수적인 것이다. 우리는 도시의 근본적 가치에 의문을 던지지 못한 채, 도시의 현실 앞에 서 있다. 현대인의 미래는 도시 외엔 없다. 산업 도시(중세 도시가 성당 주변에 세워졌다면 현대 도시는 공장 주변에 생긴다), 인공 도시(사막, 수중), 농지를 대체하는 신도시, 등등. 이런 도시의 팽창은 도시의 부 및 조직과 더불어 "합리적이라기보다는 신비적 뿌리를 가진 일종의 사회학적 운동"이다. 현대인은 다가올 도시의 거대함을 생각하면서 공포와 애정의 감정에 휩싸인다. 그러면서도 현대 문명이 도시의 승리로 끝나리라고 생각한다. 이것은 옳다. 그러나 그것은 기술적이고 사회학적인 관점일 뿐이고, 사실상 미래의 도시는 그들이 상상한 대도시가 아닌 다른 한 도시이다.

미래의 도시는 새 예루살렘이다. 이 도시는 역사의 종말에 하늘에서 내려온다. 우리는 그 진정한 형태를 명백히 볼 수는 없다. 이것은 전통적인 낙원(파라다이스) 개념이 아니다. 이런 개념은 이교적 신화들에서 유래한다. 이 신화들은 과거로의 역행적 운동을 꾀한다. 한마디로 "자연상태로의 복귀, 문명 이전, 프로메테우스적인 반항 이전의 인간 상황의 회복, 인간의 진정한 본성에로의 복귀"이다. 그러나 히브리적인 개념은 이와 다르다. 그것은 인간 업적의 모든 것과 그 역사의 전부를 수용한다. 인간의 문명은 파괴되지 않으며, 다만 그 역사를 초월하도록 부름 받는다.[32] 그러나 이 첫 번째 측면과 모순되는 개념이 유대/기독교 사상에 들어 있다. 종말에 세워질 새 예루살렘은 결코 인간의 노력에 의해서 되지 않는다는 것이다. 새 도시는 하나님의 창조물이지 역사의 연장이 아니다. 두 번째 창조 앞에서 첫 번째 창조는 파괴된다. 새 예루살렘은 자연 밖의 것이다. 이것이 무엇일지 추측할만한 아무런 생각도, 지적 이미지도, 지식도, 길도 없다. 이 모순, 즉 새 예루살렘에 있는 진화의 형태와 외적 표현을 어떻게 해결할 것인가? 그것은 도시의 역사의 두 방향을 추적함으로써 가능해진다.

둘째, 엘륄은 도시 역사의 두 방향 가운데 먼저, 가인에서 예루살렘까지로 이어지는 역사를 서술한다. 이것은 도시에서 도시로 이어지는 역사다. 여기서 도시는 영적인 힘과 인간 작업의 혼합물이 된다. 그리고 하나님의 작업은 인간의 업적과 그 영적인 힘 사이의 분리이다. 하나의 영적 실재로서 도시는 반역의 영이지만, 돌들과 집들의 축적으로서의 인간의 업적은 그 자체로 비난이나 저주의 대상이 아니다. 이 힘은 예수 그리스도에 의해 정복되었지만, 여전히 힘을 가지고 있으며 마지막 때에 소위 자포자기의 에너지를 통해 엄청난 활동을 하게 될 것이다(마 24장; 계 20장).[33] 그리스도의 승리는 사실의 세계에서는 눈에 보이지 않으며 명백한 증거가 없다. 왜냐하면 이 패배한 힘들이 그들의 패배를 인정하지 않고 더욱 격렬하기 때문이다. 마지막이 될수록 도시는 더욱 유혹적이고 괴물같이 될 것이다. 그들은 수단 방법을 가리지 않는다. 멸망은 필연이다. 그리고 구원이란 있는 그대로의 도시에서 그들의 주관자들을 몰아내는 것이다. 이것은 새 창조에 의해서만 가능하다. 이것을 모르는 인간은 질서를 찾으려고 애쓰지만, 그 노력들은 이 정사와 권세exousiai

32. 마르쿠제 등 프랑크푸르트학파가 받은 영향은 히브리적인 사고이다.

33. 인간은 이 힘이 패배했음을 알기가 어렵다. 이것을 이해할 수 있는 것은 2차 대전의 예이다. 독일군의 공격들은 그들의 패배가 거의 확실시되는 막바지에 더욱 치열했다.

앞에 무력하다. 그럼에도 불구하고 인간(특히 순진한 도시 공학자들)은 더욱 균형 잡힌 몸체를 추구한다. 도시는 합리성을 통해 악마를 쫓아내는 인간의 수단이 된다. 인간은 도시를 중립적 도구로 본다. 하지만 도시는 단순한 도구가 아니다. 그것은 영적인 힘과 인간의 일을 거의 구분할 수 없는 하나의 혼합물이다. 인간은 이 영적인 힘의 이용물에 불과하다. 인간이 만든 업적의 영적 현상을 보라(스핑크스)!

이 영적인 힘과 인간의 업적이 분리되는 세계(중성적 세계)에서 인간은 다시 자유로울 수 있다. 그러나 이것이 거룩한 세계는 아니다. 이것은 여전히 인간이 자율적으로 활동하는 세계이다. 하나님은 도시의 피투성이의 육체에서 사탄의 괴물 같은 종기를 빼앗아 그 신성을 제거하시고 그것을 인간에게 부여한다. 그리고 바로 그곳에 새 예루살렘을 만드신다. 이것은 인간의 책임을 암시한다. 인간은 도시와의 관계 속에서 이 영적 힘들의 장난감이 되는 일을 멈춰야 한다. 하나님은 가인이 홀로 남겨지길 허락하지 않고 표를 주셨다. 가인의 역사는 이 표와 더불어 진행된다.[34] 하나님은 인간에게 끊임없이 개입하셔서 반역의 천사를 파괴하고 인간의 업적을 회복하신다. 결국 하나님은 인간이 원했지만 성공하지 못한 것을 스스로 창조하실 것이다. 이때 그리스도에 의해 얻어진 승리는 현실로 나타날 것이다.

셋째, 이제 엘륄은 도시 역사의 두 번째 방향인 에덴에서 예루살렘까지의 역사를 제시한다. 이것은 에덴에서 도시로 이어지는 역사다. 인간은 동산에서(원시적 자연 환경에서) 최적의 상태다. 하나님은 그런 상황에 있는 인간을 원하셨다. 그런데 새 창조는 옛 것의 회복이 아니다. 그는

34. 이것은 저주의 표가 아니라 사랑의 표다.

만물을 새롭게 하신다. 그것은 인간이 새 환경을 선택했기 때문이다. 이것은 하나님의 인간 이해와 사랑에 기인한다. 그는 인간의 모든 것을 짊어지신다. 그가 인간의 부하가 된다는 말이 아니라, 다만 인간이 열어 놓은 길을 인내로 걸어가신다는 말이다. 하나님은 인간의 도시 발명을 그대로 인수하기로 결정하셨다. 그는 문명의 폐허 뒤에 있는 고통과 희망을 그대로 인수하신다. 그리하여 그의 예루살렘은 인간이 기대했던 모든 것의 완성이 될 것이다. 이 일은 예수 그리스도 안에서 이루어진다. 그 안에서 인간의 모든 업적은 하나로 모아진다. 그리스도는 도시 안에 거하기로 선택했다. 이제 도시의 인간이 도시의 영에 종속되듯이, 그 안에 있는 자는 하나님과 교제한다. 이것의 최종적 실현은 새 예루살렘에서이다.

인간의 업적은 중립적이지 않다고 말할 수 있다. 왜냐하면 우리는 인간이 그의 (사악한) 업적을 어떻게 (사악하게) 사용하는지를 알기 때문이다. 또한 동시에 하나님이 사랑 안에서 그 모든 것을 수용하시기 때문이다. 그렇다면 도시에서 우리의 역할은 무엇인가? 우리는 인간들과 함께 그들의 업적을 세우기 위해 모든 인간의 추구에 참여하도록 요청받는다. 우리는 다른 사람들과 더불어 도시의 건설 속에서 일해야 한다. 이것은 바벨의 건설도 아니요, 새 예루살렘의 건설도 아니다. 우리의 행동 표준은 하나님의 용서의 표준이며, 그 목표는 도시를 무無 속으로 사라지지 않게 하는 것이다. 그렇다면 우리는 하나님을 대적하는 인간의 투쟁 속에 보조를 같이하는 셈이 아닌가? 하지만 우리는 다른 곳에 있을 수도 없고, 있어서도 안 된다.

여기에 우리의 두 가지 한계가 있다. 하나는 해학(유머)적 참여다. 우리는 절대로 우리의 행동을 심각하게 취해서는 안 된다. 유머는 인간의 업적 속에 우리의 참여에 있어서의 그리스도인의 자유의 한 형태이다. 다른 하나는 우리의 임무는 도시의 직업적 활동을 통해 하나님의 숨은 임재를 드러내는 것이다. 그들이 우리를 내버려 둔다면 우리는 임무를 소홀히 하고 있는 것이다. 도시는 우리로 인해 업무가 마비되고 우리는 추방된다. 그때 그들과의 동역은 끝난다. 인간의 업적을 그의 창조주의 영광으로 돌릴 수단이 더 이상 없을 때, 그리스도인으로서의 삶은 더 이상 가능하지 않다. 이 동역에 대한 "예", "아니오"의 태도는 항상 같은 것은 아니다(아브라함은 소돔 왕을 구했고, 후에 롯은 그곳에서 도망한다).

가인의 도시에서 출발하거나 에덴에서 출발하거나 간에 목적지는 새 예루살렘이다. 그렇다면 새 예루살렘은 어떤 도시인가? 이것이 엘륄이 답해야할 마지막 단계다.

6. 하나님의 신도시

하나님은 미래의 도시에 계신다! 그런데 아직은 직접 볼 수 있는 것이 아니기 때문에 환상으로 밖엔 볼 수 없다. 이제 엘륄은 미래에 올 도시에 대해 말하기 위해 구약과 신약의 대표적인 묵시적 환상을 끌어온다. 그것은 에스겔의 환상과 요한의 환상이다. 에스겔이 마지막에 본 환상은 주로 하나님의 성소이지만 그 맨 끝에 도시가 출현한다. 엘륄은 이것을 솔로몬의 성전에서 하나님의 성전으로의 이동으로 보았다. 따라서 이 환상은 영적인 것이지 사회학적인 것은 아니다. 한편 요한의 환상은 온통 도시로 집중된다. 엘륄은 이 두 환상을 모순적으로 보지 않는다. 오히려 하나님의 전적으로 배타적인 임재라는 일관성을 본다. 먼저는 성전

안의 임재요, 다음은 성전의 부속물인 예루살렘 도시에의 임재다. 이 신도시는 우리가 알 수 없는 비밀에 속하지만, 우리의 소망의 대상이다. 엘륄은 이것이 비밀에 붙여져 있다고 말하면서 과감하게 그 문으로 들어간다. 그리고 이 신도시를 설명한다. 그에게 하나님의 영이 임하셨는가?

1) 여호와 삼마의 신도시는 어떤 도시인가? 엘륄은 이 도시를 정확하게 서술할 수 없고 다만 성경의 여러 환상들 가운데 언급되는 그 성격만을 말할 수 있을 뿐이다. 그것은 이전의 도시의 멸망 후에 세워지는 새 도시다. 물론 여기서 인간의 업적이 하나님에 의해 선택된다. 하나님이 동방에서 오신다는 것은 가인의 유랑의 종말을 의미한다. 이 도시가 높고 거룩한 산 위에 있다는 것은 새로운 형태의 에덴동산과 같이 자연의 변형된 형태를 의미한다. 따라서 이것은 새 창조의 중심이자 열방의 중심이다. 하지만 열방이 모이는 곳이라 해서 새로운 바벨을 의미하지는 않는다. 유대-기독교 사람들이 다스리는 나라로 생각한다면 더 더욱 편협한 신앙의 이기주의다. 하나님은 여기서 인간의 모든 문명들을 완성시킨다. 이 역사의 절정에서 신도시 거민들은 하나님과 친교하는 자들이다. 지상의 모든 교회들은 이 도시로 대체된다. 이 도시를 비추는 빛은 이전 도시의 모든 어두움을 밝게 변화시켰다. 그러나 누구도 이 빛을 자신의 힘으로 소유하지 못한다.

2) 엘륄은 또한 이 신도시를 설명하기 위해서 알레고리라는 위험한 해석학의 통로를 지나간다. 성경이 말하는 상징은 해석되기 위해 존재한다. 그것을 거부하는 자는 어렵다는 이유로 풀기를 거부하는 수학 교과서 독자와 같다. 도시와 관련된 상징들 가운데 명백히 풀리는 것들이

있다. 예루살렘은 질서, 조화, 균형, 정확성의 기호다. 바벨은 정반대로 혼잡이다. 예루살렘은 이스라엘을 통해서 들어가는데 이스라엘은 "그 통일과 문명을 통해 하나님의 나라의 영광에도 열린 문이 되는 문명으로 회복된다."

이어서 엘륄은 4와 12라는 수의 상징을 예루살렘과 관련해서 풀어낸다. 우주의 상징인 4는 정사각형과 입방체의 예루살렘과 관련한다. 즉 창조의 머릿돌이요, 항구성과 견고성의 상징으로 말이다. 한편 3×4로 이뤄지는 12는 창조가 성령으로 충만한 승리의 숫자이다. 12와 관련된 것들로 도시 성곽의 기초석인 12보석이 있다. 밑에서부터 벽옥, 남보석, 옥수, 녹보석, 홍마노, 홍보석, 황옥, 녹옥, 담황옥, 비취옥, 청옥, 자수정이다(계 21:19-20). 엘륄은 이 투명 보석들의 특징을 각기 열거하면서 그 상징적 가치들을 밑에서부터 읽어간다. 즉 원시적 인간들이 보석에 준 의미에 따라서, 인간의 회개와 두려움과 굴욕, 인간의 하나님과의 대면, 자비, 하나님과의 연합과 진리에 도달하는 힘, 하나님 안에서 완벽한 인간의 모습으로 해석된다는 것이다. 물론 엘륄에게도 자신의 해석의 정확성을 확인할 길이 없다. 그걸 알면서도 그는 계속해서 12보석을 이스라엘 12지파와 연결시킨다. 물론 신도시의 기초는 12사도로 대체된다. 엘륄은 12보석 속에, 계시의 메시지의 총체, 회개에서 부활에 이르는 길이 제시되어 있다고 여긴다.

엘륄이 풀어야할 또 다른 상징으로 나무와 물이 있다. 즉 생명나무와 생명수다. 새 예루살렘에는 선악과가 없다. 선악에 관한 지식은 예수 그리스도의 희생을 통해 새롭게 피어난다. 홀로 남은 생명나무는 열매로 양식을 제공하고 잎사귀로 치유한다. 사실 에덴농산의 생명나무는 그리스도의 십자가의 상징이었다. 마찬가지로 새 예루살렘의 생명나무 역시 똑같은 십자가다. 생명수 역시 같은 맥락에서 신도시의 상징으로 흐른다. "이 강은 하나님에 의해 창조된 그 도시를 특징짓는 전적으로 절대적인 믿음의 기호이다." 엘륄은 우리가 사는 더럽고 부패하여 악취 나는 세상의 도시들이 보석으로 세워지고 생명나무와 생명수가 흐르는 도시로 변형되는 신도시를 꿈꾼다.

엘륄은 「도시의 신학」을 쓰던 바로 그 해에 요한계시록을 주석했고 거기에 나오는 상징들을 통해 역사를 재해석했다.[35] 「도시의 신학」 분석을 마치면서, 엘륄의 유작 시집 「침묵」에 나오는 프랑스의 수도에 대한 그의 예언적 시詩 한편을 소개한다.

파리Paris

나의 심장이 움직이지 않는 벌판에 이르기까지
나의 이성이 갈피를 못 잡는 쓸데없는 우발 사건
임의적이고 선택적인 열광
자신에게조차 낯선 비극의 되풀이
무엇과도 바꿀 수 없는 사랑의 되풀이
(감미로운 공상에서 〔이런〕 아이러니가 내게 오는구나!)
내 공포의 원인이 끝났음을 스스로 알 때
내 계절의 마지막이 단 하루밖에 없을 때.

아무것도 아무도

35. *L'Apocalyse: architecture en mouvement* (Desclée de Brouwer, 1975); 「요한계시록주석」(한들출판사, 2000).

아름다운 광야의
철의 진주들을
다시 손질하거나 선물하지 않는다.
어떤 성모상도
이 육체 가운데 있는
너의 잘못으로 인해
섬광으로 오지 않으리라.[36)]

36. Jacques Ellul, *Silences* (Bordeaux, 1995).

Life and Thoughts of Jacques Ellul

Chapter 7

자유의 투쟁

우리는 엘륄의 신학 서적 가운데 「도시의 신학」을 먼저 분석함으로써 기술 사회의 총아인 도시의 의미를 이해하고 도시의 그리스도인에게 요구되는 원론적인 신학에 대해서 들었다. 이제는 엘륄에게서 구체적으로 어떻게 기술 사회와 부딪혀야 하는지를 들어야할 차례다. 본격적으로 기독교 윤리와 관련될 이 영역에서 엘륄은 자유라는 명백한 실천 개념을 내세운다.[37] 이제 우리는 앞에서 약속한 기술 사회의 또 다른 신학적 대칭물인 「자유의 윤리」를 분석하겠다.

엘륄은 자유와 관련된 윤리 책을 세 권으로 구상했다. 그리고 두 권은 먼저, 나머지 한권은 나중에 출판했다. 1권과 2권은 「자유의 윤리」라는 제목으로 1973년에 출판되었고 3권은 「자유의 투쟁」이라는 제목으로 별

37 어쩌면 그의 기독교 윤리의 서론에 해당되는 「원함과 행함」을 먼저 보는 것이 순서상 옳겠지만 우리는 그것을 역으로 뒤에서 살펴보겠다. 이는 그가 주장하는 「자유의 윤리」가 그의 기독교 윤리에서 어떤 위치를 갖는지를 확인하기 위함이다.

도로 1984년에 출판되었다.[38] 엘륄이 그렇게 한 이유는 아마도 각권이 각기 서로 다른 자유 개념을 전개하고 있기 때문일 것이다.

엘륄은 1권에서 자유가 기독교 삶의 조건 바로 그 자체라고 말하면서 그리스도 안에 있는 자유의 신학적 기초를 세운다. 그리스도 안에 있는 이 자유는 사랑과의 관계 속에서만 얻어질 수 있다. 엘륄이 무엇보다도 먼저 추구한 내용은 바로 이 자유와 사랑과의 범할 수 없는 관계이다.

2권은 자유의 개인적 영역과 관련된다. 이것은 소위 "비-참여된" dégagée 자유문제다. 그는 그리스도인의 자유를 구체적으로 표현하는 것이 결정적으로 무익한 일이요, 임시적인 것이며, 상대적인 것임을 보이면서, 윤리를 위한 자유의 범주들을 세운다. 행위를 유용하고 영원하며 절대적으로 만들려는 모든 시도는 자유에 모순된다. 물론 자유 안에서 살아지는 것은 기쁨, 자발성, 발명을 통해서, 그리고 순종을—노예적 순종이 아닌 자유의 충만함 속에서 사랑에 의해 순종하는 사람의 순종— 거부함 없이 표현된다. 이런 개인적 자유의 관점 가운데 하나가 성경에서 여러 번 다음과 같은 권면으로 나타난다: "인간이 되라!" 한편, 수많은 참여와 책임 가운데서 인간이 될 수 있는 가능성을 갖는 것, 규율과 공포에 의해 결코 자신의 가치가 떨어지도록 내버려두지 않는 것, 온전한 독립가운데서 "금세기"와 부딪히는 것, 이것은 인간을 위해서 하나님이 갖는 자유 의지, 그리고 인간이 인수하고 사는 이 자유의 가장 충만한 표현이다. 이것은 즉시 비-참여된 자유에서 세상과 사회와 정치의 보행에, 그리고 사람들과의 투쟁과 동맹에, 다시 말해 "연루된 자유" liberté

38. *L'Ethique de la liberté*, 2 vols., (1973); *Les combats de la liberté* (1984). 한편 영어 역본은 엘륄의 제3권의 미완성의 원고를 번역하여 1976년 단행본으로 먼저 출판했다(*The Ethics of Freedom*, 1976).

impliquée에 참여하는 자유로 우리를 인도한다.

"연루된 자유." 바로 이것이 「자유의 윤리」의 3권에 해당되는 「자유의 투쟁」에서 엘륄이 쓰고 있는 내용이다. 이제부터 우리는 「자유의 투쟁」을 분석할 것이다. 그것은 무엇보다도 먼저 자유인으로서 그리스도인이 가져야할 **기본적인 태도**와 관련된다. 왜냐하면 이 태도가 그리스도인의 구체적인 투쟁 방식을 이해하게 해주기 때문이다. 예수 그리스도의 광야 시험의 내용은 정확히 교회와 그리스도인이 치러야 할 자유 투쟁의 구체적 요소들이다.[39] 그러므로 이어지는 내용은 **정치**, **종교**, **경제**(일상사)의 문제다. 물론 이 내용들이 길고 복잡한 양상으로 우리를 기다린다.

⋮

1. 자유인의 기본적인 태도

「자유의 투쟁」 처음 네 장은 자유인의 기본적인 태도를 기술하고 있다. 필연의 세상을 살기 위해 그리스도인에게 무엇보다 필요한 것은 자유인의 입장 표명이다. 엘륄은 이런 기본적인 태도로 나그네 삶, 올바른 만남, 사실주의적인 판단, 위험을 무릅쓰기를 든다. 필자는 상세한 각주 표기식의 설명을 생략하고 전반적인 요점을 드러내는 식의 정리를 하겠다.

나그네 삶

그리스도인은 세상에 살지만 세상에 속하지 않기 때문에 이 땅에서는 마치 외국인과 나그네처럼 살아야 한다. 엘륄은 구약의 인물들이 자신

---

39. 「인간 예수」(1993).

들을 나그네로 인정하는 성경 텍스트(히 11:13-16)에서 자유 투쟁의 담론을 시작한다. 나그네의 삶은 광야의 삶과도 같다. 20세기 사회를 사는 신자들에게도 이 말씀은 근본적이다. 이와 같이 자유는 우리를 광야로 밀어 넣는다. 외국인과 나그네의 특성은 땅에서 근거를 제거하는 것—뿌리 뽑힘déracinement—으로서 그것은 받아들이기 어려운 인간 조건이다. 따라서 인간은 모든 방법을 다해서 그 조건을 피하고 땅에 뿌리박으려 애쓴다.enracinement

히브리서에 기록된 인물들이 이 뿌리 뽑힌 삶을 선택한 것은 역사에서 하나님의 계획을 보았기 때문이었다. 이 뿌리 뽑힘은 가인의 것과는 다르다. 이 뿌리 뽑힘이야말로 가능한 기독교 삶의 유일한 조건이며, 동시에 자유의 주된 표현이다. 그것은 인간 삶의 "정상적인 것"으로 나타나는 모든 것과의 결별과 관련한다. 그렇다면 무엇을 향한 뿌리 뽑힘인가? 참된 조국인 하늘 아버지의 집을 향한 것이다. 하지만 이것은 현대 도시 산업 사회의 특징 가운데 하나인 "뿌리 뽑힘"과 혼동해서는 안 된다. 현대인은 "고향"과 "집단"을 잃었고 사회적 세력들의 노리개가 되었다. 이 뿌리 뽑힘은 사회적 병이다. 그것은 완전히 견딜 수 없고 비인간적이며 비극적인 상태다.

그리스도인의 뿌리 뽑힘이 아브라함 유형이라면 현대인의 뿌리 뽑힘은 가인의 유형이다. 그리스도인은 하나님의 사랑으로 이 상황을 견디도록 부름 받으며, 그리스도 안에 소망이 있기 때문에 이 모험으로 진행하라고 부름 받는다. 이 소망 없이 뿌리 뽑힘은 신학적으로 저주의 표현이다. 그리스도인은 기꺼이 스스로를 소외시키지만 세상에 속한 자들은 소외당하는 것을 견디지 못한다. 그러므로 고향을 박탈당한 소외된 가인의 후예들에게 따뜻한 가정의 품을 갖게 하는 것은 그리스도인의 또 다른 소명이다.

성경은(고전 7:29-32) 나그네의 세상 사용법을 가르쳐 준다. 사람이 이 세상을 취하면 취할수록, 그는 더욱 소외된다. 세상의 것들은 잠정적이고, 따라서 그것의 사용도 잠정적이다. 그러므로 이것들은—정당이건, 기술이건, 예술이건—중요성을 부여하지 않은 채 사용되는 사물들에 불과함을 알아야 한다. 사물의 사용은 사물의 소유와 마찬가지로 위험하다. 진짜 문제는 부패한 개인적 소유권의 문제가 아니라, 동일하게 부패한 증가하는 소비의 문제다.[40)]

이런 자유의 태도의 기초는 의도(다른 동기, 다른 내용, 다른 목적)이다. 예를 들어 정치적 삶에 참여하는 것은 정치의 가치를 믿기 때문이 아니라 사람들과의 만남의 기회이기 때문이다. 그러나 난관은 이런 행동의 기준이 없다는데 있다. 한 가지는 존재의 문재다. 존재가 소유를 지배하는 것은 바로 이 행동의 과정 속에서이다. 사람들과 사물들을 사용할 때 그것들을 존경하는 태도를 갖는 것이다. 그것들에게 가치가 있어서 존경해서는 안 되고 오히려 그것들에게 가치가 없으므로 존경해야 한다. 이 모든 것들(동산, 부동산, 가정, 정치 등)은 하나님 나라에 사용될 것이다. 인간사용의 목적도 타인에 대한 소유를 사랑으로 바꾸어야 한다. 유일한 목적은 그를 예수 그리스도로 회심시키는데 있다. 복음 증거도 강제나 선전이 아니라 그리스도의 사랑이어야 한다.

이러한 자유는 첫째, 아무것도 소유함이 없이, 무엇에도 매달림 없이,

---

40. 우리가 사회학 작품 분석을 통해 보았듯이, 엘륄은 특별히 20세기 기술 사회와 관련시킨다. 왜냐하면 모든 기술적 수단들은 힘의 수단이요 소유와 지배와 조직과 이용의 수단이기 때문이다. 기술에는 다른 아무것도 없으며, 심지어 인간의 가장 큰 선을 위해 이 수단들을 사용한다고 주장한다고 하더라도 이것은 현실로 남는다. 나그네의 태도만이 소유의 관계를 사랑으로 대치할 수 있고, 기술 수단의 사용과 존재를 의문에 부칠 수 있다.

무엇도 지배함이 없이 모든 것을 사용하는 자유이며, 둘째, 무엇에게도 소유됨이 없이, 사물(돈, 노동 등)이나 이웃에게 소유됨이 없이 모든 것을 사용하는 자유이다. 이것이 세상의 삶에 참여하면서 진리 안에 존재하는 자유이다. 그리고 이 자유는 주어지는 것이 아니라 배우는 것이다(고전 7:20–21; 빌 4:11–14).

만남의 태도

나그네는 필경 누군가와 만난다. 먼저 예수와의 만남이 있다. 엘륄은 만남의 윤리를 양과 염소의 비유(마 25:31–46)에서 끌어 온다. 세상에는 두 종류의 예수와의 만남이 있다. 첫째는 신앙의 만남으로, 예수가 자신을 소개했을 때, 신앙으로 응답하는 것이다. 이 만남은 신앙인을 이웃에게로 보낸다. 둘째는 단순한 만남으로, 전혀 예수에 대해서 들어본 적이 없는 이웃과의 만남이다. 이 만남은 신비하고 은밀한데 그곳에 그리스도가 있었다. 전통적인 해석과 차이를 드러내는 이 해석을 통해 엘륄이 주장하는 것은 신앙의 만남만이 구원의 특권을 갖지 않으며, 또한 만남의 선택권이 우리에게 달려있지 않다는 것이다. 즉 우리가 이웃을 만나는 것은 예수를 통해서이고, 또한 우리가 예수를 만나는 것은 이웃을 통해서라는 말이다. 어쩌면 그를 이런 윤리적 해석으로 끌고 간 것은 "신앙의 만남을 가진 자가 이웃의 만남을 제대로 하지 못할 경우에 대한 엄중한 책망을" 말하고 싶어서인지도 모른다.

그러므로 우리의 만남에 가짜가 있을 수 있다. 만남이 선입견, 편견, 가치관(영적인 것을 포함)으로 결정되어서는 안 된다. 이것은 사회의 결정론에 빠지는 것이다. 만남은 그 자체로 어떤 종류의 가치도 갖지 않는다. 대화와 만남이 사회적 틀이나, 편견, 맡은 역할에 의해 미리 결정되어 있다면, 그들이 거짓된 의도(남을 설득시키려는 의지)에 의해 야기된다면, 서로를 숨기기 위한 기회라면, 서로 헌신하기를(신중함, 경외) 거부한다면, 그 대화와 만남은 무의미와 거짓으로 빠진다. 만남의 진정성과 대화의 가치란 바로 각 신자에게 달려있다. 보다 정확히 말해서 그리스도인의 자유에 달려있다.

그러므로 대화와 만남의 가능성의 첫걸음은 자유다. 내가 누구에게도 "나" 일 때만, 다시 말해 내가 타인에게 "너"가 될 때만, 나는 "나"가 된다. 여기에는 일종의 상호 창조가 있다. 이런 만남은 내가 타인에 대해서 자유로울 경우에만 일어날 수 있다. 내 자신 및 세력들에 대해서의 해방뿐만 아니라, 타인에 대해서의 해방을 말한다. 사랑이 자유의 의미일진대, 타인과의 의존 관계는 그들과의 사회적 관계에의 굴복과 아무런 유사성이 없다. 내가 타인의 진실을 발견하고 그를 자유롭게 사랑할 수 있는 것은 오직 이 분리의 자유 안에서이다. 왜냐하면 그가 있는 그대로의 존재가 되기 때문이다. 그러나 이 분리는 교만이 아니다. 타인을 향한 해방이 있는 것은 참된 만남을 가능케 하기 위함이다. 결별이 있는 것은 사랑으로 타인을 만나기 위함이다. 이와 같이 대화와 만남은 타인을 타인으로 인정할 때만이 가능하다. 즉 상이성, 다양성, 다원성이 인정되어야 한다. 사실 사회는 언제나 획일성, 일원성을 지향한다. 그러나 이 상이성에 한계가 있음을 또한 잊어서는 안 된다. 마약, 암살, 인질 등을 인정할 수는 없다.

만남은 자유가 있을 때 가능할 뿐만 아니라, 소망이 있을 때 의미가 있다. 소망 없는 대화가 무슨 소용인가? 상대가 자신의 고통과 절망, 무, 의미의 부재만을 나누는 것이라면, 그는 내가 필요 없다. 현대 미술이 보여주는 것이 바로 이 세상의 공포, 비참, 혹독함뿐이다.[41] 세상에의 내

임재와 접근은 그것이 상대에게 소망의 신호—영적인 것만은 아니며, 속적인 것만은 더더욱 아니다—일 때만, 가치가 있다. 교회가 주어야 하는 진짜 소망은 그리스도 안에 있는 소망이다.

사실주의적인 판단[42]과 위반의 자유

세 번째로 엘륄은 사실주의의 시각이 자유인의 시각임을 말하면서 이 단어를 "사실들—우리가 실제적으로 알고 있는 정황들, 다시 말해 우리가 연루되어 있는 정황들—을 그것들 그 자체로 여기면서 참작하는" 것이라고 정의한다. 이것은 어떤 면에서 우리의 지각과 이성을 신뢰해야 한다는 말이다. 이러한 리얼리즘은 나를 나의 편견, 나의 해석적 체계와 맞서 싸우는 데로 이끌며, 세상에 대한 체계적이고 교리적이며 일반적인 설명에 대한 거부로 이끈다. 이것은 또한 정치적이건 상업적이건, 유행하는 현실주의를 거부하는 것이다. 예를 들어, 정치가의 현실주의 또는 사업가의 현실주의 같은 것이다. 이런 현실주의는 결정적으로 실재의 부재인 바, 이는 그것이 가장 즉각적인 것(코앞에 있는 것)만 보기 때문이다. 이 경우, 사업가는 우리 주변의 사람들의 실재를 고려함 없이, 이 태도의 정상적인 결과들의 실재를 고려함 없이 가능한 한 가장 많은 돈을 버는 것이다. 정치가는, 정치적 조종과 책략을 필수적인 사실로 여기면서, 그리고 일반적 상황을 소홀히 하면서, 자신의 좋은 지위의 상태로 유지시키는 데로 이르는 것이다. 이런 현실주의는 정치적 실재에 대한

---

41. *L'Empire du non-sens* (Paris, 1980)에서 엘륄이 비판한 것이 이것임.

42. 엘륄은 리얼리즘réalisme을 때로는 사실주의적인 의미로, 때로는 현실주의적인 의미로 사용한다. 필자는 이 단어가 사실을 단순히 직시하는 의미로 쓰일 때는 사실주의로, 사실에 가치를 부여하는 의미로 쓰일 때는 현실주의로, 사실주의의 의미를 담으면서 폭넓게 쓰일 때는 리얼리즘으로 쓴다.

완전한 이해의 부재이다.

그렇다면 바람직한 리얼리즘의 태도는 무엇인가? 그것은 사실을 있는 그대로 받되, 그것을 그 이상으로 고려하지 않는 것이다. 사실과 실재를 있는 그대로 받되 그 가치를 인정하지 말라는 것이다. 실재는 행동적 판단을 가능케 하는 가치가 아니다. 진실의 가치도 아니다. 사실과 진실을 혼동하지 않는데서 자유가 있다. 나아가 리얼리즘은 윤리적(폭넓은 의미에서) 태도를 함축한다. 왜냐하면 윤리적 결단으로부터 만이 실재의 인정이 가능해지기 때문이다. 바로 여기서만 우리는 실재를 느낄 수 있다. 리얼리즘은 우리의 윤리적 결단과 태도를 통해서 우리 자신을 의문에 부치는 힘이다. 이것은 모든 정당화의 정반대다. 리얼리즘은 우선적으로 정직성의 수련이다. 이런 태도는 제시된 대안들에 대해 자유로우며, 집착적인 태도로 행동 양식이나 사상 양식에 매달리지 않으며, 사랑과 죽음의 선택적 결단을 내리는 태도이다.

엘륄은 이러한 사실주의가 그리스도인에게 가장 적합하다고 말한다. 그 이유는 그리스도인들은 세상에 있으나 세상에 속하지 않았기 때문이고, 그들은 그리스도의 소망을 통해서 절망의 현실을 보기 때문이며(예수는 대안이 아니라 절망하지 않는 힘이기에 부조리, 무의미, 고민으로 넘어가서는 안 된다), 그들은 모든 정당화를 거부하기 때문이다.

리얼리즘을 실천해야 하는 영역은 우리 실존의 각 수준에서이다. 그러나 사물들을 있는 그대로 볼 수 있는가? 예를 들어, 자녀들을 있는 그대로 볼 수 있겠는가? 그러나 그것이 설사 어렵더라도 이런 인식을 향한 노력이 정체된 백치나 맹목적 참여보다 낫다. 모든 상황은 관계의 상황임을 인식해야 한다. 더 나아가 리얼리즘은 예외적인 지성의 열매가 아니라 예수 그리스도 안에서 주어진 자유의 열매임을 알아야 한다. 따라서 이런 리얼리즘의 입장을 취하는 것이 자유다. 자유는 상황을 고려할 수 있는 정도의 거리를 두게 한다. 이것 없이는 리얼리즘이 가능하지 않다. 인간은 그가 자유하지 않을 경우, 자신의 조건의 생산물이다. 자유는 객체의 세상에서 우리를 주체가 되게 한다.

이런 사실주의적인 판단은 결국 위반transgression의 자유로 향할 수 있게 한다. 사실 위반은 자유의 극단적인 행위다. 모든 자유는 위반에서 완성된다. 물론 인간이 위반할 수 없는 세 가지 "경계선"이 있다. 첫째는 본성의 경계인 유한finitude이요, 둘째는 활동의 경계인 문턱seuil(정보 과잉, 학제의 과잉, 에너지 소비 과잉 등)이요, 셋째는 선택과 결단의 한계limite로서 행동 내용의 한계이다(예를 들어, "살인하지 말라"). 이 경계선의 인식 없이는 잘못된 자유로 들어간다.[43] 처음 두 가지 것은 우리가 감옥에 갇힌 죄수와도 같음을 인식하는 것이요, 다음 것은 한계가 "신성함"sacré임을 아는 것이다. 이리하여 참된 경계선은 건널 수 없는 현실réel과 만질 수 없는 "신성함"의 접선이다. 그리고 내 자유가 부딪히는 곳이 바로 이 경계선이다. 경계선 이쪽에서도 확실히 삶은 가능하다. 그러나 자유는 경계선을 넘어서는 위반의 행위 속에서만 보여며 즉각 나타난다. "위반이 자유에 대해서 말할 수 있는 모든 것의 중심이며, 의미이며, 종합이라고 단언함이 없이 자유의 윤리란 없다." 그리스도 안에서 자유로운 그리스도인은 경계선 이쪽에서 정직한 그리스도인으로서 살던지, 아니면 자유인으로서 리얼리즘을 통해 한계를 보면서, 경계선 저쪽을 넘어서는 위반을 범할 것인지 결단해야 한다.

43. 이 부분은 "성결의 윤리"의 영역이다. 사실 엘륄은 자신의 윤리 신학의 영역을 "자유의 윤리", "성결의 윤리", "관계의 윤리"로 구상했으나 "자유의 윤리"만을 남겨 놓았다.

엘륄은 흔히 위반이라고 여기는 것으로 4가지를 꼽는다. 첫째는 타부의 위반이다. 그러나 이것은 짓궂음이나 오만이 될 수 있다. 내가 공유하는 타부와 규범과 관련된 위반만이 진실 된 위반이 될 수 있다. 둘째는 위반과 우롱을 혼동하는 경우다. 어떤 집단의 풍습이나 신념들을 우롱으로 만드는 것은 결코 위반이 아니다. 셋째로 가짜 위반이 있다. 위반은 사람들이 믿는 것—곧 우리가 정당한 것으로 여기는 경계선, 우리가 공유하는 풍습과 진리—과 관련해서만 위반이 된다. 이것이 가능한가? 불가능하다. 사람들이 생각하는 위반은 더 이상 위반이 아닌 것을 위반이라고 생각한다. 사회적, 정치적, 도덕적 타부들은 그것이 더 이상 타부가 아닐 때만 위반이 가능하다(예를 들어 과학, 성해방, 민주주의, 사회주의). 넷째는 누군가가 제기한 경계선과 그 누군가와 사이의 혼동이 있다. 그때부터 위반이라고 불리는 것은 규칙을 만든 자와의 충돌이 되고 만다. 하지만 독재자를 죽이는 것은 권력 질서를 위반하는 것이 아니다. 엘륄은 "참된 위반은 인간적으로 불가능하며, 이것은 예수 그리스도 안에서 하나님에 의해 영접된 그리스도인의 자유의 열매요 표현이며 경험이다"라고 말한다. 실로 예수 그리스도의 삶은 위반의 연속이 아니었던가?

그러므로 위반이란 자아에 대한 부정이자 동시에 부정을 통한 자아의 긍정이다. 여기서 위반과 복종의 문제가 야기된다. 예수에게 있어서 하나님의 뜻의 위반은 사는 길이나, 그는 그 길을 거부하고 실패와 죽음의 길인 복종의 길을 간다. 예수는 율법에 복종한다. 하나님의 뜻에의 순종은 세상 법에의 위반이다. 하지만 위반과 복종 사이에 실제적으로 대립은 없다. 문제는 무엇에 대한 위반이냐를 아는데 있다. 하나님의 뜻에의 순종은 모든 위반들을 내포한다. 순종은 그 자체로서 아무런 가치가 없다. 의도되고 계산된 순종은 사실상 부정적이고 파괴적이다. 하지만 미리 계산된 위반 역시 거짓이다.

우리가 자유의 충만한 표현 앞에 있는 한, 우리가 경계선과 신성한 것을 명확히 보지 못한다 해도, 위반은 자유로운 행위이다. 나아가 위반과 혁명은 다르다. 혁명은 현실의 저쪽을 전제하나, 위반은 오직 인간의 자유로운 행위이며, 어떤 사회적, 정치적 의도를 갖지 않는다. 그러나 위반이 행해질 때, 관계들을 변화시키는 것을 피할 수 없다. 위반자에게 있어서 그를 빈 공간으로 이동시키는 위반은 방관자들이 볼 때, 혁명적 행위일 수밖엔 없다. 하지만 위반의 공간에는, 그것이 그리스도와 직접적인 관계인 한, 모든 감각적 경험을 뛰어넘는 충만함이 있다. 위반의 행위가 사라지는 것인 한, 위반은 결코 완성되지 않는다. 아니면 오직 예수 그리스도에 의해서만 완성되었다(엘리 엘리 라마 사박다니). 그분이야말로 위반의 완성이자 율법의 완성이다. 그를 따라 우리의 위반은 계속된다.

위험을 무릅쓰기

엘륄이 말하는 그리스도인의 자유의 마지막 기본적 태도는 위험을 무릅쓰기이다. 사실 자유인은 위험을 무릅쓰는 사람이다. 신앙인도 마찬가지다. 하나님이 우리에게 주신 자유는 비-그리스도인이 볼 때 상상할 수 없는 위험으로 몰아넣는다. 물론 이때 문제는 그리스도 안에서 해방된 것과 관련된 위험의 문제이다. 이 위험에까지 나아가는 것, 이것이 자유의 "증거"이다. 미래를 예측하지 않는 삶은 실로 예수 그리스도 안에 있는 자유를 표현한다. 사렙다 과부, 이삭을 바치는 아브라함, 사회와 가정을 떠나는 제자들을 보라. 이것은 실로 하나님하고만 관련되는 문제이다. 결정적인 질문은 "네가 누구를 사랑하느냐?"이다. 아무렇게나 위험을 무릅쓰는 것이 아니다. 이것은 하나님의 사랑과 영광의 방향을 갖는다. 이것은 곧 말씀에 순종하는 자유의 위험이다.

하지만 여기에는 잘못된 위험들이 있다. 첫째는 사랑이 없는 위험이다. 젊은이들을(나이로건 신앙으로건) 정치 참여나 성적 자유 등의 문제를 다루게 하는 것은 그들에게 경멸이요 하나님을 시험하는 것이며 사랑의 뒤집힘이다. 각자는 자신의 고유의 자유의 위험을 무릅써야 한다. 둘째로 위험을 위한 위험이 있다. 위험을 즐기기 위해 200km의 속도로 차를 모는 것. 이런 모험의 즐김은 해방된 그리스도인과 아무런 관계가 없다. 내 자신을 위한 위험을 무릅쓰기인가 아니면 하나님을 위해 채택한 위험의 무릅쓰기인가? 이것은 심지어 순교의 영역에도 해당된다. 단순한 순교의 열정은 자유의 표현이 아니다. 우리가 진정 하나님의 결정에 신실하다면, 박해와 순교는 곧 뒤따라온다. 계산된 위험 무릅쓰기 역시 거부되어야 하는 바, 이것은 보잘것없는 상행위로서 우리 기독교 삶의 수명의 끝이다. 셋째로 스스로를 망치는 위험을 무릅쓰기가 있다. 다른 사람을 사랑한다고 하면서 그들과 같이 타락해 버리는 것은 자유의 위험이 아니다. 그것은 소경이 소경을 인도하는 것이다. "하나님의 사랑을 잃는 것은 다른 사람들에 대한 사랑을 보이는 것이 아니다." 구원은 자유의 한계다. 구원을 잃는 것은 노예가 되는 것이다. 이스라엘 백성은 하나님에 의해 자유롭게 되었으나 세상의 문화, 정치, 경제의 게임으로 들어가 자유를 잃을 위험을 무릅썼다. 너무 오래하다가 정말 오랫동안 세상 나라들에게 노예가 되었다.

그렇다면 위험의 성격은 무엇인가? 체험된 위험만이 우리가 자유하게 된 것을 가르쳐 준다. 그러나 자유하게 된 후에 위험이 오는 것이지, 자유하게 되기 위한 위험이 아니다. 조련사이기 때문에 사자 굴에 들어가는 것이지, 자신이 조련사인지 알아보기 위해서 들어가는 사람은 미쳤다. 홍해를 건너고 광야로 나가는 것은 백성에게 인도자가 생기고 말씀을 받은 후의 일이다. 따라서 부자 청년이 재산을 판다면 그것은 부의 노예에서 거절하는 모험에 불과할 것이다. 모든 자유의 모험은 예수의 3대 시험을 만나는 것에 있다.

위험을 무릅쓰는 것은 모순이 있기 때문이다. 가장 큰 모순은 비기독교 윤리들과 계시 윤리의 모순이다. 그리스도인의 자유는 이 두개의 도덕 명령 앞에서의 개인적 결단 안에 있다. 엘륄은 이 모순을 해결하려고 해서는 안 된다고 말한다. 화육하신 예수는 모순의 표지이다. 주님과 자율적인 된 그의 창조, 겸손의 길을 채택하는 하나님과 정복의 길을 채택하는 인간, 유일한 중보자와 수많은 수단들, 하나님의 지혜와 인간의 지성, 구세주와 세상이 제시하는 구원자들. "내 길은 너희 길과 같지 아니하다", "세상의 지혜는 하나님의 지혜를 알지 못 한다" 등등. 이 세상의 정의와 하나님의 정의(인간들의 철학적 또는 법적인 어떤 규칙에도 상응하지 않는)도 마찬가지다. 주님에게 속한 것이 우리 삶의 구체적 현장에 들어오기—"누구든지 네게 오는 자로서 부모, 형제를 미워하지 않는 자는 나를 따를 수 없다", "쟁기를 손에 들고 뒤돌아보는 자", "죽은 자로 죽은 자를 장사케 하라", "내일 일을 염려하지 말라". 모순에 따라 사는 것은 고통스럽다. 비-그리스도인들은 모순을 부정하고 일치를 지향한다. 그리스도인들은 모순을 인정하고 자유를 지향해야 한다. 그러나 그리스도인들도 모순 부정否定을 시도했다. 모순 부정의 시도 수단들 가운데 하나는 이데올로기, 철학, 신학이다. 구자유주의의 시도가 정확히 이것이다. 엘륄은 헤겔과 테이아르 드 샤르댕을 예로 든다. 기독교 안에 있는 종합 정신은 뱀의 권모술수적인 유혹이다.

다음으로 엘륄은 개인 안에 있는 모순을 설명한다. 우리의 자유는 모순의 세계에 있는 자유다. 우리를 이 자유 안에 세웠다는 사실 자체가 모순을 야기하는 바, 이는 언제나 필연의 세계에서 체험된 자유와 관계하기 때문이다. 그런데 모순은 이 인간 내부에 동일하게 있다. 하나님이 주신 자유는 독립과 자율을 추구하는 인간에게서 명백히 나타난다. 인간은 주인을 더 이상 원치 않았고(하나님 안에서 그가 만나는 것은 섬김이다), 스스로 선악을 선택하려 했으며(삶과 죽음의 심판과 만난다)—이것이 자율임, 사회적 정치적 조건을 바꾸려 했다(성경은 "네가 있는 신분 그대로 있어라"고 말한다)—이것이 독립임. 인간은 하나님이 주신 자유와 자신이 원했던 자유 사이의 모순을 발견하고, 언제나 헷갈리는, 결국 하나님의 자유를 경멸하게 되는 이 투쟁에서 찢긴다. 우리가 자유에 따라 살아야하는 곳은 바로 이 모순의 상황에서부터다. 여기에 두 가지 양상이 있는데, 하나는 모순되는 그룹과 세력들이 있을 때만, 인간은 서로 서로 게임에 참여를 하면서 자유에 접근할 수 있다는 것이다. 인간에게 고유의 길을 선택하게 하는 것은 대립된 힘의 존재다. 이렇게 모순은 그리스도인에게 자유로 살아갈 가능성을 준다. 다른 하나는 그리스도 안에 있는 자유란 모순 안에서 살아가는 법을 배우는데 있다는 것이다. 종합이나 일치를 추구하는 것이 아니라 모순의 세계를 있는 그대로 받는 것이다.

지금까지 필자는 엘륄이 제시한 자유인의 기본적인 태도를 요약하듯이 정리했다. 이제 우리가 분석하는 책의 순서에 따라 이 태도가 세상사에서 어떤 구체적인 결과를 낳는지 살펴보기로 하자.

2. 자유의 투쟁-정치와 종교

경제와 정치와 종교는 예수님이 시험받은 3대 영역이며, 그리스도인이 자유하기 위해 투쟁해야할 영역이다. 본 텍스트는 정치와 종교를 먼저 다루고 이어서 경제와 기타 영역을 취급한다.

정치적 환상과 그리스도인의 자유

엘륄은 정치에 대한 그리스도인의 자유를 말하면서 먼저 두 가지 오류를 지적한다. 하나는 정치적 자유주의libéralisme[44]로, 여기에는 형식적 민주주의, 부르주아 의회주의, 경제적 자유주의가 포함된다. 정치적 자유주의의 관심은 사회에서 자유롭게 살아가는 인간이 "이런 조건에서 어떻게 자유를 제도화시킬 것인가?"였다. 이것이 그들의 단 하나의 진지한 질문이었고 그에 대한 답은 그다지 만족할만하지 못했다. 왜냐하면 그 답이 인간의 자유를 설명하지 못하는 순전히 형식적인 체제였고, 보다 강한 지배와 다른 자유들의 억압을 허용하는 유물론적인 체제였기 때문이다. 게다가 국가가 전례 없이 강해졌을 때, 국가를 자유의 분배자요 보증인으로 삼았다는 점에서, 이 구성물은 거짓이 되었다. 나아가 이 자유주의는 집단을 자유롭게 여김으로써 자유방임으로 나가게 했다. 정통 그리스도인들도 인간의 부패를 말하면서 결국 자유주의의 입장과 동일한 결론에 이른다. 곧 최소한의 권력이 필요하다는 것이다. 그러나 이

44. 오늘날은 한동안 정치적 자유주의보다 사회주의가 기독교의 진리를 더 잘 드러내 보인다고 사람들은 말했다. 여기서 기독교 자유주의와 기독교 사회주의라는 표현이 등장한다.

것은 그리스도인의 자유가 아니다.

엘륄이 말하는 다른 오류는 비정치주의apolitisme의 유혹이다. 예수와 제자들의 태도가 비정치적이었다는 것이다. 일반적으로 복음주의 그리스도인들에게 인정되고 있는 이런 입장은 엘륄에 의해 수정된다. 그에 따르면 신약성경에서 예수의 태도는 반反정치적이었다. 예수가 정치에 대해 무관심했던 것이 아니라 모든 정치적 행동을 거부했다는 것이다. 이것은 폭력 사용의 거부뿐만 아니라 정치의 중요성 자체의 거부였다. 이와 같이 비정치주의는 자유의 표지가 아니다. 자유가 권리포기로 축소되는 일은 드물다. 무관심하게 등을 돌리고 잠을 자는 자유인 비정치주의는 그리스도인의 자유의 표현이 아니라, 두려움과 약함의 표현이다. 엘륄이 볼 때 그리스도인이 정치참여를 해야 하나라는 질문은 잘못된 질문이다. 그리스도인의 정치참여는 양심의 의무가 아니라 필연의 질서다. 문제는 어떻게 그곳에 자유를 드러내는가에 있다. 오늘날 국가가 필경 모든 것을 정치화한다면 우리는 무관심한 채 자유로울 수 없다. 모든 것이 정치화되는 한, 우리는 우리의 동의 없이 그 안에 있다. 우리의 정치 참여는 무슨 기독교 국가나, 기독교 정치를 이루고자 함이 아니다. 우리에게는 정치적 선택을 통한 정치의 상대화만이 있을 뿐이다.

그리스도인의 정치적인 선택은 좌익이냐 우익이냐의 문제가 아니다. 가난한 자를 대변하는 입장을 선택하는 것이 바람직할 것이나 실제로 가난한 자들의 정당은 없다. 중요한 것은 서로 다른 편에 그리스도인이 존재해야 한다는 것이다. 그리고 각 정당의 이념에 충성하는 것을 추구하기보다 그리스도 안에서 협력하는 길을 추구해야 한다. 이것이 바로 정치를 상대화하는 방식이다.

그리스도인의 자유를 위한 투쟁

엘륄은 우선 자유를 위한 투쟁에 오해들이 있음을 지적한다. 그리스도 안에서 해방된 자들은 인간의 자유를 향한 모든 운동들에 참여해야 하는가? 물론 그리스도인은 타인이 노예상태로 있는 것을 참지 못한다. 그는 노예이기 때문에(정치권력이건, 경제 조건이건, 심리적 사회학적 노예상태의 보다 미묘한 형태이건) 절망하는 자들과 함께 위치한다. "각자는 자신의 신분 상태에 머물러라"는 말씀은 신자들에게만 해당된다. 그러므로 타인의 신분 변화를 위한 반란 운동에 참여할 수 있다. 하지만 기억해야할 것은 그리스도 안의, 그리스도에 의한 자유만이 자유이지 다른 것은 거짓이다.

그렇다면 하나님 말씀의 선포 외에 다른 자유의 행위는 없는가? 그리스도를 믿는 믿음만이 그리스도 안에서의 자유를 보장하기 때문에 회심의 결단 외에 다른 결단이 없는가? 그렇다. 이것이 진리의 논리이다. 하지만 이 논리는 이 진리의 양상들 가운데 하나로 이끌기에 결국은 오류에 빠진다. 성경은 우리가 자유의 전달자들이라고 말한다. "주의 영이 있는 곳에 자유가 있다." 그러므로 설교와 회심으로만 만족해서는 안 된다. 이것이 무엇을 의미하는지를 보여야 한다. 가난하고 비천한 자 편에서 그들이 가난하고 비천하기를 그치도록 투쟁해야 한다. 다만 이 인간적 투쟁이 그들을 근본적으로 구원하지 못할 것과, 그들의 투쟁에 참여함이 없이 그들에게 그리스도 안의 자유를 선포하는 것이 위선이요 비겁함이라는 것을 알면서 말이다(항상 그런 것은 아니지만). 자유의 투쟁자들 옆에서 그리스도인들은 제사장적 기능을 갖는다. 엘륄은 더 나아가서, 그리스도인의 자유는 정치적 행동에 참여할 수 있는 가능성을 열어줄 뿐만 아니라, 그리스도인들이 사람들에 의해 던져진 자유를 향한 운동들과 제휴하는 필연성을 포함한다. 이 자유는 정치적 자유, 경제적 자유, 지적 자유, 도덕적 자유, 종교적 자유와 관련하는 데, 이때 그 자유들에 최소한의 가치도 돌리지 않고서 관련한다.

하지만 여기에는 난관들이 있다. 첫째는 정치적 투쟁이 필연적이라는 것이 이미 자유에 부적합하다는 사실이다. 모든 정치는 언제나 필연의 질서이지 결코 자유의 질서가 아니다. 둘째는 독립과 자유의 혼동이다. 그리스도 안의 자유는 하나님에 대한 독립이 아니라 자유로운 의존 상태의 회복이다. 그럼에도 불구하고 인간적 독립과 자율에의 기독교적 참여는 가능하다. 하지만 맹목적인 참여가 되서는 안 된다. 그리스도인의 자유는 다른 자유들의 한계이다. 개인적 영역에서 타인들과 관련해서 독립적이기를 원한다는 것은 거짓이다. 자유의 첫걸음은 우리의 환경(가정, 교육, 배경)과의 의존성을 인정하는 것이다. 독립적으로 행동한다는 것은 에고이즘이 된다는 것을 의미하지 않는다. 독립적이라 할 때, 문제는 타인을 섬기는 것, 자신의 독립을 타인의 섬김에 기초하는 것과 관련된다. 따라서 독립을 위한 참여는 결별과 고립적 태도가 아니다. 이기주의와 마찬가지로 위험한 것은 멋진 낭만적 개인주의의 태도이다. 이런 개인주의에는 두 가지 양상이 있다. 하나는 거리두기—거리두기의 조건은 사랑이어야 한다—요, 다른 하나는 단순한 결별이다—여성의 독립과 자녀의 독립. 셋째는 행복과 자유의 혼동이다. 행복이 있는 사회에 자유가 있는가? 아니다. 오히려 행복과 자유 사이에는 이율배반이 있다. 현대의 행복은 소비의 증가와 수준의 향상에 있으나, 이것은 우리의 자유와 아무런 관련이 없다.

다음으로 엘륄은 성경의 보넬을 든나. 성경의 사유문제는 노예상태와 관련된다. 구약에서는 희년 및 안식년과 관련된 모든 것이 그러하다. 이것은 물론 제도의 문제로서, 필수적인 사회 정치 경제적 자유의 규칙들을 제시하는 제도의 문제이다. 하지만 제도를 통해 자유를 현실화하기는 불가능하다. 하나님의 말씀으로서의 이 율법은 요구요, 지시요, 진리로 남는다. 그리고 상황을 판단하고 결단을 내리기 위한 참된 모델로 나타난다. 나아가 이 율법은 자유를 위한 가능한 것의 한계로서 나타난다.

희년의 모델은 사회 조직의 사법적 법률로서가 아니라, 시대의 사회적 맥락 속에서 이리 저리 실현할 계명으로 받아야 한다. 교회가 정치적 논쟁보다는 이것을 실현할 의지를 갖는 것이 더 중요할 것이다. 이것은 이스라엘 백성에게만 해당되는 것은 아니다. "가난한 자에게 선포된 복음"과 "주의 은혜의 해의 선포"에 대한 예수의 답은 희년의 선포이다. 예수에 의한 율법의 완성은 새로운 제도의 창설을 의미하지 않는다. 예수에 의해서 매년이 희년이고 매년이 은혜의 해가 되었다. 모든 사회의 제도들과 관련되지 않고 어쩌면 교회 안의 제도들과, 세상에 있는 그리스도인들의 처신들과 관련한다. 곧 이런저런 정치적 경제적 영역에서 모두가 따르게 될 (유대민족과 그리스도인들의) 행동 노선, 이런 저런 식으로 우리에게 종속된 노예들의 해방을 암시하는 행동 노선을 세우는 것이다. 이것이 그리스도인의 자유를 드러내는 방식이다. 신약에서는 특별히 빌레몬서가 이 주제에 합당하다.

마지막으로 엘륄은 그리스도인의 자유 투쟁의 목적과 수단을 분명히 한다. 그것은 다음 질문과 관계한다. "내가 협력하고자 하는 운동이 진정 인간의 자유에 관심을 갖는 운동인가?" 그리고 "그것이 사용하는 수단은 무엇인가?" 이 운동이 자유를 방패막이나 선전 수단으로 삼아 결국은 반反자유적인 경향을 갖지나 않는지를 알아보는 것은 매우 중요하다. 여기서 엘륄은 궁극 목적은 확실하지 않지만 자유를 원한다고 말하는 운동과 잠정적으로 동행하는 문제를 제기한다. 하지만 그리스도인에게는 정치, 경제, 사회 영역에서 제한된 분야, 구체적인 활동, 잠정적 동행이란 없다. 그가 설령 특별한 참여를 하더라도 그것은 필히 일반적인 참여이어야 한다. 뿐만 아니라 잠정적 동행은 결국 끝까지 가고 만다. 나아가 잠정적 동행에서는 그리스도 안에서의 자유가 승리하지 못하고 정반대의 것이 승리한다. 따라서 이 이론은 거짓되고 위험하다. 자유를 위한 투쟁 가운데 하나는 분명히 사회정의를 위한 투쟁이리라. 그러나 이것이 자유를 가져다주는 것이 아님을 분명히 해야 한다.

엘륄은 이미 「세상 속의 그리스도인」에서 목적과 수단 사이의 관계를 말한바 있거니와 이제 다시 한 번 수단과 목적의 일치를 말한다. 자유를 부정하는 수단들은 결코 자유에 이를 수 없다. 독재를 통해 백성을 자유로 이끈다는 것은 기만이다. 그러므로 자유의 수단은 폭력이나 증오나 거짓을 배제하는 수단이다. 이런 점에서 엘륄은 혁명의 신학과 해방신학 등을 인정하지 않는다.[45]

종교적 자유

엘륄은 종교적 자유에 대한 일반적 정의를 말하고 자신의 입장을 진술한다. "종교적 자유란 일반적으로 신앙 행위의 자유로 이해되며, 또한 정치적 자유, 다시 말해 주어진 사회에서 권력이 개입되지 않은 채 행하기를 원하는 종교 실천의 자유로 이해된다." 하지만 그에 따르면, "그리스도인의 자유의 관점에서 종교적 자유란 우선 자신이 선택한 교파에서

45. 엘륄은 혁명을 설명하기 위해 한 장을 별도로 할애하여 길게 분석한다. 그의 혁명 이론은 서두에서 밝혔듯이 세속적 이념에 근거한 것이 아니라 예수 정신에 근거한 세상 바꾸기다.

스스로 그리스도인이라고 주장하는 자유가 아니라, 각 사람이 스스로가 결심하는 이념, 종교, 철학, 종교 없음 등을 자유롭게 주장할 수 있어야 한다고 여기는 본질적으로 타인들을 위한 자유이다." 따라서 종교적 자유는 모든 사람을 위한 종교적 자유의 표현과 결과일 수밖에 없기에 내 권리를 위해서가 아니라 너의 권리를 위해서 싸워야 한다. "나를 제외한 모두가 권리를 갖고 나는 의무만을 가지며, 모든 권리는 너에게 있고 모든 책임은 나에게 있다"

그런데 종교적 자유에는 여러 종교적 개념들이 내포된다. 먼저 진리 개념이다. 진리는 사람이 결코 소유하지 못하며, 직접적 수단으로 전달될 수 있지 못하며, 그것을 아는 자들과 모르는 자들을 분리시킬 수 있을 만큼 잘 알려지지 못하며, 유일하고 완전한 계시에서 출발하는 새로운 해석에 언제나 종속된다. 이어서 교회 개념이 있다. 교회는 결코 모든 진리의 유일한 보유자가 아니며, 진리를 증거하기 위해 고난 받고 결코 세상의 이익을 누리지 않으며 권세와 권위의 수단을 사용하지 않으며 진리와 동일시된 교리에 갇히지 않는 데로 부름 받는다. 또한 구원 개념이 있다. 여기서 엘륄은 보편구원설로 기운다. 그는 구원이 어쩔 수 없이 보편적이 될 것이라고 본다.[46] 뿐만 아니라 신앙 개념이 있다. 신앙은 더 이상 구원의 필요불가결의 조건이 아니라 책임, 증거, 봉사에의 참여이며, 다른 한편 신앙은 강제적이 될 수 없고, 사람이 하나님의 사랑을 감지하고 확신했을 때 그 사랑에 대한 인간 사랑의 자유로운 응답이어야 한다. 나아가 국가 개념이다. 이 자유는 진리를(이 진리가 어떤 것이든) 선

46. 엘륄은 구원의 세 가지 입장을 말하고 그중에서 보편 구원의 입장을 표명한다. 그러나 그가 "종교적 자유는 구원의 이런 개념을 암시하고 있음이 분명하다"고 말할 때 과연 보편 구원이 종교적 자유의 필수 조건인가라는 논의의 여지는 남아 있다.

포하지 않으면서 세속 국가와 관계할 수밖에 없다. 그때 국가는, 우리가 말한 대로, 공동체의 관리인이다. 그러나 만일 국가가 기독교를 수호해서는 안 된다면, 또한 국가는 어쩔 수 없이 종교적 자유에 반대될 이념적이고 정치적인 진리를 지지해서도 안 된다.

그렇다면 그리스도인이 종교적 자유를 요구하는 이유는 무엇일까? 먼저 위기의 결과로 볼 수 있다. "그리스도인의 자유의 표현으로서 종교적 자유의 발견이 기독교 세계의 사라지고, 콘스탄티누스주의의 종말교회들의 권력이 상실되었으며, 국가들의 세속화와 동시에 일어난 것은 분명하다." 다음으로 진리에 대한 무관심과 회의주의의 표현(진리란 도처에 있다), 그리고 신앙의 냉담이 이유이다. "우리 그리스도인들이 다시 힘의 입장에 선다 하더라도 우리가 계속 양심의 자유와 종교적 자유를 주장하리라고 확신하는가? 이 주장이 우리가 명백하고 완전한 그리스도인의 자유를 수용하고 실천하는 일과 연결되어 있는가? 우리는 동시에 모든 수단으로 전도에 애쓰는가? 우리는 우리 주변의 사람들을 억지로 그리스도에게 회심시키기를 바라는가? 우리는 결코 완전하게 알려지지 않는 예수 그리스도 안에 계시된 하나의 유일한 진리가 있으며 다른 진리는 있을 수 없다고 여기는가? 우리는 주님의 은총이 실제로 모두에게 충분하고, 물질적, 심리적, 종교적 문제들에 잘 부응한다고 믿는가? 우리는 싫증내지 않고 날마다 예수 그리스도의 돌아오심을 증거하는가? 만일 우리가 이 질문 하나하나에 예라고 답할 수 있다면, 그때 종교적 자유의 주장은 참이며, 단순히 우리의 정황과 우리의 무관심의 결과가 아니다. 하지만 이런 양심의 조사 없이는, 우리에게 종교적 자유에 대해 말할 권리가 없다. 왜냐하면 그때의 종교적 자유란 정치적 자유의 표현에 불과하기 때문이다."

엘륄은 바른 종교적 자유의 근거로 세 가지를 말한다. 첫째는 하나님의 초월과 주권이다. 다음으로 타인의 양심에 대한 존경심이다. 그러나 이때 자연인의 양심에 일종의 유보가 있음이 지적되어야 한다. 셋째 흔히 말하는 "인간의 본성이 진리를 추구한다"는 주장도 유보적이다. 따라서 자신의 양심을 따르는 각자의 권리와 의무는 기독교 계시에서 나온 표현이다. 그런데 이 말은 다른 종교에서도 할 수 있다. 바로 이것이 종교적 자유이다.

마지막으로 엘륄은 계시와 종교적 자유와의 관계를 설명한다. 먼저 계시 안에는 종교적 자유의 표현이 있다. 그런데 교회는 그 반대였다. 교회와 그리스도인들이 종교적 자유를 거부할 때, 그것은 자기 자신을 거부하는 것이다. 다음으로, 그렇다고 이 말이 "모든 종교적 형식들의(심지어 하나의 종교 형식의) 법적 유효성의 선언을 의미하지는 않는다. 이것은 모든 종교 속에 선한 것이 있다는 선언도 아니며, 모든 종교들이 결국 그리스도의 종교로 집중한다는 선언도 아니다."

셋째, 그리스도 안에 있는 계시는 종교가 아니며, 종교로 확립되어서도 안 되며, 그리고 계시는 성경이 우리에게 보여주는 그대로 남아 있는 한 종교로 변형될 수도 없다. 이처럼 종교적 자유는 독립과 관계한다. "견해들, 정치적 교리들, 종교들을 자유롭게 놓아두어야 하고, 인간이 그것들을 자유롭게 선택하도록 놓아두어야 하는 것은 그것들이 선하고 참되기 때문이 아니다. 오히려 그 이유는, 다시 한 번 말하거나와, 하나님 자신이 그렇게 하듯이, 인간에게 그의 독립을 수호함과 이 반역적 인간의 의지를 존중함 없이는 하나님의 사랑을 선포할 수단이 없기 때문이다. 종교들은 그릇되고 위험하며, 기독교 안에 있는 이단들은(이것들은 기독교 발전의 조건들이다) 비극적이고 치명적이다. 하지만 인간은 그의 모든 종교적 가능성을 탐사해야 하며, 이단은 있어야 한다. 그러나 우리는 이단들을 관대하고 알랑거리며 이해해주는 시선으로 바라봐서는 안 된다. 인간의 자유를 위해서 싸우되 결과적으로 그가 그리스도의 참된 사랑을 받아들여서 이 자유로 들어가게 할 목적으로 싸워야 한다. 다른 목적은 전혀 없다. 하지만 누구도 속박과 (생명의 말씀을 만나기까지 인간으로 살도록 허락하는 것의) 파괴를 통해서는 인간을 자유에 도달하게 하지 못한다! 이와 같이 우리가 종교적 자유를 위해 치러야 할 싸움은 계시된 진리의 표현일 뿐만 아니라, 증거의 가능성이다."

넷째, 종교를 비판하는 자유(비판적 교환) 역시 있어야 한다. "그리스도인들은 인간이 될 가능성에서 소외시키는 것들로서 종교들의 비판을 수행한다(오직 사랑의 선포를 통한 비판). 비-그리스도인들은 (그들이 진리 가운데서 행하는 것을 알지 못한 채) 계시의 소외로서 기독교의 비판을 수행한다. 그때 그리스도인들은 이 비판을 그들 자신의 보조적 행보로서 받아들여야 한다. 자신들을 끊임없이 이 출발점—이것은 또한 종교적 자유의 선언의 출발점이기도 하다—으로 돌아오게 하면서 말이다."

⋮

3. 일상사에서의 그리스도인의 자유

엘륄은 이제 정치와 종교에 이어서 일상사의 여러 문제들에서 어떻게 자유의 투쟁을 할 것인지를 언급한다. 그런데 의외로 직접적인 돈의 문제[47)]보다는 노동과 가정과 성性의 문제가 주를 이룬다. 엘륄은 먼저 일

47. 엘륄은 돈의 문제를 별도로 다룬 바 있다(*L'homme et l'argent*, 1953).

상사에서의 자유의 의미를 전반적으로 물은 뒤 노동과 성의 자유문제를 다룬다.

그릇된 인식과 진정한 의미

엘륄은 그리스도인의 윤리는 오직 종말에서 출발할 때만 그 의미를 갖는다는 것을 확인한다. 그런데 이런 종말론적 관점에서 볼 때 노동, 결혼, 가족, 돈, 성생활 등은 그다지 큰 의미를 갖지 못한다. 노동은 안식으로 대체되고, 친족 관계는 보편 개념으로 인해 그 특수 의미를 상실하며, 돈은 더 이상 인간에 대한 구속력을 갖지 못하며, 성은 유혹의 힘을 잃고 외설물의 거부를 통해서 중립화 된다. 그리고 그 마지막은 해방이다. 하지만 삶은 지속되고 새로운 제도들은 다시 억압적으로 나타나며 인간을 고독과 고립으로 몰고 간다. 문제는 이미 얻은 자유를 이런 일상사에서 구체적으로 표현할 수 있는가이다. 여기서 엘륄은 두 가지 그릇된 인식을 지적한다. 하나는 자유와 순종과의 관계요, 다른 하나는 자유와 개인적인 결단의 관계이다.

흔히 하나님과 이웃에 대한 순종이 자유의 표현이라고 말한다. 그런데 이 자유/예속 도식은 이미 루터에게 있는 것으로 그것은 결국 자유/사랑의 도식이다. 그런데 사랑을 통한 이웃에의 순종은 사회제도 속에서 난관에 봉착한다. 가장 덜 강력한 조직 구조를 갖는 가족의 경우를 봐도 그렇다.[48] 하지만 노동이나 돈과 관련되는 현대 사회제도는 더 강압적이고 추상적이다. 이런 상황에서 이웃에의 순종은 불가능하다. 하나

48. 서양의 가족 제도는 동양에 비해서 비교적 사회적 독립을 성취했다. 거기서는 우리보다 더 많은 자유의 표현이 가능하다.

님께 순종하는 경우도, 이런 제도를 만드신 이가 하나님이기에 순종해야 한다면 결국 제도라는 추상적 개념에 굴복하게 된다. 다시 말해 제도가 먼저요 하나님이 다음이라는 말이다. 그러므로 부모나 국가나 고용주에게 순종하는 것이 꼭 하나님에게 순종하는 것을 의미하지 않는다. 개인적인 결단을 통해 자유를 표현한다는 것도 부분적으로 맞다. 직업과 가정과 돈과 성에 있어서 내 개인의 결단이 어느 정도 자유를 표현하는 것은 사실이다. 그러나 이러한 자유 표현의 이면에는 선택의 외적 압박(학위, 경쟁관계, 노동법)과 심리적 압박(직업적응교육, 직업광고)이 숨어 있다. 나아가 이런 개인적 결단의 동기에는 하나님의 영광과 이웃 사랑의 원리가 없을 수 있다.[49] 하나님의 영광이 없이는 어떤 자유도 없다. 마찬가지로 우리가 받은 자유는 이웃과 나눠져야 한다. 예를 들어, 인간의 존엄이라는 동기는 위의 원리에 부합한다.

그렇다면 일상사의 영역에서 그리스도인의 자유의 의미는 무엇인가? 그것은 무의미한 일상사에 의미를 부여해주는 일이다. 필자는 여기서 유럽문명권 사람들이 피부로 느끼고 사는 이런 무의미에 대한 엘륄의 긴 분석을 생략한다. 다만 근대 자유주의를 경험한 서구 문명이 여전히 모종의 노예상태에 있다는 그의 주장이 의미심장하게 들린다. 그리고 그가 그토록 자주 주장하는 노예제도에 대한 바울서신이 주는 교훈을 다시 한 번 상기하고자 한다. 그에 따르면 성경의 교훈은 기독교 시대의 교회가 정치-사회적인 힘이었던 때보다 더욱 우리에게 유익하다. 그는 이 교훈에서 그리스도인의 행동의 세 가지 성격을 끌어낸다.

첫째, 개인적인 처신이다. 이것은 사회 구조의 변혁이 아니라 개인의

49. 필자는 이런 개인적 결단 이면에 다투기를 싫어하는 심약하거나 평화주의적인 성격을 본다.

변혁을 의미한다. 성경 텍스트는 예수 그리스도 안에서는 "자유인도 노예도 없다"고 말한다. 역사적으로 기독교는 사람의 변화인 회심을 먼저, 이어서 사회 변혁이 뒤따르는 방식을 선택했다. 하지만 기독교 사회는 사회 경제적 실패를 맛보았다. 마르크스주의와 공산주의는 그 반대를 선택했고 그것 역시 실패했다. 혁명을 통해 경제 사회 질서를 바꾸면 필경 인간이 내적으로 변하리라는 생각이었다. 결과는 억압, 불의, 학살이었다. 악인 손에서는 선한 제도도 비참한 결과를 낳을 뿐이다. 여기서 중요한 것은 성경이 제시하는 기독교 방식을 확고히 유지하는 일이다. 즉 점진적으로 행동양식의 변화와 생각의 변화 그리고 제도의 변화를 가져오는 개인의 회심 말이다. 이 일을 하는 데 있어서 심리적 장애가 있다. 우리에게는 위험을 무릅쓸 용기가 없다. 신뢰를 회복하고 지배 정신을 축소시키는 일은 무한한 인내를 요구하지만 이것이 자유를 보장한다.

둘째, 이 처신은 철저히 혁명적이어야 한다. 제도가 받아들이는 규범적 행위에서 나와야 한다. 돈을 자유를 위해 사용하게 하기 위해서는 사회적으로 규범적인 관계를 뒤집어야 한다. 개인은 제도와 필연적으로 맞부딪힌다. 제도가 엄격해질수록 그것은 심리적인 영역에서 약해진다. 왜냐하면 제도는 인간의 마음의 동의로서만 기능할 수 있기 때문이다. 따라서 현대 사회의 논쟁은 심리적인 수단으로 정신적인 통합(마음의 동의)을 얻어내려는 경향이 있다(선전, 광고, 텔레비전, 인간관계, 현대 교육 등등). 바로 이곳이 사회적 자유의 투쟁이 벌어지는 곳이다. 이것이 핵심이다. 사회가 이기고 그때 인간은 결정적으로 소외되든지, 아니면 인간이 심리적 자율을 지키고 그로 인해 제도적 후퇴가 일어나든지 할 것이다. 그리스도인은 다른 주인을 섬기기 때문에 사회의 심리적인 통합에 저항할 수 있다. 게다가 싸우기 위해서 힘이나 돈 같은 특별한 수단을 가질 필요가 없다. 그의 수단은 말(언어)이다!

셋째, 자유가 비-제도화에 있다고 할 때 그 목적은 파괴가 아니라 재구축이다. 인간 환경을 파괴하는 것은 자연 상태에서 오는 무질서보다는 질서를 위해 제도화하는 데서 더 크게 발생한다. 유럽 사회는 혁명을 통해 제도의 파괴까지 나아간다. 가정을 가장이 지배하는 억압적인 환경으로 보며, 소지주를 그의 왕국의 착취적인 통치자로 봄으로 말미암아 지난 4000년간의 문화적인 제도들을 폐기하려는 움직임 같은 것 말이다. 그러나 이런 해체는 인간의 해방을 가져다주는 것이 아니라 끔찍한 소외를 가져다줄 뿐이다. 그러므로 진정한 혁명 과업은 지속적인 파괴에 있는 것이 아니라 재건에 있다. 이것은 이전 시대의 지나친 가부장적 사회나 위선적이고 형식적인 혼인으로 돌아간다는 말이 아니라 무언가 새로운 것을 만들어내야 한다는 말이다.

노동과 소명 그리고 자유

위에서 말한 대로 엘륄은 일상사의 자유를 언급하면서 노동과 성이라는 두 주제를 대두시킨다. 16세기 종교개혁자들과 근대이후 막스 베버나 에밀 브루너는 노동의 소명에 대해 강조했고 일반적으로 개신교 사회는 이점을 당연한 것으로 받아들인다. 하지만 엘륄은 노동에 대한 이런 개신교 사회의 입장에 이의를 제기함으로써 시작한다. 그는 성경이 노동을 소명으로 보지 않는다고 주장한다. 오히려 노동은 타락의 결과요, 필연의 일부일 뿐이다. 노동은 해방의 표시인 안식일과 같이 보아야 한다. 노동은 그 자체로 자유의 표현은 아니지만 노동이라는 필연에서 자유가 그 자리를 찾는다는 말이다.

엘륄은 먼저 노동 인식의 역사를 서술한다. 노동의 소명이 기독교에 자리 잡은 것은 3, 5세기경으로 도시국가의 이상이라는 그리스철학이 하나님을 섬기는 일뿐만 아니라 세상과 국가에 대한 봉사에 영향을 미쳤기 때문이다. 하지만 이런 성향은 중세를 지나면서 혼란스럽게 되었다. 수도회가 그 소명을 노동에서 청빈으로 바꾸었다면, 일부 신학자들은 노동 이념을 견지했다. 비록 상업과 돈거래에는 이견이 있었지만 희생적인 농업 노동은 하나님의 부르심의 대상이 될 수 있었다. 그러므로 하나님이 기뻐하시는 노동과 저주받은 노동 사이의 선택이 이뤄지게 되었다. 하지만 15, 16세기를 지나면서 저주받은 노동 개념은 사라진다. 종교개혁자들 이래로 노동은 하나의 가치, 하나의 미덕이 되기 시작한다.

종교개혁자들이 노동을 고통이 동반되는 하나님의 뜻으로 보았다면 근대의 노동 개념은 구속救贖적 개념이 된다. 즉 노동이 인간 소명의 일부가 된 것이다. 이것은 직업 소명의식과 더불어 자본주의 경제 질서로 향하게 했다. 부르주아 계급에게 있어서 노동은 강력히 요구된다. 노동과 신적 소명 사이를 혼동하는 그들의 표어인 "일하며 기도하라", "노동은 자유다" 등은 노동의 구속적 성격을 보여준다. 중산계급은 이 종교적 개념들을 이용하여 노동자들에게 복종을 요구했다. 이때 노동의 소명은 집단적이 되고 또다시 사회적 억압 수단이 되었다. 반면 하나님을 섬기는 소명의 의미는 오직 중산계층에만 남게 된다. 그리하여 그들은 더욱 열정적으로 일하는데 그 이유는 그것이 하나님을 위하는 일이고 하나님의 질서이기 때문이다. 하지만 자본주의 체제에서는 노동자의 노동의 착취가 이뤄진다. 따라서 노동의 가치를 높여야 했다. 마르크스는 이런 노동 이념을 최정상에 올려놓은 사람이다. 이제 노동은 모든 자연에서 인간을 차별화시키는 것이 된다.

엘륄이 볼 때 노동에 절대적 가치를 부여하는 노동 이상주의는 자본주의, 기계화, 기술화라는 사회 현상 때문에 실현될 수 없다. 노동을 급료로 바꾸는 상태에서 노동의 가치는 떨어지며 기계가 노동을 대신하는 상황에서는 노동은 기계에 종속된다. 이런 상황에서 노동은 소명이 될 수 없으며, 노동과 소명 사이의 신학적 관계는 단절된다. 나아가 모든 것이 기술화되는 사회에서는 기술이 모든 행동과 의도의 중재가 되고 소명이 설 자리는 없다. 이런 사회에서 소명이란 전문 기술인 되지 못할 때 하나의 수단으로 전락한다. 어떤 일을 소명 때문에 한다는 사람들이 때로 완전히 무능력자들임을 가끔 본다. 여기서 사회적, 교육적, 의학적 노동이란 아무런 소명 없이 이뤄질 수 있다. 냉철한 기술의 적용, 환자에 대한 시술사의 철저한 무관심, 인간관계 없는 정확무오한 행동 등이 그렇다. 완전한 기술은 소명 개념 자체를 배제한다.

엘륄은 이런 소명의 위기가 그리스도인들에게도 있음을 세 가지로 지적한다. 첫째, 소명이론이 적절한 임금을 지불하지 않기 위한 수단이었다는 사실이다. 부르주아들이 하나님의 소명을 빙자하여 노동자들에게 복종을 요구했듯이, 교회와 기독교 단체들도 소명을 내세워 열악한 임금을 주었던 것이다. 오늘날 하나님의 "종들"은 이에 대해 반발하고 소명 없이 일하는 자들과 동등한 급료를 요구한다. 하지만 이것 역시 소명을 의심스러운 것으로 만든다. 소명은 이래저래 드러내고 싶지 않아진다. 둘째, 소명은 그리스도인들에 의해 문제제기 된다. 사실 교회의 책임자(목사)들은 그들이 전문가와 기술자이지 않기 때문에 매우 평가절하 된다고 느낀다. 소명에 복종하고 목회하는 것이 다른 직종에서보다 덜 진지하게 보일 수 있다. 그렇기 때문에 수치를 느끼는 목사들은 전문 기술자가 되고자 한다. 그때부터 그들은 정신분석학, 그룹 역학, 사회심리학, 정보학 등등을 공부한다. 그리고 그들은 그들의 교회에서 심리분석가로서 활동한다. 하지만 기술이 소명과 섬김을 배가 시킨다고 믿는 것은 환상이다. 셋째, 결과적으로 교회를 위해 봉사하는 데 하나님의 소명이 필요 없어지게 된다. 이제 노동과 소명의 결합이 의미했던 것과 정반대의 문제에 봉착한다. 목사가 되기 위해 더 이상 소명이 필요 없게 된다.[50] 목회 노동은 다른 노동과 같다. 이렇게 된 것은 젊은 목사들이 정치화되었기 때문이 아니라, 현대 사회에서 그들의 소명을 정확히 구현하는 것이 불가능해졌기 때문이다. 하나님의 소명이 있다면 그것을 표현하고 구현할 방식을 찾아야 하는데 이것이 실제로 불가능하게 되었다는 말이다.[51] 이제 소명은 순전히 영적인 것으로 남는다. 결과적으로 현대 사회는 의미 없는 노동과 실현 불가능한 소명 사이의 괴리를 보여준다.

그렇다면 노동에서 자유로울 수 있는 방식은 무엇인가? 엘륄은 다시 한 번 노동이 생계를 위한 필연의 질서에 속한다는 것을 강조한다. 나아가 노동은 하나님 앞에서 철저히 상대적이다. 노동은 인간 존재 자체를 형성하지 않으며 인생의 의미를 주지도 않으며 진리에로 이끌지도 않는다. 어떤 종류의 노동을 하든지 어쩌다 만족을 얻고 기쁨이 생길 경우 하나님의 은혜와 선물로 생각하면 그만이다. 이렇게 생각할 때 의미로 풍부하고 가득한 노동을 하겠다는 놀라운 미래의 이상주의의 날개를 접을 수 있다. 그렇다고 이 상대적 노동이 전혀 가치가 없다는 말은 아니다. 그것은 삶의 지속과 세상의 유지를 가능하게 해주기 때문이다. 정작 우리가 관여해야할 것은 상대적 노동이다. 절대적인 것은 주님의 일이다. 이 상대성이 우리로 하여금 어떤 작은 일이든 열심히 하게 한다. 이것은

50. 엘륄은 1960년대 프랑스 개혁교회의 예를 들고 있다.
51. 엘륄은 목사뿐만 아니라 그리스도인으로서 자기 소명을 실현할 수 있는 어떤 직업도 사실상 찾기 어렵게 되었다고 지적한다.

직업 선택의 중요성과 소명 개념을 배제시킨다. 오히려 중요한 것은 어떤 노동에서건 그리스도인의 소명인 신앙의 구현을 표현하는 활동 형식을 찾는 일이다. 이것은 무슨 자선사업이 아니다. 우리 살고 있는 세상의 형태를 바꿀 수 있는 일이어야 한다. 하지만 이 소명이 비대가성이듯이 이 활동 역시 비대가성이어야 한다. 그리고 그것은 우리 주변의 사람들을 살리는 일이어야 한다. 엘륄은 단순히 이론만 나열하는 상아탑의 인물이 아니었다. 그는 자신의 생각을 실천했다.[52]

하지만 생계를 위한 노동과 그리스도인의 소명의 실천 사이의 괴리는 여전히 남아있다. 엘륄은 자신의 경험을 토대로 교수직[53]과 재활 활동 사이의 관계를 변증법적으로 설명한다. 그는 학생들을 대하는 교수직을 직업으로 갖고 젊은이들과 무상의 관계에서 그의 소명을 표현할 수 있다.[54] 한편 재활원에서의 그의 노동은 교수로서 볼 수 없었던 다른 면을 가르쳐준다. 이렇게 해서 그는 그들과 새로운 관계로 들어간다. 분명 노동은 제도의 무게, 부조리한 학칙, 쫀쫀하거나 부당한 학교당국과 더불어 강제와 필연으로 남는다. 하지만 그는 교수의 기능에서 전반적인 인간관계로 중심이 이동한다. 요컨대, 문제는 하나님이 원하는 질서로 들어가는 것이 아니라 인간이 세운 무질서로 들어가는 것이며, 그때부터 우리는 우리의 소명을 표현하는 방식을 찾아 이 무질서에 의문을 제기하게 된다는 사실이다.

엘륄에 따르면 기독교적인 노동은 없다. 다만 그리스도인들이 인간의 자유의 의미에서 노동해야한다는 것, 유토피아나 이상주의가 아닌 사실

---

52. 실제로 엘륄은 보르도 근처의 Pessac에서 비행 청소년의 재활 기관에서 활동했다.
53. 그는 보르도 1대학 교수였다.
54. 프랑스의 국립대학들은 국가 교육기관으로 등록금이 없다.

주의자가 되어야 한다는 것, 위험을 무릅써야하며 또한 에고이즘과 싸워야 한다는 것을 주장한다.

성과 자유

엘륄은 이제 자유의 마지막 주제로 성을 다룬다. 그는 이 문제를 두 가지 관점에서 접근한다. 성적 자유가 참된 자유인가? 그리고 피임은 자유의 진보인가?

성적 자유 현상은 다음 세 가지로 관찰된다.[55] 먼저 이전에 성적으로 허용되지 않던 것들이 점차 용납된다는 사실이다. 허용과 억압은 역사의 진행과정에서 반복적으로 일어났다. 오늘날 그리스도인들이 앞장서서 사랑의 이름으로 모든 것을 허용하고 있다. 그리하여 선을 악이라고 하고, 악을 선이라고 하는 시대가 되었다. 엘륄은 성도착증을 사회와 문명의 붕괴로 보는 견해를 갖는다. 그에게 있어 성범죄는 살인, 돈의 권세, 인간의 소외와 동일한 현실이다.

다음으로 에로티즘과 포르노의 반발 현상이 도덕적이 아니라 사회학적이라는 사실이다. 현대인이 성도착증으로 빠지는 이유는 삶이 점점 더 견디기 힘들기 때문이다. 증가하는 규율과 지속적인 구속拘束, 미래에 대한 불안과 전쟁과 실업의 위협, 삶과 세상의 의미 상실 등이 그를 견딜 수 없게 만든다. 그는 자살하지 않기 위해서 마약과 알코올과 섹스로 도피하는 것이다(동물적인 반발). 마지막으로, 성도착증을 당당하게 자랑하는 풍토다. 문제는 그런 행동을 하는 자가 아니라 그것을 정당화하

---

55. 이 주제 역시 성의 해방을 누리는 서구 문명을 대상으로 한다. 그러므로 그의 관찰은 우리 사회가 느낄 수 있는 것 이상이다. 그러나 우리의 성해방 진행 속도는 엄청나다.

고 예찬하는 데 있다. 그들은 투쟁을 통해 당당해졌다. 이미 교회는 호모의 결혼을 축하했다. 게이, 스와핑, 소아성애…. 하지만 그들에게서 보는 것은 초라함, 무기력, 정신이상, 맹목이다.

사실 기독교는 전통적으로 성을 억압했다. 하지만 이 말은 일면 맞고 일면 그르다. 대부분의 교회 교부들(오리겐은 예외다)이나 중세 도덕이 성적 죄악을 가장 중요하게 여긴 것은 아니다. 하지만 성욕에 열광하던 시대에 경고 메시지들이 있었다. 구약의 선지자들, 신약의 바울, 7세기의 교회 그리고 종교개혁자들이 그 예다. 근대에 들어서 교회들과 19세기 중산계급이 세운 것은 붕괴되었다. 프로이트와 생물학과 심리학은 모든 것을 무너뜨렸다. 이제 성은 시시껄렁해졌다. 성은 도처에 있고 상업화되었다. 성을 위한 파트너도 있다. 성은 한 잔의 진토닉과 같이 되었다. 보다 중요한 것은 모종의 성 숭배가 등장했고 성적 자유가 자유의 절대적 준거가 되었다는 사실이다.

엘륄은 기술 환경에서의 현대인이 자연 환경에서의 고대인과 동일한 방식으로 행동한다고 말한다. 자연적 행동에서 출발하여 모종의 요인들을 신성화한다는 것이다. 성이야말로 새로운 신성화의 한 요소이다. 그러므로 엘륄은 고대 사회에서 성경이 성생활에 내린 판결은 오늘날에도 유효하다고 본다. 바울은 남색과 집단 성행위(롬 1:25-27), 방탕, 음란, 호색(롬 13:13), 음행(고전 5:1)의 죄를 지적하고 이런 음행이 몸 안의 죄이며(고전 6:18), 이런 음란, 간음, 남색이 하나님 나라를 유업으로 받지 못한다(고전 6:9)고 경고한다. 바울의 말은 복음서에 의해 강화된다(마 15:19; 마 24:38; 막 7:21). 바울은 자유에 대한 교훈을 하면서 "몸은 음란을 위해 있지 않고 오직 주를 위한다"(고전 6:13)고 말하면서 무분별한 성행위가 자유 상태가 아니라 예속 상태임을 지적한다. 율법이 주어진 이유가 바로 이것 때문이다(딤전 1:9-10). 바울은 육체의 열매를 열거하면서 제일 먼저 음행과 더러운 것과 호색을 지적한다(갈 5:19). 심지어 바울은 음행을 우상숭배와 연결시킨다(엡 5:5; 골 3:5). 그렇다면 진정한 성적 자유는 어디에 있는가? 성행위를 하지 않는데 있는 것이 아니라, 하나님을 모르는 이방인들의 행태인 색욕을 버리는 데 있다(살전 4:3-5). 엘륄은 바울 시대의 "섹스의 종교성"이 오늘날 서구 사회에 부활하고 있음을 지적하고 그의 경고에 귀를 기울일 것을 강조하는 것이다. 이런 식으로 볼 때 피임과 낙태가 자유의 진보가 될 수 없는 것은 당연하다.

⋮

4. 결론

결론 없는 결론

「자유의 투쟁」에는 결론이 없다. 엘륄은 결론 없는 결론을 말한다. 왜냐하면 책을 덮으면서 독자는 자신에게 적합한 자유의 표현 양식을 찾을 것이기 때문이다. 그리고 자유 투쟁의 새로운 주제들이 나타날 것이기 때문이다. 그러기에 엘륄은 두세 가지 것을 첨가함으로써 결론을 대신한다.

먼저, 자유는 의지의 행사usage volontaire를 전제한다. 자유가 주어진다 해서 소유물로 남는 것이 아니다. 의지의 행사란 자유가 매 순간 의도되고 요구되며 재창조되고 적용되어야 한다는 말이다. 내가 있는 곳 어디든지 그리스도의 자유가 표현되어야 한다. 모든 것이 얻어지고도 동시에 나는 모든 것을 잃을 수 있다. 자유를 원하기 위해서는 엄청난 겸손과 엄청난 힘이 필요하다.

다음으로 자유는 삶의 환경을 되찾는 일을 지향한다. 다시 말해 인격의 성숙과 타자와의 진정한 만남이 가능하게 되는 장소를 재창조해야 한다는 말이다. 유럽 사회에서 새로운 가정환경을 만드는 일이 맨 먼저 제시된다. 하지만 해체되는 가부장적인 사회에 대한 새로운 모델이 아직은 없다. 어쩌면 자유는 돈과 성 생활, 노동 등의 도구를 검소하게 행사함으로써 생기있고 개방적이며 움직이는 인간 환경을 창조하는 일과 관련되리라.

이와 같이 그리스도 안에서의 자유는 각자가 자신의 창의력에 의해 이런 인간 환경을 창조하기를 원한다. 그런데 이 자유는 두 영역에서 나타나야 한다. 하나는 우리의 도구에 속한 객체objet의 영역(결혼, 돈, 노동, 정치 등)이요, 다른 하나는 이 구체적인 객체를 담당하는 사회 전반의 영역이다. 그러므로 그리스도인은 개인의 손을 떠난 객체들이 사회에서 어떻게 활용되는지를 주시하면서 부지런히 그 부당한 활용에 대해 하나님의 나라의 성격에 합당하도록 변형을 꾀해야 한다.

마지막으로 엘륄은 여성의 자유문제를 언급한다. 그는 세 가지 오류를 지적한다. 첫째, 여성이 직업적 일에서나, 돈의 자유로운 사용이나, 어떤 성적인 행위, 자녀를 탁아소에 맡기는 일, 남편에 대한 독립, 정치적 입문 등에서 그녀의 자유를 획득한다고 생각하는 것은 잘못이다. 둘째, 여자를 가사 업무나 알 낳는 암탉의 기능으로 축소시키지 태도 역시 잘못이다. 셋째, 여성을 그 자체로 영물로 여기고 여자를 침묵하게 만들고 아무것도 아닌 것으로 여기는 태도는 잘못이다.

엘륄이 말하고 싶어 하는 것은 남성이냐 여성이냐의 문제가 아니라 남성성과 여성성의 문제다. 남성성은 힘과 지배의 가치 위에 세워졌고 과학, 기술, 노동과 군대의 보편주의에 의한 남성적 가치는 여성적 가치들을 꺾었고 여성은 남성 체계로 들어가기를 갈망한다. 이렇게 하면서 여성은 실제로 자기 자신의 존재와 진리를 파괴하면서 스스로 해방된다고 믿는다. 하지만 오늘날 사회는 남성적 가치들의 위기에 직면한다(힘, 위대함, 자만, 폭력, 무한 성장, 경쟁, 합리화와 합리성, 이성적 인식, 약자들에 대한 무자비, 물량에의 집착, 말을 능가하는 행동, 존재를 능가하는 소유). 이제 미래의 소망은 여성적 가치들이 남성적 가치들을 대체하는데 있다(작은 것들의 배려, 숨겨진 것에의 주의, 존재의 우선, 섬세함, 용서, 인내, 관용, 인자함, 겸손, 애타주의, 소망, 직관과 감성, 견딜만한 균형의 추구, 말의 우위, 약자와 병자의 영접, 질의 배려, 미지의 것에 대한 채용성). 엘륄은 기독교가 통째로 여성적 가치를 대변한다고 말한다. 이렇게 여성적 가치가 강조될 때, 여성은 대상, 사치나 도구, 남성의 하녀나 "마지막 식민지"가 되는 것을 그치면서, 남성의 말상대가 되지 않고 오히려 근본적 가치들의 작업을 보장하면서, 우리의 소외에 대한 응답의 실제적 소지자가 된다.

자유의 투쟁은 지속적으로 열려 있다. 투쟁의 대상과 투쟁의 능력은 독자 자신의 몫이 된다. 엘륄이 결론 없는 결론을 쓴 이유가 여기에 있다. 엘륄의 윤리는 성숙한 그리스도인을 요구한다. 상의하고 상담하고 토론하고 새로운 것을 배워갈 수는 있으나 결국 결단은 나(개인)의 몫이다. 그것이 곧 자유이고 따라서 자유는 어렵다.[56]

56. 엘륄의 「자유의 투쟁」에 대한 평가는 3부에서 하기로 한다.

Chapter 8

/

기독교 윤리

앞에서 엘륄이 기술 사회의 대칭으로 내놓은 신학적 작품인 「자유의 윤리」와 「도시의 신학」을 보았으므로, 이제 그의 윤리학 입문서인 「원함과 행함」을 통해 기독교 윤리에 대한 그의 입장을 정리해보겠다. 사실 이 책은 먼저 읽기보다 나중에 읽음으로써 그 모호한 의미를 보다 잘 이해할 수 있어 보인다. 엘륄은 윤리의 기원과 세상 윤리를 말한 뒤 기독교 윤리의 불가능성과 필요성에 대해 말한다. 이것 역시 그의 변증법적인 방법론에 속한다.

엘륄에 따르면 세상 도덕은 다양하며 그것은 인간을 초월하지 못한다. 도덕의 기원, 그 권위와 구조의 기원은 인간에게 있다. 도덕은 인간으로 하여금 선악을 알게, 또는 결정하게 하는 어떤 능력과 연결되어 있다. 인간은 신처럼 되어 선악을 결정하지만 적용과 판단의 과정에서 실패한다. 도덕은 객관적인 것과 주관적인 것으로 나뉜다. 모두에게 인정되는 가치 체계인 객관적 도덕에는 이론적인 도덕과 사회학적 도덕, 그리고 도덕 관습이 있다. 한편 주관적인 도덕은 양심의 명령과 결정의 선택이라는 두 요소로 구성된다. 이것이 지금까지의 세상 윤리라면 이 윤리는 오늘날 기술 윤리라고 하는 새로운 형태의 도덕으로 옮겨가고 있다.[57] 엘륄은 기술이 윤리의 영역에도 침투했음을 지적하고 기독교 윤리도 체계화되는 순간 기술의 지배를 받을 수 있음을 경고한다. 그럼에도 불구하고 그 가능성을 열어둔다.

⋮

1. 기독교 윤리의 불가능성

엘륄은 기독교 윤리가 불가능하다는 전제로 출발한다. "기독교 윤리란 존재할 수 없다는 것, 계시는 윤리와 반대 방향이라는 것, 기독교 윤리를 건축하는 행위는 하나님의 계시에 대한 침해이며 사기라는 것을 인정하고 시작해야 한다."[58] 성경에서 선은 자유로운 하나님의 뜻이고 그것은 어떤 윤리 체계로도 정립될 수 없다. 인간은 선, 곧 하나님의 뜻을 오직 계시를 통해서만 알 수 있다. 이 계시는 언제나 새롭기 때문에 그것을 체계화 할 수 없는 것이다. 이것의 가장 극단적인 경우가 아브라함에게 이삭을 바치라는 하나님의 요구이다.[59] 그와 비등할만한 예가 살육Herem에 대한 지시이다. 모든 피정복자들을 남녀노소를 막론하고 죽이라는 명령이 하나님의 뜻, 곧 선이라는 것이다. 이것들은 세상 윤리에 맞지 않는다. 이것을 이해하기 위해서는 "우리의 판단을 아주 멀리 넘어서는,

---

57. Le Vouloir et le Faire (1964); 「원함과 행함」(1990).
58. 「원함과 행함」, 165.
59. 키르케고르의 「공포와 전율」.

우리는 다만 그 앞에서 겸손히 머리를 숙여야만 하는 그런 선의 진리"[60]가 있음을 알아야 한다.[61]

다음으로, 엘륄은 설령 인간이 기독교의 윤리 체계를 정립했다하더라도 그것대로 살 수 없다고 말한다. 성경은 그렇게 인간이 정립해 놓은 모든 도덕 체계를 비난한다. 왜냐하면 "도덕이란 하나님의 자유로운 결정을 거슬러, 구원이 하나님께 속한 것임을 거슬러 인간 스스로 자기를 확인하는 수단"[62]이기 때문이다. 이런 태도는 하나님의 말씀을 하나님께 거스르는 것으로 만들 뿐만 아니라 그를 불의한 독재자로 만든다. 바리새인의 잘못은 하나님께 빚지지 않기 위해 하나님의 법을 준수하려 한 데 있다.

나아가 엘륄은 성령의 개입만이 그리스도인의 삶을 가능케 한다고 말한다. 성령이 우리 안에서 활동하지 않으면 우리는 하나님의 뜻을 이룰 수 없다. 그런데 성령은 임의로 분다. 그러기에 더욱 기독교 윤리의 체계화는 불가능하다. 성령은 우리로 규칙과 규범을 벗어나게 하고 새로움과 혁신으로 몰아넣을 수 있다. 도덕은 성령의 개입을 방해하며 기독교 윤리를 성령의 질서와 모순 되게 한다. 똑같은 행동이라도 성령의 인도하심을 따른 것이냐 아니냐에 따라서 하나님의 평가는 달라진다. 이런 점에서 기독교 윤리는 철저히 헛된 것이다.

엘륄은 계시가 행동보다 존재를 더 중요시한다고 말한다. 행동은 삶을 표현할 때만 의미가 있다. 따라서 기독교 윤리가 "어느 점까지 나는

60. 「원함과 행함」, 171.

61. 이 점에 대해 반대하는 결의론casuistique을 받아들일 수 없는 이유로 두 가지 것, 즉 그것이 상황을 고려하지 않는다는 것과 하나님 앞에서 인간의 주권을 내세운다는 것을 든다.

62. 「원함과 행함」, 172.

하나님의 동반자인가?"라는 질문 형성에 지나지 않는 한, 체계화된 윤리는 불가능하다고 지적한다. 이처럼 성경의 윤리는 삶의 방식과 관련하며 오직 신앙의 표현일 뿐이다. 이런 점에서 누구를 닮으려는 태도(모방의 윤리)도 배격해야 한다. 그리스도인의 삶은 성경에 따른 나의 일련의 결단이다. 이 결단은 세상의 가치 및 원리와 대립된다. 그러나 그것도 체계화 되지 않는다. 예수의 요청(산상설교)도 윤리적 결단이 아니다. 종말론도 기독교 윤리의 불가능성을 증거한다.

엘륄은 기독교 윤리의 불가능성과 무익성을 말한 뒤 그 위험성을 덧붙인다. 계시가 체계화되는 순간 선한 양심이 생겨나고 판단의 유혹이 뒤따른다. 판단은 사랑의 결핍일 뿐만 아니라 하나님의 자리에 앉는 것이다. 이것은 판단의 근거인 윤리 체계로 하나님의 계시를 판단하는 것이다. "결코 잊지 말아야 할 것은 계시된 진리는 반反윤리라는 것, 기독교 윤리는 정립되는 순간 바로 의문시된다는 것, 즉 그 윤리의 출발점이요 지지 기반이요 존재 근거였던 살아 있는 계시에 의해 바로 파괴된다는 점이다."[63)]

2. 기독교 윤리의 역사적 형성

그렇다면 그리스도인들은 불가능한 그들의 윤리 체계를 어떻게 정립하게 되었는가? 은혜에 의한 구원이라는 부동의 진리에서 출발한다 해도 하나님의 뜻을 따라 살아야 한다는 사실은 이미 윤리 문제를 내포하고

63. 「원함과 행함」, 182.

있다. 게다가 세월의 흐름에 따라 일반적인 윤리 문제가 제기되었고 교회는 무언가를 결정해야 했다. 그것은 개인적 윤리뿐만 아니라 정치/사회 윤리로까지 확장되었다. 그러나 윤리의 정립은 대체로 이단과 분파적 인물들의 몫이었다(마르시온, 몬타누스, 테르툴리아누스). 윤리가 높은 자리에 앉으며 신학적 과오로 나아가게 되는 것은 철학(스토아학파)과 접하면서이다. 예를 들어 군 복무가 적대적이었던 그리스도인들에게 그것을 의무화시킨 것이다.

시간이 흐를수록 윤리의 덩치는 커져 갔다. 그 이유는 다음 세 가지 질문과 관계한다. 첫째, 우리는 구원을 위해서 무엇을 해야 하는가? 둘째, 나는 믿는다, 그런데 믿음대로 살기 위해 무엇을 해야 하는가? 셋째, 나는 믿지만 나쁘게 행동한다, 그렇다면 나는 정말 구원 받았는가? 첫째 질문에는 베드로의 답이 있다. "회개하고 성령을 받아 이 악한 세대에서 너를 구원하라"(행 2:38-40). 둘째 질문은 개인적인 것뿐만 아니라 집단적인 답을 요구하므로 필연적으로 윤리를 형성하게 된다. 특히 사회가 기독교화 됨으로서 그 사회가 만드는 윤리는 자연히 기독교 윤리라 불리게 되었다. 첫째 것이 영혼 치유를 위한 목회적인 차원이라면, 둘째 것은 기독교적이라고 생각되는 행위를 고정시킬 필요성에서 온다. 마지막 질문은 사회 전체를 일방적으로 지배하려고 한 교회의 의지를 유발시켰다. 왜냐하면 윤리는 인간을 지배하는데 효율적이기 때문이다. 그리하여 체계적인 기독교 윤리가 생겼다.

엘륄은 이렇게 만들어진 기독교 윤리는 하나의 사회학적 윤리임을 알아야 한다고 지적한다. 교회가 필연적으로 만든 윤리는 여러 윤리 가운데 하나인 인간적 윤리다. 문제는 세상의 요청으로 만들어진 이런 윤리를 기독교 윤리라고 부르는 데 있다. 왜냐하면 그런 윤리 속에서 성경이 말하는 그리스도인의 삶이 없어지기 때문이다. 9세기부터 나온 윤리는 두 가지 유형을 갖는다. 하나는 성경에서 원리를 도출하는 것이요, 다른 하나는 순교자나 성인을 모델로 하는 유형이다. 전자가 철학적이라면, 후자는 역사적이다. 근대를 지나면서 윤리는 자율성을 갖는다. 19세기 자유주의의 도덕적 종교는 그 결과라 할 수 있다. 우리가 교회의 개혁을 말할 때, 단순히 도덕적 개혁이 목표가 아니다. 6세기에서 16세기까지 중요시되었던 개혁의 양태는 도덕적 개혁이었다면 루터의 목표는 신학이었다. 종교개혁자들은 계시의 내용을 확인한 뒤 결코 자신들의 신학에 기초한 윤리를 정립하지 않았다.

⋮

3. 기독교 윤리의 필요성

그리스도인들은 그들이 역사 속에 있다는 상황 때문에 어쨌든 윤리를 필요로 한다(본회퍼, 바르트). 그렇지 않을 경우 세 가지 방향으로 전개된다. 성령의 행위에 의존하는 경건주의, 세상에 대한 무관심주의, 세상의 도덕에 따라 사는 세속주의이다.

엘륄은 바르트를 인용하면서 윤리의 임무를 말한다. "윤리의 임무는 하나님의 계명의 내용을 정하는 것도, 인간의 행동을 판단하는 것도 아니며, 하나님의 계명과 거기에 일치하는 인간의 행동의 한계를 정하는 것이다."[64] 교회가 인간 사회이기 때문에 도덕이 필요하고 기독교 사회이기 때문에 기독교 윤리가 아닌 의식적인 윤리가 필요하다. 이것은 자기

64. 「원함과 행함」, 198.

의 상대성을 알고, 겸손하며, 심판 아래에 있음을 알고, 성도에게 봉사하는 윤리로서, 이 네 가지 특성이 기독교적 진정성의 표지이다. 이 윤리는 성도들로 하여금 현재의 세상 속에서 잘 살도록 하기 위해 정립되어야 하며, 과거의 세계나 비현실적인 세계에 살도록 하는 것이 아니다. 이 윤리가 인간이 하나님께 해야 할 응답 중의 하나이다. 우리는 우리의 책임성을 피할 수 없으며, 윤리의 길을 통해서만 그 책임성을 완수할 수 있다.

그리스도인의 삶은 윤리가 아니나 그것을 표현해야 한다는 점에서 윤리다. 이때의 윤리는 명령도 교리도 아니다. "그것은 예수 그리스도에 대한 신앙의 요청과 언약을 구체적인 상황에 적응하는 것이며, 새로운 인간의 행동과 삶의 방식이다."[65] 그러나 그리스도인은 창조적 삶(예수님처럼 율법을 넘어서는 능력)을 항상 이루는 것이 아니기 때문에, 그리고 하나님의 침묵의 시간이 있기 때문에, 바로 윤리의 도움을 받아야 한다. "윤리는 그리스도인에게 성령의 명백한 명령 없이도 행동해야 한다는 것을 상기시키기 위해 존재한다."[66] 윤리가 요청하는 우리의 행위는 하나님의 행동을 확인하고 드러내는 것이지만, 하나님의 행동의 연속이거나 반복일 수는 없다. 그럼에도 불구하고 개개의 명령들은 서로 연관되어 하나의 전체를 이룬다. 이것은 윤리의 연속성을 의미한다.

그밖에 윤리는 세상의 상대적인 것에 중요성을 부여한다. 윤리는 그리스도인으로 하여금 절대적인 요청을 구체적인 문제에 적용하게 하고, 상대적인 인간사를 성실하게 다루도록 한다. 마지막으로 윤리의 결정적이고 불가피한 역할은 그리스도의 성육신과 그의 행동을 상기시킨다.

---

65. 「원함과 행함」, 200-201.
66. 「원함과 행함」, 204.

선악의 판단이 아니라 오직 행동이 중요하다. 이것이 예수와 바리새인과의 차이이다.

그리스도인의 윤리 상황은 라인홀드 니버가 말한 "불가능한 가능성"이다. 그런 점에서 윤리의 필요성은 그것의 불가능성과 항상 같이 간다.

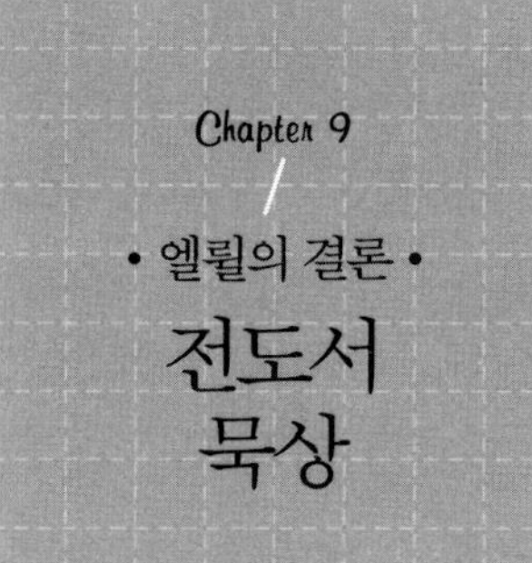

Chapter 9 • 엘륄의 결론 • 전도서 묵상

우리는 지금까지 엘륄의 서론 작품인 「세상 속의 그리스도인」을 통해 그의 혁명적 기독교 선언서를 보았고, 그의 변증법적 방법론에 따라 그의 기술 3부작과 그것의 신학적 대칭물을 분석했다. 그리고 문명과 기독교 윤리에 해당되는 책들도 분석했다. 기독교 혁명의 궁극적인 목표가 수단에 불과한 기술이 목적화되는 것을 막고 수단을 수단으로 돌려보내는 것일진대, 이 혁명은 인간 역사의 필연적 혁명들과는 다르다. 그러기에 엘륄은 기술 3부작 외에도 사회학적 수단과 관련된 많은 책들을 쓰면서, 역사적 혁명들을 해부하기도 했다(혁명의 신학들도 그의 비판의 대상이었다). 예술과 이미지를 포함한 이런 사회학 책들(일례로 「프로파간다」, 「정치적 환상」, 「혁명의 해부」 등등)에 대해서는 엘륄의 방법론을 설명하는 곳에서 소개한바 있기 때문에 여기서 반복하지 않겠다. 다만 이 모든 세부적 작품들이 그의 「기술 사회」라는 줄기에 가지처럼 붙이 있다는 사실을 지적하려다.

이 같은 사실은 그의 신학 작품들에서도 동일하게 적용된다. 「도시의 신학」과 「자유의 윤리」가 신학적 대칭의 줄기라면, 그 외 모든 책들은 거기에 붙어 있는 가지들이다. 일례로 돈과 권력이라는 수단들을 수단으로 돌려보내기 위해서 「하나님이냐 돈이냐」와 「하나님의 정치와 인간의 정치」를 썼고, 혁명의 수단인 폭력을 거부했으며[67], 교회들이 역사적으로 어떻게 수단들에 함몰되어 참된 혁명에 실패하였는지를 「뒤틀려진 기독교」를 통해 고발했다. 「인간 예수」는 이 혁명의 모범으로 제시된다. 이렇게 신학 작품들은 사회학 작품들과 서로 짝을 이루면서 엘륄 본론의 몸통을 구성하고 있다.

그렇다면 엘륄은 어떤 결론을 마음에 품고 있었을까? 그는 「세상 속의 그리스도인」을 쓰기 전에 이미 그의 결론이 될 「전도서」를 읽고 있었다. 그는 반세기 가까이 전도서를 묵상하면서 거기 들어있는 말씀이 마지막 말이 되리라는 것을 알았다. 그는 책을 출판하면서 "어쩌면 40년 전에 나는 이 책에 대한 실제적 묵상이 내가 흘낏 보기 시작한 일생의 작품에 적합한 결론이 될 수 있으리라고 생각했다"고 밝혔다. 그리하여 엘륄은 그의 본론을 형성하는 주요 저술들을 완성한 후 1987년 자신의 신앙을 고백하는 책[68]과 함께 전도서 주석인 「존재의 이유」[69]를 그의 최종 결론으로 내놨다. 엘륄은 자신의 할 수 있는 마지막 메시지를 전달하고도 7년을 더 살았다. 그의 유작을 포함해서 그사이 나온 책들도 적지 않다. "책 쓰는 일은 끝이 없다"는 말씀은 "하나님이 허락하시면 한 두 권

---

67. 「폭력」으로 번역된 책의 원제는 「폭력 행위자를 반대함」(*Contre violants*)이다.

68. *Ce que je crois* (1987); *What I believe* (1989).

69. *La raison d'être: Méditation sur l'Ecclésiaste* (Seuil, 1987/1995); 「존재의 이유」(규장, 2008).

더 쓸 것"이라는 그의 말을 무색하게 했다. 하지만 이 결론 이후에 쓰인 모든 책들은 본론의 몸통 속에 삽입된다(일례로 1988년에 나온 「기술학의 허세」와 「인간 예수」가 그렇다).

그렇다면 엘륄은 전도서에서 무엇을 보았던가? 그리고 왜 그것이 결론이 되었던가? 이제 우리는 먼저 엘륄이 파악한 전도서의 구조와 내용을 살피고, 그것이 그가 그토록 긴 시간 노력해온 방대한 본론(사회학적 분석과 신학적 대응)에 대한 무슨 결론적 요소를 담고 있는지를 찾아내야 할 시간이다.

⋮

1. 「전도서」의 구조와 기본원리

구조

엘륄은 전도서 주해를 마치고 나서 자신의 입장을 "논쟁적 후기"라는 제목으로 서문을 달았다.[70] 그 덕분에 다행히도 우리는 그의 생각에 쉽게 접근할 수 있다. 엘륄 자신이 직접 전도서의 구조도를 그린바 있거니와, 그 구조는 전도서에 나타나는 3가지 대주제들 사이의 관계를 설명하는 형태로 되어 있다.[71] 세 가지 주제란 헛됨과 지혜와 하나님이다.

전도서에서 헛됨은 누구나 쉽게 발견하는 주제다. 무엇이 헛된가? "모든 것이 헛되다". 헛됨의 대소 주제들 가운데서도 특히 권력, 돈, 노동, 행복, 선이 헛되다. 다음 주제는 헛됨을 이길 것 같은 지혜다. 그런데

---

70. "Post-scriptum liminaire, polémique et contingent" (*La raison d'être*, 7-47). 한글 역본에는 "논쟁적 후기"라는 제목으로 맨 뒤에 실려 있다(「존재의 이유」, 279-317).

71. 「존재의 이유」, 7.

지혜마저도 헛됨에 굴복한다. 하지만 헛됨에는 아무런 맛이 없는 반면, 현자는 헛된 맛을 안다. 이런 점에서 전도서에는 헛됨과 지혜 사이에 논쟁이 있다. 그러나 그것이 전부가 아니다. 세 번째 주제인 하나님에 대한 언급이 있다. 엘륄은 이 세 가지 중에서 하나님이 가장 핵심적인 주제라고 말한다. 사실 성서는 하나님의 구원 계획을 알리는 계시이기 때문에 세상에 대해 설명하는 책이 아니다. 그럼에도 불구하고 세상의 성격을 드러내는 계시로서의 책이 있다면 바로 그것이 전도서다. 따라서 흔히 전도서에서 하나님에 대한 언급을 부수적인 것으로 보는 경향이 있으나, 엘륄은 "하나님의 돌출이 결코 보충, 보완, 덧붙인 부분이 아니라 매 전환점마다 하나의 발판"이라고 여긴다.[72)]

엘륄은 이 세 가지 주제들이 어떤 식으로 전개되는지를 일목요연하게 알 수 있도록 도표를 만들었는데, 처음 1장과 2장에서는 헛됨과 지혜 사이의 대립이 이어지다가 2장 마지막에서 하나님의 돌출이 나오고 이내 지혜, 헛됨, 하나님 사이의 대립 구조가 혼잡하게 끝까지 지속되다가 마지막에 하나님으로 종료된다. 혼잡하게라는 말을 쓰는 이유는, 대립이 때로는 헛됨과 하나님 사이에서, 때로는 지혜와 하나님 사이에서 이뤄지며, 논리 전개가 때로는 지혜에서 헛됨으로, 때로는 헛됨에서 지혜로 이어지는 것을 볼 수 있기 때문이다.

기본원리: 모순

전도서가 이런 구조를 갖는 이유는 무엇일까? 그것은 그 안에 들어 있는 모순 때문이다. 엘륄에 따르면 전도서 저자인 코헬레트는 인생의 다

---

72. 「존재의 이유」, 310.

양한 양상을 전혀 일관된 방식으로 취급하지 않는다. 여러 대소 주제들이 논리적으로 정리될 수 없는 것은 그것들에 대한 선포가 모순적이기 때문이다. "전도서는 끊임없이 자가당착에 빠진다." 행복은 아무것도 아니다. 하지만 동시에 인간이 삶에서 누리는 기쁨이 행복이다. 지혜와 우매는 동일하면서 동시에 지혜는 우매보다 낫다. 전도서의 목적은 본질상 그 자체로 모순적인 인간 실존의 참된 성격을 보이는 데 있다. 그러므로 코헬레트는 어쩔 수 없다는 식으로 무의미를 말하는 염세적 사상가가 아니라 세상이 어떻게 모순으로 구성되어 있는지를 철저하게 파헤치는 외과의사다. 전도서에는 인간이라는 모순적인 존재만이 있다. 바로 이 모순이 우리로 하여금 헛되다고 말하게 하는 요인이지만, 그것은 포기나 절망이 아니라 새로운 삶으로의 초대다.

전도서의 가장 큰 모순 가운데 하나는 위에서 밝힌 대로 헛됨과 하나님 사이의 모순이다: "모든 것이 헛되다"와 "하나님이 모든 것을 하신다." 이 모순의 의미는 헛됨의 가혹함이 이스라엘의 하나님의 선포에 의해 그 가치와 전망을 발견한다는 데 있다. 엘륄이 보는 역사 발전도 변증법적이다. "모순만이 진보를 허락"하며, "의사소통의 조건"이며, "궁극적으로 존재의 이해와의 연합을 허락한다."[73]

그렇다면 이런 모순이 주는 교훈은 무엇인가? 다시 말해서 왜 이런 모순으로 인간사를 표현하는가? 그것은 삶의 비극적 감정인 "실존 안에서 죽음 경험"이다. 엘륄은 이것을 다음 두 문장으로 요약한다. 즉 "삶은 비극이고 비극은 승리의 소망이 없는 영원한 전투이며, 정확히 모순"이라는 것, 그리고 "살아 있는 모든 것은 이런 모순 속에 있으며 이런 모순에

73. 「존재의 이유」, 312-313.

머물러 있는 기간에만 살아있다"는 것이다. 이것이 코헬레트가 모순에서 모순으로 나아가는 이유다. 마지막으로 엘륄은 코헬레트의 이런 일련의 모순 진술이 욥기의 헛됨 서술이나 잠언의 금언 서술과는 다르다고 말하면서, 혹 삶의 모호성을 통해 회의주의/불가지론이나 은총에 대한 강조로 나아가는 것에 부당함을 지적한다. 왜냐하면 모순의 전도서는 헛됨의 욥기나 금언의 잠언과는 달리 "관찰"이라는 방식을 사용하기 때문이다: "또 내가 본즉." 그러므로 전도서는 "인간의 모순들을 분명히 할 목적으로 구성된 집합체이다." 이제 남은 일은 무엇인가? 아무런 결론을 내리지 않은 채 본문의 문맥을 묵상하는 일이다.

⋮

2. 내용 묵상

이제 우리는 우리도 해왔고 또 하고 있는 전도서 묵상을 엘륄의 방식대로 읽어보는 일을 해야 한다. 이것은 꼭 책 한권의 단순 요약을 필요로 하지 않는다. 물론 그가 우리를 텍스트 묵상으로 초대한 것이 사실이지만 그것은 각자의 몫이고, 여기서는 「존재의 이유」를 그의 앞선 작업들과의 연관 가운데서 분석해야 할 것이다. 사실 엘륄이 전도서를 결론으로 삼았다는 것은 그것이 그의 서론과 본론에 잘 어울렸기 때문이다. 게다가, 그 자신이 말한 대로, 그의 책 쓰기가 전체적인 구상을 통해 이뤄진 것일진대, 그는 본론을 작성하는 과정에서도 결론에 해당되는 전도서를 꾸준히 묵상하고 있었던 것이다.

헛됨과 헛됨의 끝 지혜

엘륄이 제시한 전도서의 구조에 따르면 헛됨, 지혜, 하나님이 그 모순적인 구성 요소를 이루고 있다. 그의 변증법적 구조로 보면, 이것은 먼저 세상(사회학)과 하나님(신학)의 관계요, 다음으로 세상의 구성 요소라고 말할 수 있는 경제/정치(헛됨)와 종교(지혜)의 관계다. 필자가 다소 무리를 감행하여, 헛됨과 지혜를 경제/정치와 종교로 대비하는 이유는 엘륄이 예수 그리스도가 당했던 3대 시험을 예수님 자신뿐만 아니라 그 후 모든 교회들이 겪어야할 과제로 보았기 때문이다.[74]

헛됨 우리가 2부에서 보았듯이 엘륄은 경제와 정치를 중심으로 기술 사회를 분석했다. 그는 기술 사회의 생리학(기술 조직)으로 경제, 정치, 인간을 꼽았다. 그런데 정확히 이 부분이 전도서의 헛됨이라는 주제와 맞물린다. 이번에는 돈과 권력과 같은 피부에 닿는 용어들이 등장한다. 엘륄이 파악한 헛됨의 주제들 가운데에는 대주제인 권력과 돈 외에도 노동, 행복, 선과 같은 인간 기술에 해당되는 주제들이 포함되어 있다. 그는 이 모든 것이 헛되다는 코헬레트의 말을 관찰자의 입장에서 듣는다. 이는 마치 그가 기술에 대해 분석하는 것과 마찬가지다. 헛됨hebel은 객관적인 평가가 아니라 일종의 가치판단으로서, 그런 수단적 요소들에 잘못 부여된 의미의 청산이다. "사람이 떡으로만 살 것이 아니라"는 말씀에는 떡으로 산다는 것을 전제하며, 이것은 권력과 종교적 은사로 이동할 가능성에 대한 전제이기도 하다. 그렇기 때문에 예수님은 경제적 시험 이후 다시 정치적, 종교적 시험을 만나야 했다. 우리는 기술의 헛됨

74. 「인간 예수」, 74-128. 물론 예수께서 당한 세 가지 시험이 전부는 아니다. 하지만 가장 중요한 핵심이다.

도 그렇게 들었다. 다만 그렇게 수단을 수단으로 되돌릴 수 있는 힘이 대립의 신학에서 온다는 것이 엘륄의 주장이다. 그런데 전도서는 이런 신학을 전개하는 것이 아니라 철저히(?) 헛됨을 보여준다.

우선 권력의 헛됨은 문자 그대로 철저하다. 권력은 언제나 절대적이며 절대 권력은 절대적으로 망한다. 그러므로 권력은 헛되며, 이 헛됨에 억압과 우매가 동행한다. 심지어 하나님의 은사로서 지혜가 결합했다 하더라도(다윗과 솔로몬은 이 지혜를 받았다), 그 권력과 업적은 지혜와 함께 헛되다. 권력의 헛됨은 더 이상 말할 필요가 없을 정도로 가장 강력하다.

돈 역시 헛되다. 그 이유는 돈에 만족이 없고 의지와 상관없이 사라지며 죽을 때 가져가지 못하기 때문이다. 하지만 돈이 사람에게 얼마간 행복을 주는 것은 사실이다. 따라서 돈 자체는 악이 아니다. 다만 아무것도 아닌 돈이 모든 것을 가능하게 한다고 생각하는 데 악이 있다. 엘륄은 돈을 정확히 기술과 같은 맥락에서 본다. 기술 자체는 악이 아니나 아무것도 아닌 기술이 모든 것을 가능하게 한다는 생각이 악이라는 것이다.

이어지는 헛됨의 주제는 노동이다. 노동은 돈과 권력을 가져다준다. 그런데 바로 앞에서 보았듯이 돈과 권력은 바람이요 안개다. 따라서 노동 자체만을 추구하는 것도 헛됨이 된다. 현대 문명에서는 많은 사람들이 일벌레workholic로 산다. 하지만 노동에 자신의 삶을 바칠 정도의 가치가 있다고 평가하는 것이 악이다. 다른 곳에서 엘륄은 노동이 저주의 결과임을 분명히 한다.[75] 비록 노동에 몰두하는 것 자체는 악이지만, 타인을 위한 노동에는 약간의 가치는 있을 수 있다. 노동의 가장 큰 의미는 먹고 살기 위해서 하는 노동뿐이다. 이것이 성경의 가르침이다. 노동이

75. *Ce que je crois*, 203-211.

성공을 보장해 주는 것도 아니며 오히려 내 노동의 대가를 타인이 취한다. 그렇다면 일할 이유가 없는가? 그렇지 않다. 노동은 삶의 필연이기에 하지 않을 수 없으며, 나아가 열심히 일을 함으로써 우연히 얻어질 수 있는 하나님의 선물을 취하면 된다. 다만 그 일을 내손으로, 내 능력 안에서 해야 한다. 엘륄은 코헬레트의 글에서 노동의 세 가지 의미를 찾아낸다. 첫째, 노동의 열매를 타인과 나눌 가능성이요, 둘째, 그 자체로 하찮은 노동을 진지하게 하는 것이며, 셋째, 하나님이 모든 것을 하시리라는 것을 알면서 하는 것이다.

계속되는 주제인 행복도 헛되다. 하지만 행복이야말로 인간이 열망할 수 있는 전부이다. 엘륄은 전도서 시절의 행복 수단이나 현대인이 추구하는 행복 수단이 같다는 것을 주목한다. 즉 사치, 소비, 하인, 여자, 돈, 쾌락 등이다. 행복해지려면 이런 것들이 필요하다. 다시 말해서 코헬레트가 말하는 행복이란 단순히 먹고 마시고 일하며 사는 것을 잘하는 것이다. 여기에는 자기 일과 자기 여자에 대한 만족이 포함된다. 다만 이런 것들을 지속적으로 추구함이 없이 이따금 만나고 만들어낼 수 있는 이런 행복을 누리라는 말이다. 이 행복이 헛되다고 그것을 경멸해서는 안 된다. 기억해야 할 것은 행복은 권력이나 부의 축적과 관계없고, 다만 사랑하는 사람들(애정과 우정을 나눌)과 즐겁게 먹고 마시며 일하는 데 있다는 것이다. 이것이 하나님의 선물이다.

헛됨의 마지막 주제는 선이다. 선이 헛된 이유는 선을 행하고 의인이 됨으로써 기대할 수 있는 어떤 보상도 없기 때문이다. "악인의 행위대로 받는 의인이 있다." 그럴 경우가 있다기보다는 이런 악이 지배적이라는 말이다. 예수 그리스도의 십자가 사건은 너무도 대표적 사건이다. 이것은 하나님이나 운명의 장난이 아니라 인간이 그렇게 행한다는 말이다.

선을 행하지 말라는 말이 아니라 그것으로부터 아무것도 기대하거나 소망하지 말라는 말이다.

지혜 그렇다면 지혜는 헛됨 문제에 대한 해결책인가? 결론적으로 말해서 지혜 역시 헛됨에 굴복한다. 단순히 굴복할 정도가 아니라 헛됨의 끝이다. 엘륄은 전도서에서 모든 헛됨이 지혜를 향하는 것으로 본다. 여기서 지혜란 하나님의 지혜가 아니라, 인간이 자신의 힘으로 더 낫게 만들 수 있는 일종의 철학이요 지성이며 지식이다. 그럼에도 불구하고 일견 모든 지혜가 다 헛된 것으로 보이지 않는다. 그래서 지혜와 헛됨 사이에 모순이 발생한다.

엘륄이 본 전도서의 지혜는 두 가지 방향을 내포한다. 먼저는 지식의 방향으로, 여기서 지혜는 만물을 조사하기 때문에 지식과 결합한다. 하지만 많은 지식이 쌓일수록 모르는 것은 더 늘어난다. 현대 과학도 이를 입증한다. 따라서 "지식은 바람을 잡는 것과 같다." 이것은 후회나 금지의 어투가 아니라 실존적 고백이다. 마찬가지로 지혜 있는 자가 누군지, 우매한 자가 누군지를 조사하는 것 자체가 헛되다. 두 번째는 유용성의 방향으로 여기서 지혜는 실용주의적인 성격을 띤다. 이것은 특히 정치와 전쟁의 영역에서 나타난다. 정치에서 지혜란 타인의 죄를 이용할 줄 아는 것이요, 타인의 악행의 내용을 정확히 아는 것이다. 이것들을 아는 것이 힘이다. 전쟁에서도 책사의 전술이 강력한 무기보다 더 낫다. 하지만 제아무리 훌륭한 책사라 해도 그 자리를 노리는 자의 잔꾀에 일순간 사라질 수 있다. 어쩌면 최후의 헛됨은 모든 것이 헛되다는 것을 지혜를 통해 알아냈다는 것이리라.

이와 같이 지혜의 헛됨은 그것이 우매와 별반 다름없는 결말을 갖는다는 사실이 입증한다. 지혜가 때로 유익을 가져오는 것은 사실이나 그 결과는 삶에 변화가 없고 인간의 마음이 악하게 될 뿐이다. 결과적으로 지혜는 돈벌이의 수단으로 전락한다. 지식도 마찬가지다. "지식이 많으면 번뇌도 많다." 알수록 모른다고 말하는 것은 겸손이 된다. 그리하여 지식 추구는 인간의 목표가 된다. 왜냐하면 지식이 세상을 지배하기 때문이다. 지식으로 이뤄지는 현대의 과학이 이를 입증한다. 지식에 대한 탐욕은 심지어 돈이나 권력에 대한 탐욕보다 강하다. 따라서 지혜, 지식, 철학, 과학은 모두 헛되다. 엘륄은 이것을 실존적 의미에서 받아들여야 한다고 누차 강조한다.

그렇다면 참된 지혜, 헛되지 않은 지혜는 없는가? 엘륄은 코헬레트가 두 가지 것을 말하고 있다고 본다. 미래와 죽음이라는 유한에 대한 인식이다. 인간은 내일 일을 모른다. 특히 현대인들은 미래를 예측하고 철저히 준비하지만 언제나 예측 불능의 결과로 이어진다. 진보란 없다. 이것은 역사의 순환 개념이 아니라 오늘을 사는 인간이 스스로에게 주는 중요성을 평가절하 하는 것이다. 미래는 하나님의 몫이고 그가 새것을 창조하실 것이다. 이 발견이 참된 지혜의 첫 번째 기둥이다. 헛되지 않은 지혜의 두 번째 기둥은 죽음의 인식이다(죽음을 인식한 인류가 호모 사피엔스다). 죽음이 지혜의 가능성이라고 할 때, 현대인이 말하는 죽음 예찬이나 죽음의 자연화와는 거리가 멀다. 코헬레트에게 있어서 죽음은 삶의 일부요, 육적 존재의 일부다. 죽음은 인간의 자긍심, 권세, 관념론, 유심론을 깎아내린다. 죽음은 헛됨의 표현이기에 지혜는 헛됨에 굴복한다. 그러므로 전도서에는 영혼불멸, 부활, 저승 개념이 없다. 그는 단지 "해 아래에서" 일어나는 것을 관찰했을 뿐이다. 현재의 삶이 살만한 가치가 있는가? 당연히 있다. "산 개가 죽은 사자보다 낫다." 하지만 억압과 불의 밑에서는 죽음이 삶보다 낫다. 그럼에도 불구하고 그곳에 소박한 삶의 가능성이 남아 있다. 그러므로 죽음의 목적은 삶이다. 그리고 전도서의 세 번째이자 마지막 구성 요소인 하나님이 등장한다. 이런 덧없는 삶에 유일한 의미로 말이다.

하나님

전도서의 하나님은 야훼가 아니라 엘로힘이다. 엘로힘은 이스라엘의 하나님을 지칭하는 야훼와는 달리 인류와 자연의 창조주이다. 엘륄은 그 이유를 전도서가 쓰인 두 가지 목적 때문이라고 본다. 하나는 헤브라이즘에 있는 헬레니즘의 영향과 투쟁하기 위함이요, 다른 하나는 인류의 보편적 경험을 말하기 위함이다. 이 하나님은 모든 것을 독재적으로 행하시는 이해할 수 없는 존재다. 여기서 인간은 동물과 동일하다. 이점에서 진화생물학의 설명은 부당하지 않다. 인간의 뇌가 필요 이상으로 커져버린 것뿐이다. 특히 악과 고통의 경우가 그렇다. 악의 원인을 하나님께 돌리려 하고, 그것을 지적 호기심으로 분석하며, 악을 필연으로 보며, 악을 죄의 결과로 논증함으로써 악을 해결하려는 것은 악의 실존적 비극을 이해하지 못한다. 코헬레트가 말하는 하나님은 매 사건에 개입하는 것이 아니라 만사를 성취하신다. 엘륄은 코헬레트의 하나님이 예수 안에서 "다 이루신" 하나님이다. 인간(특히 그리스도인)은 세상에서 주어지는 하나님의 선물(일과 재물)로 기쁨을 누린다.

그런데 하나님이 이루시는 만사에는 때가 있다. "날 때가 있고 죽을 때가 있으며…전쟁할 때가 있고 평화할 때가 있다." 엘륄은 긍정과 부정의 쌍을 이루며 서로의 시간을 상쇄시키는 이 구절들에서 하나님의 역할을 찾는다. 그는 만사의 시간을 두 가지 의미로 푼다. 무의미한 시간이 없다는 것과 무수히 활동 가능한 시간이다. 또한 그는 두 가지 교훈을 말한다. 첫째, 여기서 때란 선악에 대한 도덕적 선택의 시간을 의미하지 않으며 다만 그런 때들이 인간사를 이룬다는 사실이다. 심지어 "하나님이 모든 것을 때를 따라 아름답게 하셨다."

둘째, 매번 새로운 순간과 모험과 우연이 있으며 이것이 하나님의 선물이라는 사실이다. 엘륄에 따르면 전도서에서 하나님의 역할이란 그가 정하신 역사의 시간들에서 많은 선물을 주신다는 것이다. 노고와 영원에 대한 갈망도 선물이지만, 즐거움이야말로 가장 큰 선물이다. 수고 자체와 그에 따른 즐거움, 그리고 사랑하는 여인과 보내는 나날들에서 오는 즐거움이다. 전도서에서는 천국, 구원, 영생, 부활의 즐거움이 없다. 그러므로 전도서에서의 심판은 이신칭의의 심판이 아니라 즐거움의 의미를 분명히 하는 판단력이다. 이 불의한 때에(세상에는 불의한 때와 정의로운 때가 공존하지 않기에 역사 전체가 불의한 때다) 마음껏 즐거워하되 정의로운 때가 있다는 것을 알라는 말이다. 인간은 하나님의 정의의 출현을 기다린다. 그러면 그때는 언제인가? 물론 모른다. 다만 기다리는 동안 인간이 시용할 수 있는 수단들이 다 헛되기 때문에 다른 것이 필요하다. 질문은 "무엇으로 살 것인가?"이고 답은 하나님 경외와 신뢰다. 이 경외와 신뢰 가운데 참된 행복과 참된 지혜가 오는 것이다. "하나님 경외는 지혜의 근본이다." 코헬레트는 시인의 말을 알고 있다. 그런데 창조주 하나님을 기억하는 일만이 인간을 이 경외로 이끄는바, 특히 청년의 때부터 기억함이 좋다. 왜냐하면 그가 일평생 누릴 수고와 즐거움의 의미를 알 것이기 때문이다. 그리고 거기에 감춰진 은밀한 것들에 대한 심판이 이어진다. 엘륄은 심판이란 인간이 청년부터 치러야 했던 내면의 은밀한 것들의 노출이라고 말한다. 심판의 대상은 위선적인 위장이 아니라 증오와 사랑, 교만과 순종, 지배정신과 콤플렉스 같은 것들이다.

⋮

3. 단평-엘륄의 진정한 스승 코헬레트

엘륄 독자가 이 결론부분에 와서 당황하게 되는 것은 사실이다. 그의 서론인 「세상 속의 그리스도인」에서 그렇게 힘차게 "혁명적 기독교"를 외치고, 이어서 긴 시간동안 사회학적 분석과 그에 따른 기독교적 대응(분명 대안은 아니다)을 대립적 입장에서 각을 세웠던 엘륄이 최종 결론에 이르러 뭔가 맥없이 객관적 사실(분명 현실이기도한)의 관찰로 끝을 맺는 느낌을 주기 때문이다.

엘륄이 전도서를 결론으로 삼게 된 이유는 어디에 있을까? 어쩌면 전도서가 그의 모든 작품을 있게 한 출발지점인지도 모른다. 왜냐하면 그의 모든 텍스트들이 코헬레트처럼 관찰자의 입장에서 쓰이고 있다는 느낌 때문이다. 그가 분석했던 사회학적 구조들은 전도서의 눈에 모두 헛된 것들이다. 중립적이건 그렇지 않건 간에 모두 헛됨에 굴복한다. 그중에서도 지혜와 지식이 가장 헛되다.[76] 「존재의 이유」에서는 기술 담론이 한두 번 언급될 뿐이다. 그 이유는 코헬레트 시절에는 기술이 오늘날처럼 발전되지 않았기 때문일 것이다. 거기서 기술은 지식과 관련된다. 그러므로 엘륄은 전도서의 헛됨과 지혜에서 자신의 사회학적 분석의 핵심 내용을 본 것이다. 우리가 보았듯이 지혜는 다른 헛됨의 요소들인 권력, 돈, 일거리 등등을 얻는 일에 유용하게 사용된다. 마치 기술이 정치, 경제, 인간에게 유용한 사용이 되듯이 말이다.

---

76. 엘륄은 「서구의 배반」을 쓰면서 자신의 책이 헛되다고 말하면서 "쓸데없는 짓을 했다"고 고백한다(「서구의 배반」, 273-274).

그뿐 아니다. 전도서에는 하나님 경외라는 계시의 핵심이 들어 있다. 세상의 사회학적 수단들은 하나님 경외에서 출발할 때 제자리를 찾을 수 있다. 우리가 기도할 수 있는 근거가 여기에 있다.[77] 참된 지혜가 모든 헛된 것에 의미를 줄 수 있기 때문이다. 하나님 경외의 방식은 계시를 통해서 얻을 수 있다. 그래서 그는 성서 계시를 주해했다. 그런데 이번에도 그는 다소 관찰자의 자세를 보인다. 세상을 있는 그대로 읽어내듯이 성서 텍스트를 통전적으로, 그리고 있는 그대로 읽어낸다. 그렇게 해서 그는 성서의 도시들의 성격을 들춰냈고, 예수의 고난과 시험을 묘사했다. 또한 이런 계시의 성격에 입각해서 기독교 윤리와 교회사의 문제들을 제기했다.

결국 엘륄은 세상 속의 그리스도인으로 나서면서 이미 코헬레트를 스승으로 모셨다. 그러므로 그는 헤브라이즘의 계시에 헬레니즘의 침투를 막으려 했던 그의 스승을 따랐다. 그러나 20세기는 두 문명의 융합이 잔재해 있기도 하지만, 헬레니즘이 최종 승리를 선포했다. 따라서 엘륄의 작업은 둘을 나누어 서로를 변증법적 대립으로 세우는 일이다. 그래야만 서구 문명이 그 의미를 갖는다고 보았기 때문이다. 18세기 이후 계시는 더 이상 자신의 역할을 가질 수 없게 되었다. 서구의 교회와 사회가 계시를 배반했기 때문이다.

엘륄은 「인간 예수」를 결론으로 삼지 않았다. 물론 그가 전도서와 복음서의 공통점들을 나열하지만, 어디까지나 세상을 보는 시각에서만 그렇다. 그는 전도서가 「그리스도를 본받아」와 같은 책이 아님을 말했다. 전도서가 막연히 말하고 마는 것은 엘륄의 신학 서적들에 강력하고 풍

---

77. 「기도와 현대인」(두레시대, 1993), 참고.

부하게 나타난다. 엘륄이 계시를 가감 없이 묘사하기 때문에 그가 말하는 것은 현대 문명에서 실로 실천하기 불가능한 것들이다. 교회가 실패한 것도 그것 때문이 아니었던가. 3대 시험을 이기고 집도 가정도 없이 살며 십자가를 지는 일은 인간의 위대성을 꿈꾸는 문명에 대해 가장 철저하게 대립되어 있는 하나님의 계시다. 그리스도인들이 그를 따라야 "혁명적 기독교"가 이뤄질 수 있다. 사실 그는 그렇게 살자고 외쳤다. 그리고 많은 점에서 그렇게 살려고 애썼을 것이다. 그러지 못한 것도 많이 있을 것이다. 일례로 그는 결국 보험을 들고 말았다. 그는 페삭 공동체에서 활동했지만 집과 가정을 갖고 있었다. 대학 교수이자 많은 책들의 저자이기도 하다. 괜찮은 월급과 인세가 있었을 것이다. 물론 그는 하나님을 경외했다. 정확히 코헬레트가 말하는 인간의 행복이 아니던가! 이것은 예수와 사도들에게서는 기대할 수 없는 것들이다. 엘륄이 좋아했던 키르케고르는 실로 고난을 택하지 않았던가! 그것은 아마도 키르케고르가 신약의 기독교만을 인정했기 때문이리라.

그러므로 엘륄의 「존재의 이유」는 예수를 따르되 사도들처럼 따를 수 없는 현대 문명을 사는 세속 그리스도인들에게 절망적이지 않은 비교적 낙관적인 길을 제시한다. 오늘날 세상 속의 그리스도인들은 대부분 노동을 해서 먹고 살아야 하는 직업인들이다. 이들에게 예수와 사도들처럼 살라고 말할 수는 없다. 심지어 정신노동의 직업인이 되어버린 목사와 선교사들에게 역시 동일한 요구를 할 수 없다. 해 아래에서 모든 인간은 동일하다. 본서는 정확히 엘륄의 기술 사회학과 초월적 대립 신학의 모순적 관계를 보여주는 결론이다.

3부

평가

“엘륄은 늦게 터지는 폭탄이다.” _장 클로드 기오보

“하나님의 계획과 인간의 계획에 대한 자끄 엘륄의 뛰어난 해석은 목사에게 열정적으로 추천되어질 수 있다. 확실히, 그의 해석은 때때로 주관적이면서 종종 공상적이기까지 하다…아마도 그것은 전통적인 신학적 영향 속에 있는 좌익이나 우익 모두를 만족시키지는 못할 것이지만, 그래도 진지한 사고를 자극하지 않을 수 없는 고도의 창조적이면서 건전한 신학적 해석을 보여준다.”

_버바드 차일즈

“혁명적 기독교를 외친 엘륄은 또한 현대 그리스도인들에게 위안을 주는 묵상하는 철학자이기도 하다.” _저자

Life and Thoughts of Jacques Ellul

Chapter 10

/

엘륄의 사회학 평가

이제부터 우리는 엘륄에 대한 평가의 단계로 들어간다. 엘륄이 던진 문제에 대해서 관련분야의 많은 인물들이 각기 나름대로 평가를 내린 것은 당연하다. 사회학과 신학은 물론이거니와 그 주변의 여러 분야에서 전문가들이 긍정적이건 부정적이건 엘륄의 입장에 대해 언급했다. 이런 평가 글들은 개인적인 연구 발표는 물론이고, 엘륄의 은퇴를 기념하면서나 그의 죽음을 애도하면서 모음 글들로 소개되었다.[1] 필경 엘륄 출생 100주년을 기리면서 가장 최근의 평가들이 나왔을 것이다. 그 평가들을 볼 수 없어 아쉽다. 3부에서는 그동안 발표된 엘륄 평가들을 선별해서 소개하겠거니와, 범위를 크게 넓히지 않기 위해서 사회학과 신학적 평

---

1. Cf. *Jacques Ellul: Interpretive Essays*, ed. by Clliford G. Christians and Jay M. Van Hook, (Univ. of Illinois Press, 1981); *Religion société et politique: mélanges en hommage à Jacques Ellul*, (Paris, 1983); *Le siècle de Jacques Ellul: Hommage de Foi et Vie à la mémoire de son Directeur*, (Foi et Vie, N°5-6, Déc. 1994); *Jacques Ellul: penseur sans frontières*, éd. par Patrick Troude-Chastenet, (Bordeaux, 2005).

가로 제한할 것이다.

먼저, 사회학과 관련해서 엘륄의 기술 사회의 현재성을 옹호하는 글을 싣고, 이어서 엘륄의 시각에 대해 비판적으로 보는 글들과 긍정적이고 적극적으로 수용하는 글들을 배치하겠다. 이어서 엘륄의 미술 비판에 대해 적극적으로 재평가하는 글을 소개한다. 엘륄의 이미지 비판에 대해서는 필자의 개인적인 경험을 토대로 평가하겠다. 다음으로, 엘륄의 신학과 기독교 일반에 대해서는 평소 필자가 생각했던바들을 정리할 것이다.

⋮

1. 엘륄의 현재성-파스칼 샤보

엘륄의 「기술 사회」가 나온 지 어언 반세기가 지났다. 과연 오늘날 기술에 대한 그의 분석은 어떤 의미를 가질까? 파스칼 샤보의 평가를 바탕으로 엘륄의 현재성을 짚어보자.[2] 우선 50년간 기술은 훨씬 더 진보했다. 당시의 단순한 기술 품목들은 훨씬 고성능 품목들로 대체되었다. 일례로 컴퓨터의 발전을 생각해보라. 기술 사회의 후발주자인—하지만 벌써 선진국을 따라잡고 있는—한국 사회는 엘륄의 이 분석에서 지난 수십 년을 읽어낼 수 있을 것이다. 필자도 젬워드 시절부터 XP시대까지 컴퓨터를 수도 없이 갈아치웠다. 인터넷과 휴대폰의 경우도 대표적인 경우

2. Cf. Pascal Chabot, "La Technique ou l'Enjeu du siècle: cinqante ans après, in *Jacques Ellul, penseur sans frontières*, 273-282.

3. 1992년 필자는 엘륄과의 전화 통화에서 한국이 이미 일본과 마찬가지로 기술 사회에 들어섰다고 말한 것을 기억한다.

들이다. 이 부분은 한국이 거의 선두주자가 되었다.[3]

엘륄이 말한 기술은 전체적으로 여전히 동일한 체계에 있다. 전자공학, 기계공학, 정보전송 원리들은 대부분 50년 전 전쟁기간 동안에 얻어진 것들이며, 전통적인 기술들을 희생시키면서 발전하고 강화되고 대량화되며 민주화되고 강요되어 왔다. 이런 점에서 엘륄의 책은 여전히 가치가 있다.[4]

먼저 「기술 사회」는 설명이 필요 없는—50년 전보다 지금은 더더욱—표현들과 사례들로 가득하다. 일례로 아시아에 끼친 서구 기술문화의 영향에 대한 엘륄의 말을 들어보자. 그는 서구사회에서 기술이 서구뿐만 아니라 전 세계적으로 공동체를 파괴하고 인간의 관계성에 대한 의심을 품게 했음을 지적하고,[5] "서구문화가 개입하기 전 아시아 대륙에서의 생활은 매우 안정적"이었음을 말한 뒤, "나는 모든 사람들이 현대 아시아의 시련의 일부는 서구가 아시아에 부가해온 복잡성, 즉 불가피한 기술의 적용에 의해 야기된 구조의 복잡성과 밀도에 기인했다는 점에 동의하리라 믿는다"[6]고 단언한다. 이것은 오늘날 한국사회와 한국 기독교 공동체들에도 그대로 적용된다.

이런 점에서 엘륄은 서구 근대문명 이전의 중세문명에 대한 긍정적 평가를 내린다. "1830년대 광부의 15시간 노동 시간과 1950년대 광부의 7시간 노동시간은 비교될 수 있다 하더라도, 이런 근대의 노동시간과 중세 수공업자의 15시간 노동시간을 비교할 수 있는 척도란 없다. 우리는

---

4. 파스칼 샤보Pascal Chabot는 기술에 대한 엘륄의 생각이 그 적합성과 활력, 그리고 반-순응주의에 있어서 오늘날도 여전히 현실성을 갖는다고 말한다(*art. cit.*, 276).

5. "오늘날 세계의 모든 사람들은 기술로 인한 갈등과 내부적 불화에 의해 야기되는 문화의 붕괴 속에 살아간다"(「기술의 역사」, 138).

6. 「기술의 역사」, 139.

농부가 적당한 휴식과 함께 일하며 리듬을 찾고 과객과 한담과 농을 나누는 것을 안다. 정확히 삶이라는 것도 마찬가지다. 왜냐하면 모든 백성이 정의나 순수를 추구하는 방향으로 향할 때, 모두가 영적인 것의 우월성을 깊이 따를 때, 물질적으로 부족한 것에 대해 고통을 느끼지 않는다. 오늘날 대중은 정반대로 영적으로 부족한 것에 대해 고통스러워하지 않는다. 이것은 판단과 문명의 문제다."

그가 중세로 돌아가자고 주장하는 것은 아니다. 근대문명이 탄생시킨 현대인이 어떤 모습인가를 중세를 통해 보여주고 있는 것이다. 엘륄은 "이 현대인이 내 자신"이라고 말함으로써 단순히 지식적으로 상황을 묘사하는 하이데거와는 다른 입장이다. 그러므로 엘륄을 지식인이 아닌 종교인의 위치에 분류시킨 에티엔 드라바사Etienne Dravasa는 옳다.[7] 왜냐하면 엘륄은 하나님의 증인으로서 근대문명이 발전시킨 기술사회를 고발하고 현대인에게 인간으로서의 정체성을 찾도록 요구하고 있기 때문이다.

엘륄이 우리를 당황케 하는 것은, 아무리 좋은 생각이라도 그것들이 기술 수단에 동화되어 있기 때문에 영적 효과가 없다는 데 있다. 엘륄의 사회학적인 분석에서 해결책을 찾는다는 것은 잘못이다. 왜냐하면 현대 지성인의 정신이 기술에 지배받고 있기 때문이다. 20세기의 철학자들이 이 문제에 접근한 방식은 다양했다.

하이데거는 "어떤 신만이 우리를 구원할 수 있다"고 말함으로써 막힌 출구를 인정하고 있으며(그는 거기서 끝난다), 어떤 철학자들은 "훌륭한"

7. "자끄 엘륄은 너무도 명백히 반反지식인이다. 반대로…자끄 엘륄은 자신을 하나님의 사람으로, 진리와 확고함과 겸손을 간직한 그리스도인으로 드러낸다"("Jacques Ellul: témoin de Dieu, historien de l'homme", in *Jacques Ellul, penseur sans frontières*, 50).

기술 세상을 믿는다. 한편 일부 철학자들은 그저 즐기도록 권장한다. "무의미의 제국"인 예술(특히 미술)도 하나의 도피 노선이다. 드물지만 어떤 철학자들은 인간 실존에 대한 기술의 지배를 교정하고 개선하기 위해 정치로 돌아간다. 혹자는 직업 윤리학자들과 생명 윤리학자들이 기술이 사회에 바르게 개입할 수 있도록 해줄 수 있으리라고 기대한다. 심지어 말이나 글로의 설득이건 생태적-저항(테러주의)이건, 보다 전투적인 태도를 권장하는 철학자들도 있다.

엘륄은 이중 일부를 임시변통으로 인정하기도 한다. 하지만 인간에게는 기술의 소유 영역이 아닌 존재의 영역이 있다. "양"의 영역과 "질"의 영역은 소유와 존재처럼 아무런 상관이 없다. 그 차이는 고체와 기체의 영역 차이와도 같아서 때로 건너기도 하지만 여전히 앞에 놓여있는 루비콘 강이다. 엘륄의 말은 기술 세계에서 기술 문제를 해결할 수 없다는 것이다.

⋮

2. 엘륄에 대한 비판적 평가들

또 다른 기술 이론-하이데거

2000년대 들어와 프랑스에서 열린 기술관련 전문 심포지엄과 서적들에서 엘륄의 이름이 사라지고 대신 하이데거(1889-1976)가 등장했다.[8] 이 독일 철학자 역시 20세기 후반기의 위대한 기술 사상가였다. 그는 엘

---

8. 일례로 르몽드지가 "기술은 우리를 어디로 데려가나?"라는 주제로 주관한 심포지엄(2000년 10월)과 장 피에르 세리Jean-Pierre Séris의 책 *La Techique* (Paris, 2000)가 그렇다.

륄이 주 저서인 「기술 사회」를 쓰던 해(1954)에 「기술의 문제」를 다룬 책을 출판했다. 둘 사이에는 아무런 상호 영향이 없었다. 둘은 서로 말없이 적대적인 눈초리로 마주 보았다. 엘륄은 철학자들을 결코 좋아하지 않았는바, 하이데거에게는 현실계와 너무 동떨어진 개념을 논한다고 비난했다. 하이데거도 엘륄의 사유 방식을 존중하지 않았고, 과학에 속하는 사회학적인 방법을 사용했다는 점에서 게슈텔Gestell(조사 분석)의 포로라고 불렀다.[9)]

하이데거에 있어서 "기술의 게슈텔(여기서는 본질로 번역됨)은 결코 기술에 속한 무엇"이 아니다. 여기서 게슈텔이란 인간이 오랫동안 자연을 신비의 표현으로 바라본 뒤 그것을 이성과 의지의 검토에 굴복시켰던 힘이다. 존재를 드러내도록 작업을 독촉하는 것이 바로 게슈텔이다. 이것은 존재 역사의 최종 끝이다. 존재란 무엇인가? 그리스인들이 2500년 전에 말했듯이 존재는 physis(성장 근원)이다. "기술은 인간에게 있는 고유의 알고 행하는 것이다. 바로 이것이 physis의 품에서 인간의 참여를 요청하는 것을 드러내고 꽃피우도록 돕는다." 이와 같이 기술은 인간의 운명과 불가분의 관계다. 그러나 기술의 본래의 의미는 상실되었다. 계몽주의 시대에 게슈텔은 인간의 목적에 종속되었다. 기술 과학의 이성은 인간에게 자유와 행복을 가져다주려는 야심을 품었다. 그때부터 게슈텔은 더 이상 목적에 속하지 않고 자신의 길을 간다. 맹목적인 힘과 자율 말이다. 오늘날 기술은 형이상학의 울타리에 최종 빗장을 질렀다. 이

9. 게슈텔이라는 말을 설명하기 위해서 하이데거는 라인 강의 수력발전소의 예를 들고 강이 에너지 저장소의 역할로 축소된다고 주장한다. 그러므로 라인 강은 기술을 통해서 "조사 분석" 된다. 자연과 인간도 마찬가지다. 그것들은 단지 에너지 보유고, 유통 요소, 원료로서 여겨질 뿐이다. 기술은 존재를 사용자의 요구에 부응할 수 있는 것으로 만든다.

제 인간은 진행하는 이 힘—스스로 표현하는 힘의 의지, 자연 한복판에 새겨진 "의지의 의지"—의 존재만을 인식할 뿐이다. 기술을 이렇게 진행시키는 것은 어떤 점에서 자연의 법칙이다.

그렇다면 하이데거는 해결책을 제시하는가? 전혀 아니다. 기술을 지배하고자 하는 것도 힘의 의지를 입증하는 것으로 기술에 속한다. 이성이 인간과 사회를 섬기도록 주장하는 민주주의조차 완전히 잘못되었다. 게슈텔로 행하게 내버려두어야 한다. 이런 종류의 사상은 나치주의에게 정당성을 부여했다. 하이데거 자신처럼 말이다. 나치당에 등록하고 체제 사상가가 되려는 열망을 품었던 그는 자신의 찬동을 끝까지 포기하지 않았다.

이와 같이 하이데거는 엘륄처럼 기술의 자율성을 주장하나, 그 의미는 매우 다르며 철저히 다른 결론에 이른다.[10]

인간과 기술체계의 통합-시몽동

엘륄이 지나치게 기술을 부정적으로 말하고 있다—그렇다고 기술의 원수는 아니다—고 여기는 학자들 가운데 "기술의 친구"인 질베르 시몽동Gilbert Simondon 같은 철학자도 있다. 시몽동은 엘륄이 문제의 책을 쓴 지 4년 후(1958) 기술에 대한 비교적 긍정적인 평가를 내린 작품을 썼다.[11] 두 사람의 비교는 엘륄의 입장을 보다 분명하게 해줄 수 있다. 시몽동은 기술 계통을 면밀히 검토하고 인간과 기술의 결합을 숙고하면서 새로운 것에 대한 공포와 투쟁한다. 그가 제안하는 것은 인간을 기술 체

---

10. 오늘날 하이데거의 후계자로 피터 슬로터디크Peter Sloterdijk라는 철학자가 있다.

11. Gilbert Simondon, *Du mode d' existence des objets techniques*, (Paris, 1958/2001).

계에 가장 잘 통합시킬 수 있는 방식이다. 낙관주의자로서 그는 상호 이해주의의 색깔을 낸다. 그는 인간과 기술 사이의 단절을 염려한다. 다시 말해서 기술이 인간 문화 세계에 낯설게 되지나 않을까 염려한다. 이런 철학적 입장은 기술자들의 세계와 물질세계에 대한 실제적인 공감에 뿌리를 둔다. 그러면서도 그는 그 시대의 소비자 운동과 기술자 우선주의의 이탈을 한탄한다.

한편 엘륄은 무슨 기술적인 기능을 설명해주는 것이 아니라 기술 현상(자율성)과 기술 진보(자동성) 사이의 결합이 만들어 낸 기술 체계의 이론을 전개한다.

시몽동은 당대의 기술 용어를 사용하면서 "인간과 기계의 바른 결합"에 대해 마치 50년대의 지배적인 담론처럼 말했다. 그는 기술 진보와 통합될 경우 사상의 진보가 있을 것으로 말했다.

엘륄은 이런 속임수에 유혹받지 않았다. 기술은 인간이 기계와 기술 환경에 잘 적응하면 기계가 좋은 봉사자가 된다고 제안하는데, 이것이 속임수라는 것이다. 왜냐하면 주인이 주인으로 남기 위해서 종이 되어야 한다는 것인데, 사실 결과는 더 이상 주인이 되지 못하기 때문이다(영화 모던 타임스의 채플린을 생각하라). 엘륄은 어떻게 몇 마디 말의 사용이 정치와 종교를 변화시키고 어떻게 선전이 사회를 지배했는지를 입증했다. 그는 또한 기술의 힘이 거리에서 인간을 만나지 않고서도 모든 인간사에 간섭하는지를 입증했다. 엘륄이 보기에는 기술 정신은 사회, 정치, 종교, 예술, 등등 이 모든 것을 오염시킨다. 이것은 인체의 암처럼 세상에 퍼져있다.

기술 낙관주의자-뤼시앙 스페스

엘륄의 은근한 동조자 뤼시앙 스페스Lucien Sfez[12]는 낙관주의자로서 엘륄의 비관주의와 거리를 둔다. 그는 지배와 지배로의 통로가 생기는 곳이 기술을 중심으로 이뤄진다는 점에서 엘륄과 일치하지만, 기술에 대한 그의 급진성에는 반대한다.

그는 엘륄의 이론이 "기술 지상주의의 극단적 결정론"이라고 규정하고 세 가지 특성을 들었다. 첫째, 엘륄이 이런 결정론의 노선에 서 있는 맥루한McLuhan의 이론[13]을 되풀이하며 그것을 상기시킨다. "문자와 인쇄술이라는 기술이 하나의 문명을 탄생시켰다면, 텔레비전이라는 다른 기술은…뇌의 〔사색적인〕 영역을 변화시키고, 컴퓨터라는 다른 기술은 우리를 경험의 문명에서 지식의 문명으로 넘어가게 한다…인쇄술은 우리에게 탁월한 집단 기억을 주었으나 개인 기억은 그런 분량에 이르지 못한다…컴퓨터는 이런 집단적 기억과 개인의 활용 사이에 가교가 된다. 그것은 개인적인 집단 기억 역할을 하고 축적된 정보를 활용 가능하게 만든다…기술은 현실계와의 관계의 완전한 변환을 스스로 간직하고 있다."[14]

둘째, 정치는 기술 앞에서 무능하다. 기술 체계를 만들어내는 것은 컴퓨터다. 왜냐하면 컴퓨터가 모든 것을 연결하고 통합하기 때문이다. 기

---

12. 파리 1대학 정치학 교수인 스페스는 모든 출판사가 거부한 엘륄의 *Empire du non-sens*를 그가 주도한 정치학 총서(La politique éclatée)에 포함시켜 출판했다. Cf. Jeam-Luc Porquet, *Jacques Ellul: l'homme qui avait presque tout prévu*, 219-222; Lucien Sfez, "Les sratégies paradoxales de Jacques Ellul", in *Jacques Ellul: penseur sans frontières*, 31-45.
13. James Carey는 "맥루한 이래로 정보의 역사는 결정된 기술과 주된 상징에 의해 지배되는 각기 구별된 세 국면으로 분할된다. 곧 구전, 인쇄술, 텔레비전 화면이다"(Sfez의 인용, *ibid*., 34).
14. *Le système technicien*, 85-86.

술은 절대적으로 강요되는 하나의 절대이다. 기술의 자율성은 그 절대적 가치를 강화하며 그 단일성은 위에서 언급한 그 진보적 특성들을 강화한다. 인간은 이미 기술화되었으며 인간의 자유는 없다.[15] 기술의 목표는 기술이다. 이것은 기술의 절대 권력을 강화한다.[16]

셋째, 기술은 천재지변이다. 양면성과 예측불가는 기술의 절대성을 흔들지만 예방 원리의 엄격한 적용이 그 절대성을 가중시킨다. 기술의 영향력에 대한 저항들은 기술의 영향력을 가중시킬 뿐이다. 기술은 경제와 외교뿐만 아니라, 재정, 지식인, 교회, 생산성, 광고 등을 흡수했다. 엘륄은 의학을 심심풀이로 보는 반면 존재의 구성요소와도 같은 고통에서 긍정적인 결과를 본다. 이것은 질병과 고통이 어느 지경까지 존재를 파탄시키는지를 고려한다면 경박한 표현이 아닐 수 없으리라.

아무튼 엘륄에게 모든 기술적인 품목들은 악하다. 오토바이, 비디오게임, 텔레비전, 기계 미술, 록 음악, 디즈니랜드 등등. 이것들은 참과 참-아님, 경제와 도덕의 뒤범벅이다. 스페스는 엘륄이 자신의 명분을 약화시킬 정도로 "불평꾼"이 되었다고 꼬집는다.[17] 나아가 그는 엘륄의 설명 방식에 의기소침한 면이 있음을 지적한다. 이유는 엘륄이 기술을 결정하는 요인으로 삼아 전체를 설명하는 데 난관과 궁지가 있음을 스스로 고백하기 때문이다. 실제로 엘륄은 많은 곳에서 예측 분석에 오류를 범한다. 스페스는 이런 오류들을 일일이 열거하면서 엘륄의 설명 전략의 문제점을 지적한다.[18] 일례로 너무도 강력한 기술을 지배하기가 불가

---

15. *Ibid.*, 270.
16. *Ibid.*, 360.
17. Lucien Sfez, *Critique de la Communication*, (Paris, Seuil, 1988), 136.
18. Lucien Sfez, "Les sratégies paradoxales de Jacques Ellul", *op. cit.*, 36-41.

능하다고 말하면서, 동시에 뭔가 하지 않는다면 최소한 경고해야 한다고 주장하는 모순이다. 이런 변증법적 모순이 너무도 심해서 하라는 얘긴지 하지 말라는 얘긴지, 말하는 엘륄 자신이 힘들 정도라는 것이다.

그럼에도 불구하고 스페스는 엘륄의 강점을 두 가지로 언급한다. 강점 중 하나는 엘륄이 궁극적으로 기술 테러주의가 패배한다고 말하기 위해 가능한 모든 수단을 찾으면서 그것과 싸우는 반-테러주의자요 확실한 휴머니스트라는 것이다.

다른 하나는 "현대 도시[비극]의 합창대장coryphée 상"[19]이다. 엘륄에게는 기술과 현대인 사이에 이미 패한 전투가 묘사되어 있다. 이것은 위대한 그리스 비극들의 항구적인 반복 주제이다. 이 현대판 비극은 전 세계로 퍼져가는 사회의 좁은 무대에서 연출된다. 여기서 두 세력이 충돌한다. 곧 신들이 원하는 운명—복수, 변덕, 고집, 분노—과 인간이 원하는 자유—정체성의 요구, 정의의 추구, 평화의 필요—이다. 모든 그리스 비극들은 신들의 운명을 따르지 않기 때문에 비극이다. "어떤 인간도 그들[=신들]의 의지를 피하지 못한다"(안티고네). 이 끔찍한 원수 앞에서 주저, 연기, 핑계는 인간의 우롱적인 무기이다.

엘륄이 그가 운명으로 생각하는 기술의 공격을 막기 위해서 사용하는 것도 이 동일한 무기이다. 우리 머리로 곧바로 떨어지는 이 공격을 피할 수는 없지만, 우리는 최소한 소리 지르거나 노래하거나 말할 수는 있다. 이 언어가 우리의 유일한 자유—감춰진 눈먼 필연을 이해하려고 시도하기 위해 우리에게 남아있는 보잘것없는 자유—이다. 냉혹한 필연의 형태들을 묘사하는 것은 조금이나마 그것의 힘을 삭감하는 것이다. 고대

19. *Ibid.*, 42.

비극에서 합창대장의 역할이 바로 이것이었다. 그는 신의 의지를 표명하고, 당사자들의 불행을 설명하며, 약간의 조언을 주며, 그들과 더불어 슬퍼한다. 이어 합창대의 목소리가 뒤따른다. 엘륄의 역할도 동일하다. 신성의 직관과 이성적인 지식 사이에서 합창대장으로서의 엘륄은 기술이라는 전능의 모습으로 활동하는 테러주의에 해부용 칼을 댄다. 테러를 가하는 한 신의 형상을 세우는 그의 분석은 또한 그의 사상의 해방적인 힘을 입증하는 것이기도 하다.

스페스의 이런 평가는 사회학적인 작품만으로 본 최상의 엘륄 이미지 가운데 하나로 여겨진다.

기술 발전의 긍정적 입장-도미니크 부르

트루아Troyes 대학 교수이자 철학자인 도미니크 부르Dominique Bourg는 그의 책 「인간과 기교」[20]에서 엘륄에게 많은 찬사를 보내면서도 그의 명제를 강하게 비판한다. 부르에게 있어서 인간과 기술체계의 대립은 의미 없다. 그것은 인간이 물건을 다루는 것으로 구성되어 있음과 기술이 언어에 속한다는 사실을 망각하는 일이다. "인간은 역사의 자동 제작자이다. 인간화의 과정에서 인간의 기술 조작은 절대적으로 결정적인 역할을 담당한다." 나아가 기술을 인간의 원수로 본다는 것은 "극단적인 수동성"으로 빠지기에 위험하다. 그러므로 기술의 절대적 자율 이론은 잘못이라는 것이다. 그는 인간도 모르게 인간의 역사를 지배하는 어떤 외적 실체를 제기함이 없이 기술 체계의 결과들을 설명할 수 있다고 본다.

그럼에도 불구하고 그는 기술의 상대적 자율성—기술의 역사적 논리

---

20. Dominique Bourg, *L'Homme-artifice*, (Paris, Gallimard, 1996).

체계가 있기 때문에—을 인정한다. 그가 엘륄을 높이 평가하는 것은 이 부분이다, 엘륄은 "〔기술이라는〕 용어의 체계적 의미에서 이런 자율 개념을 주장한 최초의 인물이다."

하지만 도미니크 부르는 엘륄을 "파스칼의 피"가 흐르는 "영웅적-금욕주의의 개인주의자"로 보고 그가 현대 기술 사회를, 인간을 영적 질문에서 돌아서게 하는 비술을 최절정으로 간직한 사회로 만든다고 비난한다. 그는 현대 사회가 다른 어떤 사회보다 훨씬 "유희"(파스칼의 용어)의 문화라고는 보지 않는다. 텔레비전, 컴퓨터, 대중 여행이 정도의 차이이지 본질은 아니라는 것이다.

기술이 미래를 생각할 수 없게 만든다는 엘륄의 개념도 비판의 대상이다. 부르에 따르면 기술 시대 이전에도 인간의 역사는 미래의 결과를 예측하지 못한 채 행동했다. 일례로 스페인은 아즈테크 금의 발굴이 나라의 파멸을 가져올지 예상하지 못했다. 그는 기술이 우리의 자유나 책임을 축소시키지 않고 오히려 행동 영역을 확장시킨다고 본다.

가장 결정적인 비판은 엘륄의 반-진보 이론이다. 부르에 의하면, 엘륄은 흔히 생각하는 진보 이론—지식, 기술, 산업의 발전은 자동적으로 인간 조건의 전반적인 개량을 만들어낸다—에서 출발하여 인류의 멸망이라는 필연으로 향한다. 부르는 기술 사회 진보의 네 가지 가능성을 철석같이 믿는다—예방 원리, 시민 토론회 같은 새 협의 절차들, 자연 생태계를 본 따 산업 체계 전부를 개정하는 산업 생태계 조성, 현재 필요에 부응하는 지속적 발전.

부르가 특별히 낙관주의자는 아니지만, 그는 정치에 가담하고 "생태학 감시 위원회"에 소속되어 있다. 왜냐하면 "이것이 변화의 실제 방법"이기 때문이다. 실제로 그는 기온 상승 문제에 사로잡혀 있다. 그가 보기에, 이 문제가 인류의 미래의 열쇠를 쥐고 있기 때문에, 가스 분출을 안정시켜 온실 효과를 막는데 성공해야 한다. 그는 생물계에 대한 책임도 언급한다. 그는 급진적인 태도가 현실계를 아무것도 바꿀 수 없다고 말하면서, 엘륄의 급진 사상이 허무주의는 아니지만 구원의 지평—문을 열어둔 채 놓아두는 그리스도의 전망—을 갖고 있기 때문에 그릇된 급진성이라고 본다.

⋮

3. 엘륄의 긍정적-적극적 수용들

엘륄의 참고문헌-파트리크 샤스트네

푸아티에 대학에서 정치학을 가르치는 파트리크 샤스트네Patrick Chastenet는 엘륄의 학생이었으며 현금 그를 소개하는 일에 프랑스에서 가장 많은 노력을 기울이고 있다.[21] 정치학 학생 시절 샤스트네는 엘륄에게서 네 개의 강좌—"기술 사회", "마르크스 후계자들", "마르크스 철학", "선전"—를 들었고 당시 강의에 참석한 40여명의 미국 학생들(캘리포니아와 콜로라도)에게 엘륄 강의를 반복 설명해주곤 했다. 그는 엘륄의 생생한 참고문헌이다.

---

21. 그는 엘륄 생전에 「자끄 엘륄의 사회-정치사상 입문서」(*Lire Ellul, introduction à l'oeuvre socio-politique de Jacques Ellul*, [Bordeaux, 1992])를 썼고, 스승이 죽기 직전에 한 인터뷰를 책으로 엮었으며(*Entretiens avec Jacques Ellul*, [Paris, 1994]), 그의 죽음을 계기로 "엘륄 사역에서의 기술과 사회"라는 주제로 국제 심포지엄을 개최했으며(*Sur Jacques Ellul*, [Bordeaux, 1994]), 그 후로 「자끄 엘륄 연구지」*Cahiers Jacques Ellul* (2005년까지 3권 출간)와 인터넷 사이트를 주관하고 있으며, 최근(2005) 푸아티에 대학에서 "경계 없는 사상가 자끄 엘륄"이란 주제로 국제 심포지엄을 개최했다(*Jacques Ellul: Penseur sans frontières*, Bordeaux, 2005).

샤스트네는 당시 엘륄의 사상이 번영하지 못한 이유로 기술 진보에 대한 비판을 든다. 그런 비판이 엘륄을 우익 지식인으로 분류시켰다는 것이다(당시의 이론상 진보주의 이념을 비판하는 자는 우익일 수밖에 없었다). 게다가 엘륄은 좌익 전투(알제리와 남아공)에 참여하지 않았다. 때로 그는 좌익 비판을 끝까지 밀어붙인 나머지 우파 진영에 동화되는 입장을 가졌다. "민족 해방 전선"FLN에 대한 비판적 관점은 곱게 보이지 않았다. 68 학생운동 때도 마찬가지였다. 하지만 샤스트네는 엘륄이 일관성 있게 행동하지 못한 한 가지 사실을 지적한다. 사실 엘륄은 1980-1981년 꿈의 노동자 자주관리 이론을 현실화 시킬 수 있는 마이크로컴퓨터 정보처리 기술에 열광한 것이다(훗날 엘륄은 이 잘못을 시인했다). 샤스트네는 용서할 수 없는 죄로 엘륄이 지방에 살았다는 것을 꼽았다. 사르트르나 마르쿠제 같은 인물들이 지방에 살았던가?

오늘날 프랑스 지식인들이 기술에 대해 말하면서 엘륄보다 하이데거를 더 참고하는 사실에 대해 샤스트네는 놀라지 않으며 오히려 지식 사회가 이해되는 사람(이점에서 엘륄은 큰 단점을 갖는다)보다 이해되지 않는 사람에게 매료된다고 꼬집는다. 그는 엘륄이 하이데거의 기술 강의—경험적 현실계에서 기술의 진정한 본질을 주장하게 되는—를 한 번도 들어본 적이 없다고 말하고, 오히려 "자유주의의 아들 파시즘"(1937)이라는 한 논문에서 기술이 해방의 도구가 될 수 있는 것처럼 노예 상태의 도구가 될 수 있다고 지적한 것을 상기시킴으로써 나치주의에 굴복한 독일 철학자과 그의 이론에 기웃거리는 프랑스 지식인들을 말없이 비난한다.

샤스트네는 엘륄이 상대적으로 잘못 알려지는 것에 대해 그의 스승이 명성을 추구하지 않았다고 못 박는다. 말년에 약간의 평판이 있긴 했으나 무슨 제2의 사르트르 같은 역할을 하려는 의지가 없었다. 그렇게 하려면 우선적으로 파리에 자리를 잡아야 했을 것이다. 하지만 엘륄의 선택은 지방이었다. 샤스트네에 따르면 엘륄은 자신이 죽은 지 10년 후에 그가 옳았음이 알려지기를 원했다. 하지만 결과는 달랐다. 그의 사상은 인정되지 않은 채 약탈당했다. 엘륄을 지지하는 몇몇 표지만이 있을 뿐이다. 인터넷 사이트와 E메일에 엘륄을 발견하는 20대 젊은이들이 있다. 그리고 몇 개의 협회들이 있다(프랑스에 하나 미국에 둘). 이따금 엘륄 사상을 이어받는다고 주장하는 공적인 인물들이 있다.

호세 보베는 그 중 하나다. 하지만 샤스트네는 두 가지를 예외로 여긴다. 엘륄이 비폭력뿐만 아니라 비능력non-puissance을 말했다면 보베는 정치적 힘과 관계하는 논리체계에 있다. 또한 엘륄이 정보와 선전을 끊임없이 비판한다면 보베는 결국 조정 역할을 담당한다.

샤스트네는 1981년에 미국 캘리포니아 여러 대학들에서 엘륄 사상에 전적으로 할애된 강의들이 있었음을 기억한다. 그것은 보드리아르나 미셸 푸코도 누려보지 못한 특권이었다. 비록 오늘날에는 이런 강의들이 더 이상 존재하지 않고, 엘륄의 책들이 인문 사회과학 강의 일정에 들어있지 않지만, 엘륄은 「엘륄 포럼」Ellul Forum 잡지(1988년 창간, 연 2회 발간)의 존재 속에서 여전히 살아 있다. 엘륄의 책들은 다른 나라들에서도 여섯 내지 열 개의 언어로 번역되었다. 하지만 그의 사상의 보급은 점차 은밀하게 되어간다.

엘륄의 사상은 사라질 것인가? 아니면 지속될 것인가? 여전히 소수의 사람들에게 엘륄의 일정표는 타당해 보인다. 샤스트네는 특히 선전에 대한 엘륄의 분석은 매우 현재성이 있다고 본다.

엘륄 실천하기-호세 보베

호세 보베José Bové는 18세(1971년)에 보르도의 몽테뉴 고등학교의 고등사법학교 수험준비반 학생으로 인정되었으나 첫날부터 그만두고 엘륄이 관여했던 비폭력 무정부주의 그룹에 참여했다. 그는 주로 기술과 국가에 대한 성찰을 중심으로 이뤄지는 작은 논쟁과 토론 그룹에 속했다.[22] 엘륄은 유행을 타지 않았지만 사람들은 그의 사상이 시대의 분위기와 연관되는 것을 느꼈다. 이반 일리크Ivan Illich같은 사람도 같은 맥락에 있었다. 보베는 엘륄의 강의를 들으면서 그의 책들을 읽었다. 「혁명에서 반란으로」(1972)를 시작으로 「정치적 환상」(1965)을 거쳐, 결국 「기술 또는 세기의 도박」(1954)을 만났고 눈을 떴다.

보베는 1971-1973년 사이에 엘륄과의 만남의 인상을 "비참여적인 이론가로서가 아니라 행동으로 참여하는 인물"(물론 정치참여는 아니다)로서 간직했다. 보베가 조합운동가가 되고 파벌 사이의 난장판 속에서도 자신의 시간을 낭비하지 않으며 대통령선거에 나서지 않은 것은 매우 엘륄적인 이유 때문이다. 그에게 국가 권력을 장악하는 것이 사회를 바꿀 수 있어 보이지 않았다. 대통령선거에서 15%(좌익 정당에서의 수치)의 지지를 얻는다 해도 하루살이로 있는 한(국회의원선거 결과) 무의미하다. 보베는 자신의 좌익 활동 20년의 경험을 통해 "정치가 국가를 바꾸는 것이 아니라 국가가 정치를 바꾼다"고 말한다. 결과는 항상 추종주의 논리체계라는 것이다.

엘륄이 국가와 기술의 동맹을 통한 경제 계획을 주된 위험으로 보았다면(이 형태의 소련은 붕괴되었다), 보베는 지금 시대의 주 위험을 경제의

---

22. José Bové, *Paysan du monde*, 27.

자율화로 본다. 이런 이유에서 세계화와의 투쟁은 핵심적이 된다. 서로를 필요로 하는 국가와 경제의 관계에서, 오늘날은 경제가 국가를 더 필요하게 되었다. 이것은 정치를 위기로 몬다. 기술의 한 영역인 이런 경제의 자율화는 오늘날 재정 체계와 유통을 통해 나타난다. 그러므로 그의 관심은 어떻게 경제로 하여금 인간을 섬기게 할 수 있는가, 어떻게 경제를 변형, 재위치 시킬 것인가에 있다.

보베는 엘륄의 공헌이 여전히 변함없는 「기술 체계」(1977)를 경제 영역에 접목시킨다. 기술 체계는 개인과 집단의 삶을 조직하고 있는 중이다. 19세기에 마르크스는 태어나는 자본주의와 그 결과들을 자각했다면, 20세기에 엘륄은 기술과 그 결과들을 경고했다. 차이점은 마르크스와 달리 엘륄은 권력 장악의 방식이 아니다. 이것은 많은 독자들을 실망시켰다. 그의 방식은 이 상황에서 어떻게 행동할 것인가를 스스로 묻고 자신의 책임을 다하는 것이다. 이것은 종교적 구원 개념과 관련된다.

보베는 엘륄의 신학 작품들도 읽었고 거기서 일용할 양식을 얻었다. 그는 「도시의 신학」을 간단히 요약한다. 목동 아벨과 농부 가인 사이의 갈등에서 출발한 도시의 문제가 무엇인가? 목동은 떠돌이이고 농부는 정착자다. 폐쇄된 사회에 속한 농부가 떠돌이 목동을 죽인다. 그리고 하나님에게서 보호받기 위해 도시를 만들고 그 안에 처박힌다. 도시는 하나님 없는 자유의 장소가 된다. 가족과 이웃을 통한 사회 통제의 장소인 도시 세계와 관련해서 모종의 자유 형태가 구현된다. 그리하여 농촌을 떠나 도시로 몰려들어온다. 어느 사회나 이런 때가 있다. 그리고 얼마 있지 않아 그 반대의 현상을 본다. 도시는 폭발하고 시민은 자연을 그리워한다. 농촌은 사회 통제의 장소로 보이지 않고 개인 자유의 장소로 보인다. 이것은 오늘날 농촌 사람과 도시 사람 사이의 갈등을 야기한다.

보베는 무인도에 가져갈 책으로 맨 먼저 엘륄의 「기술 또는 세기의 도박」을 꼽았다. 그에게 이 책은 「기술 체계」보다 여전히 더 강력했다. 그는 「기독교와 무정부」, 「서구의 배반」을 즐겨 읽었다. 특히 그는 좌익의 몰락과 낙태에 대한 언급에 흥미를 느낀다. 어떻게 낙태가 기술적인 선택인가, 어떻게 피임이 개인 자유의 구축에서 기술에의 의존 문제를 제기하는가. 왜 의학이라는 기술이 태어나고 죽는 삶의 방식을 개인의 선택에서 빼앗아 가는가. 그것을 어떻게 다시 가져올 수 있는가. 그와 토론그룹은 엘륄의 분석에 동의했다. 혁명은 무엇보다도 자아에 대해서 행해야 한다. 자신이 그렇게 할 수 없다면, 적어도 그는 왜 할 수 없는지 알아야 한다. 그는 자신의 모순을 안다. 보베는 이런 분석을 세계화를 중심으로 벌어지는 현상으로 확대한다. 이것은 유명한 몽펠리에 맥도날드 매장 폭파 사건으로 이어진다.

보베와 농민 연맹Confédération paysanne이 취하는 가장 급진적인 기술비판은 아장Agen과 몽펠리에의 시라Cirad(실험적 살충 벼)에서 유전자 주입 식물들을 뽑아내는 것으로 구현되었다. 맥도날드 사건 때와는 달리 그들 중 몇 명은 형 집행으로 감옥에 갔다. 이들의 행동은 진보 신화의 파괴에 근거한다. 보베는 "이 사건은 14개월의 구류형 외에도, 나를 반-계몽주의자로 취급한 언론의 맹렬한 공격을 받아야 했다"고 진술한다. 노벨 수상자들이 들어있는 과학 아카데미는 50여명의 이름으로 이런 파괴 행동을 정죄했으나 연구자들 내부의 논쟁을 야기했다. 사실 이런 종류의 연구와 실험은 은밀히 진행되기 때문에 뽑히지 않고는 반향을 불러일으키지 못한다. 핵 연구가들도 동일한 말을 한바 있다. 이런 행동이 비-엘륄적인 면을 보이기는 하지만 그는 분명 엘륄 실천가다.

경제적 수정이론-세르주 라투슈

경제학자요 파리Paris-Sud 대학 교수인 세르주 라투슈Serge Latouche는 60년대에 엘륄을 읽었고 경제가 모든 것을 지휘한다는 개념을 기술이 모든 것을 명한다는 개념으로 바꾸었다. 정통 경제학에서 기술의 자리는 없다. 그것은 경제 요인들의 조화의 성격을 가질 뿐이다. 하지만 모든 발전 기획들이 기술적이 되는 것을 보고 그는 기술과 기술 체계의 실재성을 자각했다.

라투슈는 엘륄에게서 지적인 빚은 인정하지만 모든 것을 동조하지는 않는다. 그가 보기에 엘륄은 기술 체계를 너무나 자율화 시켜서, 모든 것이 순응해야하는 논리체제인 독립 법정으로 만든다. 모든 상황에서 사람들이 항상 가장 진보된 기술을 선택한다는 것은 경제적 관점에서 잘못이라는 것이다. 게다가 기술은 돈벌이가 되어야 하기 때문이다.

그는 그의 책 「대형 기계」[23]에서 진짜 자율은 기술-과학-경제 체계를 특징짓는 용어인 대형기계라고 말한다. 하지만 설령 대형기계가 홀로 돌면서 인간을 톱니바퀴로 만들지라도, 인간들은 결코 단순한 톱니바퀴는 아니며 언제든지 모래알에 되어 대형기계를 탈선시켜 그것을 통제할 수 있다. 이런 점에서 그는 엘륄의 숙명주의를 따르지 않는다. 그가 보기에 숙명주의라는 점에서 엘륄은 하이데거에 가까우며, 다만 독일 철학자가 운명에의 순응으로 결론을 짓는 반면, 프랑스 사회학자에게는 반발(변증법적인 다른 한 축)이 있다.

하지만 라투슈에게 엘륄의 이런 신학적 반발은 낯설다. 그의 낙관주의는 천재지변의 초등교육에 근거한다. 그에 따르면 천재지변은 자각의

23. *Mégamachine* (Paris, 1995).

순간이다. 예를 들어, 1955년 스모그가 런던 인구 4,000명을 죽게 했을 때 영국인들은 수도의 공해를 제거하기 시작했다. 체르노빌 원자로의 폭발(1974)은 생태주의 운동을 촉발시켰다. 광우병 파동 때도 마찬가지였다. 도대체 무슨 재난이 와야 진정한 변화를 가져올 것인가? 기술 체계는 분명 재난을 낳을 것이다. 모든 것이 기술적으로 일어나며 어떤 도덕도 기술을 저지하지 못한다. 여기까지는 엘륄에 동조하지만, 라투슈는 제어 수단의 희망을 간직한다. 그것은 "지속적 발전"을 비판하는 것이다. 그는 유네스코의 한 심포지엄(2002년 2월 23일)에서 이 입장을 제안했다. 하지만 지속적 발전이 채택된다. 라투슈가 제안하는 것은 "공생적 감쇠"다. 그에 따르면, 진짜 존재하는 발전이란 경제 전쟁(패자가 더 필요한)이요, 조심성 없는 자연 약탈이며, 세계의 서구화이며, 지구촌의 획일화다. 이것은 모든 다른 문화들의 파괴로 이어진다. "공생적 감쇠"는 생물계에 대한 자료 채취 축소와 그 대신으로 얻는 복지 향상을 목표로 한다—오염 감소, 삶의 질 증대, 낭비와 스트레스 감소, 향정신성 의약품 소비 감소 등등.

철저한 기술 비판-"공해 대백과사전"파

어쩌면 이들이 오늘날 진정한 엘륄의 상속자들이다. 이들은 명백히 그렇다고 천명하지는 않지만, 실로 기술에 대한 예리한 비판적 고찰을 추구한다. 1984년에 태어난 정기간행물인 "공해 대백과사전"은 8년간 15회에 걸쳐 출간되었고 오늘날 출판사로 발전했다. "사상 협회"로 모인 "백과사전파"는 대 선배 디드로Diderot와는 달리 "예술, 과학, 직업의 비상식 사전" 형태로, "어떻게 사회 활동을 구성하는 직업 전문직이 존재의 조건들을 전반석으로 악화 시키는가"에 대해 설명한다.

엘륄과 관련해서 세 가지 차이가 발견된다. 먼저, 이들은 현 세계의 운명을 기술의 발전에서 보는 엘륄의 입장이 "모든 기술 조작에 대한 이의제기 성향을 형태에 대한 이의제기에 불과하도록 만든다"고 비판한다.[24] 이것은 체념의 형태를 품게 할 위험이 있다는 것이다.

다음으로 이들은 두 종류의 기술을 대립시키는 시어도어 카친스키 Theodore Kaczynski[25]의 입장에 서서 엘륄을 비판한다. 카친스키에 따르면 전체 존재 조건을 지배하는 제한적이고 자율적인 공동체에 의해 다시 회수될 수 있는 기술과, "거대 규모로 조직된 사회 구조들의 존재를 의미하는" 기술이 있다. 백과사전파는 이 두 번째 것을 "기술"에 국한시키고, 엘륄이 이런 구분 없이 모든 것을 "기술 체계"에 소속시킴으로써 풀기 불가능하게 만든다고 지적한다.

마지막 비판은 유례없이 커져가는 기술체계에 대한 엘륄의 재앙적인 예언과 관련한다. 사람들을 계몽하여 자신이 살고 있는 세상의 현실을 깨우치는(그리하여 물질적 필요 앞에서 기술적 중재 없이 있게 할) 이 "마땅한 재난" 개념-조지 오웰과 같은 현대의 상상계에서 발견되는-은 사람들에게 잘못되어 보인다. 백과사전파에 따르면 붕괴는 히로시마 이래로 이미 시작했고 재난은 매번 체계와 관련된 예속 상태에서 계속된다. "재난 조건에 익숙해지는 것은 오래 전에 시작된 과정으로, 이것은 황폐로 넘어갈 때에도 그럭저럭 적응하게 해준다." 체르노빌은 한 사례다.

이런 비판에도 불구하고 백과사전파는 엘륄의 공헌의 "객관적 중요성"을 인정한다. 그와 사상적 교감을 나눈 수많은 사람들 가운데 위에 언급한 카친스키의 사례를 들어보자. 버클리대학 수학과 조교수를 지낸

---

24. Jean-Marc Mandosio, *Après l' effondrement, notes sur l' utopie néo-technologique*, (2000), 117.
25. Theodore Kaczynski, *La Société industrielle et son avenir*, (1998).

바 있는 카친스키—1996년 4월 3일 체포되었을 때 유너바머Unabomber라는 이름으로 알려짐—는 17년 동안 폭발 우편물로 세 명을 죽이고 29명을 다치게 했다. 그의 성명서와도 같은 「산업 사회와 그 미래」(테러리즘의 포기 대가로 뉴욕타임스가 출판함)는 상실의 보편 체계의 핵심에 도달한다—"삶의 필연이 되어버린 기술적 기계설비에 대해 의존적 상태인 개인 자유의 소멸." 카친스키는 자신에게 영향을 준 인물로서 엘륄을 인용하고 있는데, 필경 우리의 비폭력 투쟁가는 그의 행위는 비난했겠지만 그의 사상은 비난하지 않았을 것이다.

거의 20년 동안 백과사전파는 무수한 비판서적들을 출판하였는바, 그 목표는 도시 문제(Belleville 파괴), 비-자연 재난(스페인의 유독 기름 신드롬), 속도의 횡포(TGV 반대), 대형도서관(BNF), 유전자 주입 농업 등이다. 이 마지막 문제는 호세 보베와 행동을 같이 하기도 했다.

논쟁적 비약을 억제한 엘륄과는 달리 백과사전파는 단호한 음색과 욕설을 서슴지 않았다. 이는 후기-좌익주의의 입장이기보다는 세상의 재앙적인 행보를 수반하는 거짓 비판의 조용한 게임으로 들어가지 않겠다는 의지의 표현이다. 이들이 엘륄과 일치하는 면은 훨씬 많다. 긴급성, 분노, 힘 있는 확신에서뿐만 아니라, 국가에 대한 철저한 불신, 이성의 이름으로 하는 기술 합리주의의 비난, 대중의 개인주의적 사회 비난, "좁기 때문에 자유로운" 미래의 공동체 창조의 소망, 혁명의 욕구 등이다.

⋮

4. 엘륄의 미술 비판에 대한 재평가

위에서 언급한 대로 엘륄은 1980년에 「무의미의 제국」[26)]이라는 책에서 미술에 대한 자신의 비판적인 입장을 밝힌바 있다. 그 후 이 비판서적에 대한 언급은 그다지 찾아볼 수 없었다. 최근 보르도 III대학 조형미술 교수인 피에르 가르시아Pierre Garcia는 기술사회에서 미술의 문제점을 지적하면서 엘륄의 비판서를 다시 검토하였다.[27] 그의 방법은 현대미술에 있는 세 가지 구성요소—가치, 자유, 존재론—를 들춰내고 엘륄이 이것들에 대해 어떤 평가를 내렸는지를 재구성하는 것이다.

현대미술의 세 가지 구성요소

미술의 세 가지 구성요소 중 첫 번째는 미술작품으로 이는 스스로 발생하는 가치의 가치la valeur de la valeur를 의미한다. 곧 모든 외부 가치와 독립된 자신의 가치를 만들어내는 자유로운 것이다. 이런 점에서 미술품들의 내력은 외부로부터의 분리, 자기 자신의 가치 창조로 이뤄진다. 미술의 독자적인 길을 반대한 사람들, 그리고 미술 작품에서 그 절대적 독립성을 추구하지 않고 무슨 보잘것없는 소시민적인 행각을 추구했던 사람들은 역사적으로 정죄를 받았다.

두 번째 요소는 이런 창조행위로서 곧 스스로 발생하는 자유—이 자유의 자유la liberté de la liberté—를 의미한다. 돈벌이나 공리적인 작업을 하는 자가 창조행위를 한다고 말할 수 없다. 창조행위는 절대적으로 자유행위다. 이런 창조행위를 그것과 다른 목적—시대적 유행, 권세자의 욕구, 감정의 취향 등—에 굴복시키는 검열관은 미술사를 통해 비난되었다.

26. *L'Empire du non-sens* (Paris, 1980).
27. Pierre Garcia, "L'art dans la société technicienne et l'empire du non-sens", in *Jacques Ellul: Penseur sans frontières*, 311-334.

세 번째 요소는 미술가 자신으로 이는 스스로 발생하는—미술품, 미술 행위의 경우와 마찬가지로—존재를 의미한다. 미술가는 스스로가 미술가가 되기 때문에만 미술가이다. 그는 스스로 자신의 머리털을 당김으로써 모래 늪을 빠져나온 전설의 뮌크하우젠 남작과[28] 다를 바 없다. 이것은 존재론의 존재론l' ontologie de l' ontologie이다. 어려운 창조적 과제를 피해 전통이나 취향에 편승하려했던 관학풍의 화가는 결국 애석하다는 소리를 들어야 했다.

미술 시장의 상종가는 언제나 이 조건을 갖춘 화가의 작품의 몫이다.

엘륄의 세 가지 비판

엘륄에 따르면 이 요소들과 연관된 미술의 세 가지 성공은 재고해야 할 속임수다.

첫째, 전제되는 가치를 거부하는 순수 가치는 다른 모든 가치들보다 우월한 가치에 이르지 못한다. 가치의 가치가 이뤄질 경우 그것은 사실상 무가치에 이른다. 오직 자신의 가치만을 참고할 경우, 그것의 의미는 죽는다. 순수 가치가 완성 되는 현재의 미술은 최고의 말을 가진 과거의 미술들보다 탁월하지 않다. 그것은 아무것도 말하지 않는다.

둘째, 미술은 이런 관점에서 자유도 반항도 아니다. 오히려 소외요 굴복이다. 자유의 자유, 기질적인 삶, 자아가 아닌 모든 것의 거부, 반-전통주의 등등은 편협한 개인주의와 별 볼일 없는 존재가 되고 만다. 목적 없는 행위의 행위는 스스로 붕괴된다. "미술가는 진공 속에서 창조한

28. Karl F. H. Münchhausen(1720-1797)은 1740년 터키군대와 싸운 러시아 군대 소속 장교로서 많은 작가들에게 영감을 주었다.

다…이때부터 아무거나 만들어질 수 있다. 이것이 자유인가? 이것이 우리 현실의 부재가 만든 이 비존재, 모순, 경멸 앞에서 그가 말할 수 있는 모든 것이다."

셋째, 미술가 자신 역시 비판될 수 있다. 자기 자신과만 관련하는 존재는 우월한 존재론에 이르지 못한다. 오히려 그 반대다. 모든 기능, 필연성, 타자성을 결여한 존재의 존재는 아무것도 아니다. 현대 미술은 "온통 주체, 저자, 창조자의 부정"이다. 이런 부정은 결국 인간 부정에 이르며 자살로 표현된다.

이런 비판은 결코 우연 때문이 아니라 미술이 기술사회에 자리 잡았기 때문이다. 어떤 상황과도 관계없는 철저히 자유로운 활동의 표지로 보이는 미술의 자기 목적성은 사실 맹종이요 복종이다. 왜냐하면 이 목적성이 기술 세계(목적성만을 그 특성으로 하는)에소 전개되기 때문이다.

기술세계는 가치의 가치, 행위의 행위, 존재의 존재 세계다. 이 기술세계에서 이런 가치와 행동과 존재가 되기 위해서 현대미술은 하나의 노예와 하수인에 불과하다. 현대미술은 순수 행동의 세계에서 순수행동이다. 그것은 마치 의미도 가치도 필요없는 기술처럼 그렇게 존재한다.

엘륄의 현대미술 비평은 도덕적이고 정치적인 영역에 속한다. 그것은 자율적인 현상으로 여겨지는 미술을 겨냥하는 것이 아니라 사회단체에 개입된 행위로서의 미술, 책임감으로 결과를 평가해야하는 미술을 겨냥한다.

이런 점에서 현대미술 작품의 가치의 가치는 기술세계의 가치와 동일한바, 이것은 초월이라는 보다 우월한 가치와 관계하는 종교세계와는 다른 것이다. 거기에는 "의미도 없고, 주체sujet도 없고, 내용도 없고, 테마도 없고, 어법도 없고, 할 말도 없고, 의미 작용도 없으며, 다만 대상

objet이 있을 뿐이다. 그게 전부다."

자유도 모든 정황에서 벗어나는 최고의 자유로 나아가는 것이 아니라 기술세계에 부합하는 그릇된 자유로 향한다. 대상 없는 자유는 공허한 행위일 뿐이다. 명백한 자유의 미명하에서 "현대 미술은 자기부정의 미술이요, 상황을 지배하기에 무능한 미술이다. 그것은 인간으로 하여금 세상을 지배할 수 있는 힘을 공급했던 마술이나 종교미술의 이면이다. 이 미술은 양들을 죽일 칼을 준비한다." 자유의 자유는 기술세계에의 복종일 뿐만 아니라 자유의 포기다.

존재의 존재 경우도 마찬가지다. 주체는 잊혀진 존재요, 공연 사회에서의 순수 공연물에 불과하다. "그는 아무것도 아니기 때문에 아무것도 기재하지 않는다." 미술가라는 존재는 "공명상자요, 기술세계의 산물에 불과하다."

미술 평가의 두 입장

미술에 관한 엘륄 관점은 그의 사회학적인 관점과는 다른 양상이다. 여기서 그는 신앙인이요 도덕론자가 된다. 미술을 그 자체에서 가능성과 목적을 찾으려는 자유 행위로 보지 않고 기대와 책임의 관점에서 본다. 미술이 인간의 가치를 섬기지 못할 때, 그것은 마땅히 비판되어야 한다는 것이다.

하지만 미술의 독자적인 행보를 인정하는 입장이 있다. 인간은 자신의 작품과 참여 자체로 만족하고 그것 자체에서 만족할 수단과 방법을 구성할 수 있다. 이것은 현대미술에서도 마찬가지다. 일례로 추상화는 그것 자체를 위해 있다. 그것은 아무짝에 쓸모없고 그것 외에 다른 의미나 목적이 없다. 그것은 순수 자기 생산이라는 창조 행위에 의해 태어났으며, 아무런 필요나 기획이나 목적이 그것을 부추기지 않았다. 마르셀 뒤샹Marcel Duchamps(1887-1968, 프랑스 화가로 그의 1912년 작품인 "계단을 내려오는 나신"은 당시 스캔들을 야기했다)은 좋은 사례다. 그가 그린 병 받침(1914)이나 소변기(1917)는 "아무거나"가 아니라 자기 목적성을 갖는 자연을 상징하며, 가치와 행위와 주체의 온전한 진실을 구현하기 때문에 현대미술의 부인할 수 없는 미를 보여준다 하겠다. 이렇게 현대미술의 "별거 아닌 것"이 위에서 말한 세 가지 요소가 주는 낯선 아름다움을 얻어낸다.

이에 반해 엘륄은 인간의 작품과 참여가 책임이 동반하지 않는 한 그 자체로는 충분하지 못하다는 입장이다. "만약 우리가 미술 작품과 같이 본질적인 행위가 너무도 근본적으로 엉망이 되는 것을 확인할 경우, 중대한 무언가가 인간에게 미쳤음을 인정해야한다."

현대 미술작품의 모습

가르시아는 엘륄이 1980년에 본 현상이 오늘날 구체화되고 있다고 지적하고 그의 비평의 중요성을 일깨운다.

먼저, 가치에 있어서 자기목적성은 반복기법tautologie으로 넘어간다. 가르시아는 이런 현상을 프랑스 조형미술가인 장 피에르 레이노Jean-Pierre Raynaud(1939-)의 작품과 담론에서 발견한다. 그가 만든 액자 속의 만국기는 과연 가치가 있는가? 그는 미술은 미술에 속한다고 말하겠지만 이미 현대미술은 목적도 목표도 없는 기술세계라는 상황 속에 있다.

다음으로 자유에 있어서 자유를 반대하는 자유로 나아간다. 19세기와 20세기 초 미술가는 적대적인 환경과 싸워야했던 자유의 전사이었다. 프로메테우스적인 전위로서 그는 민첩하게 앞장서서 전통을 흔들었다.

하지만 오늘날은 몇몇 주변인들을 제외하고는 모두가 앞장서기 바쁘고 모두가 자유와 미술을 좋아한다. 현대의 미술가는 우롱적인 외부에 대해서가 아니라 자기 자신에 대해 자유를 행사한다. 미술은 유아독존의 모습으로 표현된다. 현대 미술가들은 이상한 탐욕 가운데서 자상自傷, 자기 사물화, 자기 비하의 형태로 자유를 행사한다. 그들은 이렇게 말하리라. "내가 내 자신을 포기하면 할수록, 내가 나라는 존재에서 감히 해체되면 될수록, 나는 자유롭다."

자유 자체를 공격하는 이 자유의 자유는 기술세계에 대한 철저한 반항 운동이 아니라 그것에의 절대 복종이다. 거짓 자유는 미술가의 입장이다. "위반할 뭐가 더 없는가? 도덕적이고 문화적인 터부는 오래전부터 무너졌다. 사회가 보호 없이 붕괴되는가? 상관없다! 사람들은 위반을 모험할 것이다. 그들은 자유의 보물을 지키는 무서운 용과 싸우는 영예를 갖기 위해 그것들과 부딪히는 체 할 것이다."

미술가는 자신을 둘러싼 세계에 대해 전혀 알려하지 않으며 그것을 비판하지도 않고 오히려 그것의 동의와 돈을 구한다. 대담, 위반, 전복, 자유는 여기서 나온다.

현대 미술이 종종 구현하는 소재를 어떻게 볼 것인가? 그것은 소재의 모든 속성과 고전 사상이 빌려준 모든 가치를 상실한 소재로서, 기술세계에서 생긴 소재일 뿐이다. 인간은 공허한 장소처럼 혼돈만을 표현할 뿐인바, "이는 사회 자체가 인간과 그 의미를 붕괴 시키는 기술의 영향으로 혼돈상태가 되기 때문이다."

가르시아는 대표적인 사례로 이탈리아 출신 행위예술가 바네사 비크로프트Vanessa Beecroft(1969-)의 비디오 작품을 언급한다. 1993년부터 시작된 그녀의 작업은 수 십 명의 누드 여성을 목적도 없는 포즈로 서 있게 하다가 지쳐 조금씩 주저앉아 카메라에 그들의 내면을 노출하게 하는 것이다. 그녀는 2007년에 한국에서도 자신의 작품을 선보였다. 그녀에 대한 적극적인 평가는 "여성을 성적 욕망의 대상에서 몸 그 자체로 승화시킨 페미니즘의 미술"이라는 것이다. 미술 비평가 하리 벨레Harry Bellet 가 「르몽드」지에 기고한 "모든 한계너머로, 미술의 모든 가능성"(2001년 6월 16일)도 유사한 평가다. 미술이 목적성이나 도덕 같은 외부 가치들에게서 자유로운 영역이라고 말하면서 미술의 순수 가치와, 미술가의 자유로운 행위를 옹호하고 도덕적 정죄보다는 그것을 넘어선다고 칭송한다.

하지만 엘륄적인 관점에서 볼 때 한심할 정도로 어리석고 수용하기 어려운 작품이다. 목적뿐만 아니라, 여성들을 그렇게 다루는 이유와 방법도 문제이며, 도대체 그럴 권리가 부여되는 것도 문제다. 이렇게 기술세계에 속한 가치와 행위와 존재를 실행함으로써 이 세계의 미술은 모든 결론을 기술세계에서 끌어온다. 결국 가치의 부재로 끝난다.

현대미술 세계의 실상

가르시아는 현대미술 세계를 상인과 악하고 비열한 작자들의 활동 무대로 본다.

첫째, 오늘날 미술의 가치의 가치는 상업 세계를 피하기는커녕 전적으로 그 세계에 종속될 수 있을 뿐이다. 미술 영역 외에서는 필연성이나 목적성이 없는 오브제는 오직 미술세계에서만, 그리고 그 작품을 거래하는 상업세계에서만, 그 피난처를 찾을 수 있을 것이다.

가치의 가치와는 다른 고유의 가치의 부재는 미술 작품을 미술 상업세계로 몰아넣는다. 이 모순은 점점 심화된다. 미술가가 자유롭고 급진적일수록, 그의 작품은 미술관, 비평, "위원회" 같은 기구들이 필요해진다. 작품이 반항적이고 전복적이며 위반적이며 "해방적"일수록 가치가 나가며, 값이 비쌀수록 돈의 세계에 굴복한다.

둘째, 가르시아는 루소의 정의에 따라 선인과 악인을 구분하고 현대 미술가를 악인으로 규정한다. "감정과 지성이 있는 곳에는 모종의 도덕 질서가 있다. 차이점은 선인이 모든 것과 관련해서 자신을 정돈한다면, 악인은 자신과 관련해서 모든 것을 정돈한다는 데 있다."[29] 이런 점에서 현대의 미술사는 사악함의 역사이다. 미술의 자유는 무책임의 자유이다. 현대 미술가는 기술세계에 있는 기술자이다. 그는 외부의 우월적인 가치들과 관계없이 자신의 기획을 끌고 간다. 그는 현재 미술계를 재빨리 훑어보고 모든 형태의 사회적 책임에 대한 위반거리 찾는다. 바로 이 위반 능력이야말로 미술가의 자질의 진정한 지표가 된다. 포르노, 사디즘, 고문, 비하 등등은 현대 미술의 가장 적합한 소재다. 이런 소재의 작품의 경매 가격은 끝도 없다. 우월적 가치를 인정하지 않는 이 사악한 창조를 누가 막을 수 있을까?

셋째, 가르시아는 사르트르의 「비열한 인간」*salaud*에 대한 정의를 인용하면서 현대 미술가를 비판한다. 프랑스 실존철학자에 따르면 「비열한 인간」이란 타인보다 더욱 절대적인 존재가 되고자 하며 타인을 자기 존재에 굴복시키고자 하는 인간이요, 타인이 존재하는 것을 방해함으로써 존재하고자 하는 인간이다.[30] 이것은 기술세계에서 존재들의 경쟁 관계에 적합한 표현이다. 미술가는 가장 명백한 경쟁의 승리 형태 가운데 하나를 보여준다.

---

29. *Profession de foi du vicaire savoyard*, (Garnier Flammarion, 1996), 92.
30. *L'homme-dieu*, (Grasset, 1996).

고전세계에서는 두 주체(미술가와 관객)가 미술작품을 중재로 상호주관성이라는 동일한 객관성에 따라 평등하게 소통할 수 있었다. 하지만 현대 미술의 형식과 장소들이 보여주는 것은 관객(비-미술가)의 복종되는 에고ego에 맞서는 미술가의 주권적인 에고의 확립이다. 그 이유는 미술가가 성공하고 성취한 인물이기 때문일 뿐만 아니라, 미술의 메커니즘이 비-미술적 에고들의 복종을 요구하기 때문이다. 미술 주체의 주체라는 사고체계에 따르면, 에고의 작품은 미술의 에고가 공동 에고보다 우월하기 때문에만 미술 작품으로 주어질 수 있다. 가르시아는 대표적인 사례로 프랑스 미술작가이자 사진작가 소피 칼Sophie Calles(1953-)을 든다. 그녀의 내면성이 관객의 내면성보다 우월하다고 여겨질 수 있기에 그녀의 미술작품은 성공했다. 오늘날 무수한 작품들이 이처럼 비-미술가들에 대한 미술가의 우월성을 연출한다.

엘륄의 용어에 따르면 기술세계의 미술은 가치의 순수 가치요, 자기 자신과만 관련하기 위해 다른 가치들을 무시하는 가치다. 이런 점에서 엘륄의 비평은 적절하고 부인할 수 없다. 그의 비평은 미술이 스스로 명백하게 요구하는 것이 되는 것을 비난한다.

기술세계의 미술을 거스르는 현대미술

그렇다면 기술에 종속된 미술을 거스르는 현대미술은 없는가? 가르시아는 몇몇 화가들에게서 그 가능성을 본다. 마크 로스코Mark Rothko(1903-1970), 라인하르트Ad Reinhardt, 마틴Anes Martin, 제임스 브라운James Brown 같은 화가들은 미술의 자율에서 출발하지 않고 사물에 대한 철저히 목적론적인 법칙을 적용한다.

로스코의 단색은 가치의 가치, 행위의 행위, 의지의 의지를 위한 그림

이 아니다. 오히려 그 반대다. 그림을 위한 가치와 행위와 의지다. "그림은 사람과 교감함으로써 존재하는 것이며 감성적인 감상자에 의해 확장되고 생장한다." 로스코의 말이다.

이런 미술가들은 미술의 세 요소의 형태를 바꾼다. 이제 가치의 가치는 다른 가치와 무관한 가치가 아니며, 행위의 행위도 독불장군의 행위가 아니며, 존재의 존재도 스스로 생겨나는 존재가 아니다. 이렇게 미술은 동시대인들과 맞서는 이 미술가들을 통해 다시금 타자성과 도덕을 부여받고 있다.

2007년 베니스 비엔날레에서 18억 이상을 호가할 자신의 작품을 두고 이우환이 한 말은 의미있다. "경매에서 내 이름을 빼줬으면 좋겠어요. 미술은 아트페어나 옥션을 통해서도 알려지는 게 사실이지만, 그런 건 주식 시장 같은 거지 예술과는 아무 관계가 없어요." 그는 "작품을 진정으로 좋아해서가 아니라 돈이 된다니까 사들인다면 경매에서 거래되는 내 작품 가격은 거짓이며, 작품이 담고 있는 사상과 철학에 대한 관심이 없다면 예술은 공허한 것"으로 보았던 것이다.

아무튼 현대미술의 한복판에, 기술세계의 기술적인 관행과 나란히, 기술세계에 속한 급진적인 비도덕주의와 나란히, 이 가치를 상실한 세계에 하나의 저항처럼 보이는 추구, 세상과 사물의 존재를 다시 문제 제기하는 추구가 있는 것이다.

로스코나 브라운, 또는 이우환 같은 화가의 그림은 상품도, 냉혹함도, 압박도 아니다. 그것은 사물의 가치, 섬김의 가치, 우리 자신과 타자의 가치의 회복이다. 엘륄이 시사했던 것이 바로 이런 것들이었다.

⋮

5. 이미지와 영성

엘륄은 「무의미의 제국」을 쓴 다음 해에 「말言의 굴욕」[31]을 출판하여 이미지 전체에 대해 비판을 가했다. 엘륄은 이미지의 세계와 말의 세계가 각자의 영역을 갖고 있다고 보고 시각 세계와 청각 세계가 다른 질서에 속한다는 것을 인정한다. 하지만 그에 따르면 성경 계시는 말씀을 통해서이지 이미지를 통해서가 아니라고 주장한다. 하나님은 말씀하지 자신을 보여주지 않는다. 형상을 묘사하는 행위를 우상숭배와 연결시킨다. 진리를 증언하는 것은 말이지 이미지가 아니다. 교회사에서도 이미지 신학 또는 아이콘 신학이 우세한 교회들이 있었지만 교회 개혁은 말씀의 신학에서 왔다. 그런데 현대 사회는 지나치게 이미지의 홍수로 넘쳐난다. 이미지는 현대 사회의 특징인 기술과 결합하면서 말의 위치를 현저히 떨어뜨려 놓았다. 심지어 말을 증오하기에까지 이르렀다. 이제 인류homo sapiens는 바야흐로 이미지 인간homo imaginis이 되어간다. 하지만 엘륄의 이런 이미지 비판도 피에르 가르시아가 미술 비판에 내린 재평가의 연장선에서 볼 수 있을 것이다. 왜냐하면 엘륄이 이런 이미지와 아이콘의 실체réalité가 종말론적 관점에서 그 의미를 되찾을 수 있을 것으로 보기 때문이다. 그는 성경의 묵시 문학에 등장하는 환상들을 설명하면서, "만일 요한계시록이 총괄갱신이라는 최종 화해를 증언한다면, 이 화해는 분명 모든 실체를 포괄하며, 따라서 시각에 의한 이 실체의 파악

---

31. *La Parole humiliée* (Paris, 1981).

32. La parole humili?e, 266-267.

33. 이제부터의 내용은 대부분 "이미지와 영성"의 과목 개설을 계기로 학교 신문에 기고한 글이다.

인 환상은 말〔씀〕과 마찬가지로/함께 하나님의 활동의 이런 형태의 계시에 대한 적합한 표현 방식이 된다"고 말한다.[32] 이것은 아이콘의 경우도 마찬가지다. "아이콘의 신학에서 언급되는 모든 것이, 오직 궁극적인 것 안에서 주어질 것에 대한 현재의 표명으로서만, 종말론적 전망에서 완벽히 수용될 수 있다는 것은 실로 주목할만하다." 엘륄이 아무런 결론도 없이 그의 책을 마무리하는 이 화해réconciliation의 장章에서 나는 그의 「도시의 신학」의 말미를 상기한다. "하나님은 인간의 업적을 결코 무로 돌리지 않는다."

여기서 나는 엘륄의 이미지 비판에 대한 평가를 개인적인 경험을 토대로 시도하겠다.[33] 이 시도는 이미지에 대한 적극적인 태도로 나타난다. 이미지 시대에 오히려 이미지 신학과 영성의 부재로 말미암아 그림 하나 감상할 줄 모르는 것이 결코 말씀의 신학의 자랑이 아닐진대, 이미지들의 홍수 속에서 그것들을 읽어낼 수 있는 것이 보다 바람직할 것이다.

이미지: 기독교의 다른 한 분야

내가 이미지에 대해 관심을 기울이게 된 계기는 프랑스에서의 유학생활과 간간히 이어진 유럽 여행 때문이다. 나는 늦은 나이에 그림과의 접촉을 시도했고 그런 경험을 학생들과 나누고자 "이미지와 영성" 과목을 개설하고 이미지 신학에 대한 글도 썼다.[34] 이것은 그동안 우리가 비교적 등한시한 기독교의 다른 한 분야에 대해 조심스런—그러나 꼭 필요하다고 여긴—접근을 시도다. 또한 이것은 이 영역에 대한 나의 몰이해를 반성하면서 이뤄졌으며, 동시에 나와 같은 전철을 밟을 수 있는 후

---

34. 박건택, "기독교 이미지 신학의 역사적 고찰", 「신학지남」 2007/봄호.

학들이 보다 의미 있는 문화 여행의 기회를 가질 수 있게 되기를 바라는 마음으로 이뤄졌다.

기독교 문화를 품고 있는 유럽은 도처에 많은 이미지들을 갖고 있으며, 기독교 역사가 짧은 우리는 유학이나 관광을 통해 잠시나마 서구 문명의 일부를 접하게 된다. 나 역시 여러 번 서구 사회를 들락거리면서 마치 문화인으로서의 당연한 행동인양 미술관과 박물관을 스치듯 지나갔고 때로는 관광객들 틈새에서 밀려다녔다. 내부에 있는 내용물보다는 외부의 건물 앞에서 사진 찍기에만 급급했던 기억이 더 많았던 이런 여행은 인식과 배움의 부족의 결과라고 말하지 않을 수 없다.

물론 이것은 이미지가 갖는 우상숭배적인 요소에 대한 확고한 거부 의사에서 비롯될 수도 있다. 토종 우리들에게 어려서부터 새겨진 우리 이교 문화의 이미지들은 회심 과정에서 부정적으로 인식되어 거리낌의 대상이 되었다. 우리는 우리의 등산 문화에서 빼놓을 수 없는 "사찰 경유"에서 종종 우리 전통 문화에 대한 거부감을 느끼곤 한다. 우리의 신앙/신학적 배경이 되는 프로테스탄트주의는 이점에서 철저한 반-이미지 의식을 우리에게 심어주었다. 이런 이미지에 대한 부정적인 시각은 비단 이교 문화에 국한되지 않고 기독교 내부에도 적용이 되었다. 사실 정교회(그리스, 터키, 아르메니아, 러시아 등)와 가톨릭교회에서 볼 수 있는 수많은 이미지들은 이 분야에 대한 개념이 없는 프로테스탄트 여행자들을 충격으로 몰아넣을 수 있다. 우리의 희망 여행지 가운데 인기 있는 상당수의 나라들이 가톨릭 문화권 국가와 도시들(이탈리아, 스페인, 프랑스, 프라하…)이다. 프로테스탄트 문화권의 나라들(스위스와 북유럽)은 다른 문화권의 나라들에 비해 교회 이미지와 관련해서 그다지 볼게 없다. 우리 쪽에는 자연 및 도시 풍경, 정물, 인물의 이미지들이 발전했고, 이런 점에서 렘브란트는 우리의 자존심과도 같다.

아무튼 그림과 대면하면서 거기서 우리가 아무런 감흥도 의미도 얻지 못한다면 우리의 관광이나 문화 여행이 가져다 줄 수 있는 것은 매우 초라한 것이 되기 쉽다. 우리는 때로 돈 내고 미술관에 들어가는 것이 아까울 지경이다. 별것도 아닌 것 모아놓고 돈벌이 하는 그들이 얄밉기까지 하다. 하지만 여행 안내책자에서 꼭 들려야할 주요 도시들이 많은 별표를 얻는 이유는 그곳에 훌륭한 미술관/박물관이 있기 때문이다. "아는 만큼 보인다"는 말이 있듯이 "성지순례"(사실 이 말은 적당하지 않다)를 떠나고자 하는 우리에게 절실한 사전 지식은 실용적인 것(기후, 풍토, 화폐, 여관, 저가 항공사…)보다 단 한 가지를 보기 위해 준비하는 지식일 수 있다.

시각 영성과 청각 영성

프로테스탄트 교회의 말씀의 신학은 청각 영성을 키워왔다. 이것은 설교된 말씀을 듣는 훈련뿐만 아니라 잘 설교하기 위한 수사학도 함께 발전시켰다. 누군가가 지적했듯이 칼뱅의 수사학은 칼뱅주의의 성공을 이끌었다. 목사들은 잘 준비된 말, 또는 성령으로 감동되어 쏟아놓는 즉흥적인 말을 통해 청중의 강퍅한 귀/마음을 "무너뜨려야" 했다.

교인들은 들을 귀를 준비해오면 그만이다. 예배당에서 볼 것은 십자가를 빼놓곤 거의 없다. 그래서 목사의 옷과 제스처는 "볼거리"다. 목사는 40분(설교의 표준시간?)간 수사학을 통해 "막힌 귀를 뚫어야" 한다. 그러므로 프로테스탄트 세계에서 수사학은 영성 훈련의 으뜸가는 수단 가운데 하나다. 개인 성경읽기의 영성 훈련도 목사의 지도가 없이는 모종의 불안한 요소를 간직한다. 찬송과 기도는 프로테스탄트 영성 훈련에서 "말씀 듣기"보다 앞에 둘 수 없다. 목사의 수사학이 우리의 영성을 결정한다 해도 과언이 아니다. 목사는 말로 우리를 웃기고 울린다.

프로테스탄트 설교의 최대의 문제는 항상 복음의 핵심만을 설교할 수 없다는 데 있다. 세상 돌아가는 이야기, 정치와 경제 이야기, 개인 여행담, 성공하는/복 받는 법, 헌금의 중요성, 공동체의 무질서에 대한 질책…이런 것들은 상황 설교는 될 수 있으나 복음의 핵심은 아니다. 프로테스탄트 예배에서 유일하게(우리에게 십자가 예배란 없기 때문에) 지속적으로 제시되는 복음의 핵심은 성만찬이라는 "보이는 말씀"에서다. 거기에는 언제나 그리스도의 찢긴 살과 흘린 피가 있다. 그 내용만 안다면 어떤 수사학도 필요 없다. 하지만 불행히도(?) 이 연출되는 무대는 일 년에 2회 내지는 4회가 전부이고 따라서 그 중요성도 강조되는 만큼 인식되지 않는다. 프로테스탄트 교회에서 그림과 이미지는 주일학교 교육용에 머물고 만다. 시각을 통한 영성 훈련은 여기서부터 단절된다.

반면 가톨릭교회에는 여전히 시각 영성의 문이 열려있다. 물론 가톨릭과 프로테스탄트 교회들을 시각/청각으로 구분하여 이분법적으로 각각의 영성을 규정짓는 것은 문제가 없지 않다. 내 의도는 규정이 아니라 경향이다. 16세기 종교개혁자들과 트렌트 종교회의 사제들 이래 이미지에 대한 두 교회의 입장은 분명하다. 이것은 성상파괴주의와 성상옹호주의의 대립이 아니라 전례/예배에 있어서 이미지 사용여부의 문제이다.

언젠가 나는 제네바에 들렀다. 칼뱅의 도시는 많이 가톨릭화 되어 있었다. 칼뱅이 설교했던 두 교회를 들렀다. 역 근처 있는 교회는 활발한 가톨릭교회가 되어 있었다. 이미 많은 이미지들로 장식된 교회 제단 앞에는 한 명의 젊고 잘생긴 수사가 무릎을 꿇은 채 제단 뒤에 있는 마리아와 아기예수 상을 그윽이 바라보고 있었다. 그 수사 뒤에는 십자가에 달리신 그리스도상이 높이 걸려 있었다. 나는 맑고 밝은 그 수사의 얼굴에서 그가 모종의 영성을 체험하고 있음을 느꼈다.

생-피에르 교회는 공사중이었다. 인부 하나가 잠시 휴식을 취하며 천정을 바라보고 있었다. 기도하는 모습인가? 밀레의 "만종"—이 프로테스탄트 전통의 회화—이 연상되었다. 문득 이 칼뱅의 교회에 변화 조짐이 일었다. 제네바 대학의 명예 교수인 에릭 푹스Eric Fuchs의 작품이 머리에 떠올랐기 때문이다.[35] 그는 프로테스탄트 교회가 텍스트 언어에는 강하나 이미지 언어에 지나치게 취약함으로 말미암아 교회를 헐벗은 모습으로 내버려두었다고 지적한바 있다.

그렇다면 이제 프로테스탄트 사회는 교회 음악에 비해 현저히 그 자리를 차지하지 못한 교회 미술을 어떻게 보아야 할까? 이것은 우리의 이미지 신학에 대한 재검토를 통해서만 가능할 것이다.

프로테스탄트 이미지 신학

과연 16세기 종교개혁자들은 이미지에 대해 부정적이었던가? 제롬 코탱이 이 문제를 심층적으로 분석 연구한 끝에 몇 가지 일반적인 오해를 들춰내고 "프로테스탄트 이미지 신학"의 가능성을 제시한바 있거니와[36], 우리 쪽의 이미지 신학이 가능하기 위해서는 루터와 칼뱅의 입장이 종합적으로 설명되어야 한다. 두 가지로 언급하겠다.

먼저, "이미지=우상"이라는 오해가 풀려야 한다. 사실 칼뱅은 모든 이미지, 심지어 마음속의 이미지(상상력)까지 우상으로 동일시한다는 점

35. "이미지와 영성"에 관심이 있는 필자는 이미지를 적극적으로 평가하는 에릭 푹스의 「신학으로 그림보기」 *Faire voir l'invisible: Réflexions théologiques sur la peinture* (Genève, 2005)를 번역한 바 있다(솔로몬 2007).

36. J. Cottin, *Le regard et la parole*, (Paris, 1994); *La mystique de l'art*, (Paris, 2007).

에서 가장 급진적인 성상파괴적인 입장을 갖는다. 그러나 칼뱅에게는 가톨릭교회가 신성시한 아이콘과 이미지를 분리시켜 설명할 시간과 여유가 없었다. 그가 공격한 것은 우상화된 아이콘이지 단순한 시각적 표상인 이미지가 아니다. 이점에서 루터의 입장에 주의를 기울일 필요가 있다. 루터는 이미지를 중립적인 것으로 보고 말씀의 신학 하에서 선포용과 묵상용으로 사용할 수 있다고 보았다. 그의 책상 앞에는 "성모마리아와 아기예수" 이미지가 놓여 있었다. 이것은 성육신을 상상할 때 당연히 떠오르는 이미지다. 이미지를 두려워하는 것 자체가 우상화의 가능성을 준다. 그러므로 성상파괴주의는 이미지에 마술적인 능력을 인정하는 꼴이기에 역으로 하나의 우상숭배가 될 수 있다. 결국 이미지도 해석의 문제다. 아이콘을 없애기보다는 그것을 두려움 없이 보도록 재해석해주어야 한다.

그러므로 이어지는 문제는 "이미지 제대로 보기"다. 루터는 교회 이미지를 포기하지 않아도 되는 일에는 성공했으나 그 이미지를 있는 그대로만 바라보고 심층적으로 나아가는 데는 실패했다. 사실 루터는 루카스 크라나흐(I세)와 더불어 "율법과 복음" 같은 소재의 이미지를 만들어서 자신의 십자가 신학을 쉽게 알릴 수 있었다. 하지만 이런 가시적 표상으로서의 이미지는 단순한 선전용이 될 수도 있다. 보다 깊은 심미적이고 영적인 그림보기로 들어가야 한다. 이 문을 열어준 것이 바로 칼뱅이다. 그의 전례적인(예배용) 이미지에 대한 거부는 일반적인 이미지의 발전을 야기했고 하나님과 그 창조세계의 아름다움을 활발히 그리게 했다.

칼뱅의 유일한 교회 이미지는 성례(특히 성찬)다. 그의 이미지 신학은 표상(빵과 포도주)signe과 진리(그리스도의 임재)chose signifiée 사이의 관계를 통해 설명된다. 이런 그의 신학적 심미학은 모든 문화의 창조물에게로 확대된다. 하나님의 창조물에 대한 모든 이미지는 창조주를 보는 거울이다. 비록 인간이 타락으로 말미암아 그를 볼 줄 모르는 자가 되었지만, 그리스도의 구속과 더불어 성령의 도움으로 볼 수 있게 되는 것이다. 바로 여기에 가시적 질서에서 시각적/심미적/영적 질서로의 이동이 있다. 그리스도의 역설적인 미는 우리로 세상의 미를 볼 수 있게 해줄 뿐만 아니라 거룩하게 된 인간 존재를 아름답게 만든다. 이렇게 성찬신학은 신학적 심미학의 출발점이다. 나아가 신자가 보는 하나님의 미는 세상을 새롭게 보는 치유의 시선을 준다.

이렇게 우리는 루터와 칼뱅의 이미지 신학을 통해서, 교회 미술이건 일반 미술이건, 이미지를 볼 줄 아는 신학적, 심미적 시각을 갖게 된다. 그림/이미지는 공간을 장식하는 장식품만은 아니며, 문화인을 가늠하는 척도도 아니며, 재산 증식을 위한 소장품은 더 더욱 아니며, 말할 것도 없이 마술적 힘을 가진 영적 존재도 아니다. 오히려 그림은 시대를 고발하는 메시지일 수 있고, 아픈 영혼을 달래주는 위로자일 수 있으며, 즐겁게 이야기 나눌 수 있는 대화 상대일 수 있다.

이제 그림과 이미지 앞으로 두려움 없이 나아갈 필요가 있다. 그것이 내게 말을 건네올 때까지 기다리자. 아무런 느낌이 없으면 그걸로 그만이다. 다른 이미지로 가면 된다. 문제는 내 심미적, 영적 상태다. 내가 고르는 이미지가 어쩌면 내 영성을 말해준다. 그런 그림 앞에서 나는 발을 멈추고 시선을 떼지 않는다. 깊은 침묵에 있다가 갑자기 말이 쏟아진다. 그것은 나를 말하고 있으며 때론 나를 치유한다. 동일한 해석을 요구하지 않기 때문에 남을 의식할 필요도 없다. 전혀 기독교 신앙과 맞지 않을 것 같은 이미지 앞에서도 묵상하는 사람이 있다. 하지만 그리스도 이미지에서 출발하는 것이 좋으리라. 십자가에 달린 채 말없이 머리를 숙이

신 그분을 바라봄으로써, 때로는 수사학을 난발하며 마치 모든 것을 다 알고 실천하는 양 핏대를 올리는 우리 자신을 성찰할 수 있다. 이미지 신학이 말씀의 신학 밖에 존재할 수는 없지만, 때로 이미지의 언어는 텍스트의 언어가 주지 못하는 것을 줄 수 있을 것이다.

Chapter 11

엘륄의 신학 평가

엘륄의 사회학에 대한 평가 글들을 충분히 보았으므로 이제부터 그의 신학에 대한 평가를 시도해야 한다. 물론 사회학에 대한 평가가 사회학 주변의 학문들을 포함했듯이 여기서도 신학의 주변학문들을 포함한다. 먼저 성경관에서 출발하여 신앙/신학(신론, 구원론, 종말론)과 윤리, 그리고 역사와 문명 순으로 보겠다.

1. 자끄 엘륄의 성경관

오래 전에 데이비드 길David W. Gill이 자끄 엘륄의 은퇴를 시점으로 그의 성경관을 쓴 바 있거니와[37] 그는 엘륄의 신학과 윤리학적 작품의 지속

37. D. W. Gill, "Jacques Ellul's View of Scripture," *JETS* 25/4(December 1982) 467-478.

적인 위력이 그의 성경 해석에서 나온다는 사실을 지적하고 엘륄에게 성경 계시의 중요성이 어떠한지를 검토했다. 사실 엘륄이 사회학의 핵심어를 기술로 보았다면 그것의 변증법적 대칭으로 서 있는 신학의 핵심어는 성경 계시다. 그는 성경 해석을 통해 돈과 권력을 비판했을 뿐만 아니라(「하나님이냐 돈이냐」, 「하나님의 정치와 인간의 정치」) 도시와 인간의 역사 전체에 문제 제기했다(「요나의 심판」, 「도시의 신학」, 「요한계시록」). 심지어 그의 모든 윤리가 성경 계시에서 온다(「원함과 행함」, 「자유의 투쟁」).[38] 우리는 그의 결론이 전도서 묵상이었음을 보았다(「존재의 이유」).

성경 읽기: 계시의 말씀으로, 있는 그대로/통전적으로, 그리스도 중심으로

엘륄은 성경을 읽을 때 기록된 말씀과 계시의 말씀 사이를 구분하되 결과적으로는 같은 말씀으로 여기는 듯하다. 그런 점에서 그는 칼뱅과 칼 바르트 중간에 있어 보인다. 따라서 엘륄이 살아있는 하나님의 말씀과 기록된 본문을 구별하나 실제로 대부분 사실상의 동등한 같은 영감을 주장한다는 데이비드 길의 말은 옳다. 성서 텍스트에 있는 계시는 하나님의 뜻과 동등하다.[39] 예수 그리스도 안에서 객관적이고, 보편적인 율법은 개인적이고, 개별적이며, 구체적 언어인 계명이 된다. "계명의 부름은 성경 속에서 전적으로 자기 안에서 지속되어진다. 그러나 그것

---

38. "나의 생각의 기준은 성경계시이고, 나의 생각의 내용도 성경계시이며, 나의 출발점은 성경계시에 의해 제공되고, 그 방법은 우리에게 성경계시를 주는 그것에 일치하는 변증법이며, 그 목적은 윤리학에 관련되는 성경계시의 의미에 대한 연구이다"(「원함과 행함」)
39. "그러므로 한 규례가 규정하는 것과 다른 법이 요구하는 것은 실제적으로 나뉠 수가 없다. 모든 하나님의 살아있는 말씀이 성경에서 명백히 증거된 것과 다를 수 없다는 것은 명백하다…성경에서 인간들에게 말씀하신 하나님은 역시 우리의 하나님인 것이 분명히 드러나니 또한 바로 우리의 하나님이다. 그것들의 증거에 감사한다"(「원함과 행함」).

은 객관화된 기록의 말씀이기를 중단하지 않는다. 그것은 다른 것이 되지 않으며, 그 계명은 율법이 되지도 않는다.

성경에 기록되어진 말씀은 항상 살아 있으며 계속적으로 독자에게 말하여진다."[40] 이것은 당연히 실존적 결단으로 이어진다. "성경에서 읽힌 말씀은 믿음에 의하지 않고서는 개인적인 명령으로 들려질 수가 없다."[41] 한편 역으로 "현재에 대한 계시로 인정되는" 모든 것은 항상 "성경에서 계시된 말씀에 의해 입증되어야" 한다.[42] 엘륄에 따르면 성경은 인류 역사 속에 있는 전형적인 하나님의 행동이다. 하나님은 인간의 일을 빌려서 새로운 의미로 그것을 채운다. 따라서 주어진 문화적 언어형태의 차용이 있고 그 결과 역사서, 신화, 상징, 예언, 시, 묵시, 기타 문학 장르들이 그의 계시를 전달하는데 사용된다.

엘륄의 성경 읽기는 본문의 말씀을 있는 그대로 읽는 것이다. 일례로 그는 복음서에서 예수의 고통을 드러내기 위해 고통의 낭만화라든가 예수의 심리학 같은 것을 추구하지 않고 다만 "매우 수수하게 복음서 텍스트들을 읽은 것으로 만족했다"고 말한다.[43] 그는 역사적 예수와 신앙의 그리스도를 나누는 역사 비평 방법에 반대한다. 또한 있는 그대로의 본문 읽기는 복음서의 예수를 정치적 예수로 탈바꿈시키는 모든 혁명/해방 신학을 거부하게 한다.[44] 나아가 전도서에 가해지는 모든 편집 비평도 반대한다.[45] 그는 역사적으로 형성된 정경을 진정한 성령의 편집으

---

40. *Prayer and Modern Man* (New York: Seabury, 1970), 104.
41. *Ibid.*, 116.
42. *To Will and To Do*, 264
43. 「인간 예수」, 70.
44. 「자유의 투쟁」 제8장 전체가 이를 위해 할애되었다.
45. 「존재의 이유」, 285-286.

로 본다. 그렇다면 이것이 문자적으로 읽는 것을 의미하는가? 그렇지 않다. 오히려 그는 성경의 문자적 해석에 반대한다. 엘륄에게 있어서 "문자주의자"란 "구시대적이고, 유행에 처지며, 진부한 태도들"[46]을 의미하며, 문자주의에는 "예수 그리스도에 대한 신뢰보다도 오히려 기록에 대한 신뢰에 달라붙는 위험이 있다."[47] 엘륄이 볼 때, 전도서를 문자적으로 읽는 자들은 "텍스트에 의심을 품으며, 있는 그대로 읽으려 하지 않고…텍스트를 오려낸다."[48]

엘륄이 역사적 문헌적 비평 연구를 전혀 도외시하는 것은 아니다. 「도시의 신학」에서 그는 "도시"에 대한 히브리어 단어들과 관련하여 약간의 비평적으로 상술된 연구에 몰두한다. 그것은 이 연구가 조잡한 실수들을 막아준다는 점에서 그러하다. 그러나 그 개별 책들의 수집과 전체로서의 정경의 형성은 성경적인 "도시의 의미"에 대한 진실한 이해에 필수적이다. "이것이 본문에 대한 종합적 읽기가 나에게 귀중하게 보이는 이유이다." 엘륄의 통전적 해석 방식은 바빌론, 예루살렘, 주변 도시들을 다룰 때에 감명적인 결과를 가져온다. 이 방법은, 우리가 분석한 대로, 계시록의 상징들을 다룰 때 훨씬 뚜렷하다.

엘륄은 이렇게 성경이 통전적으로 읽혀지고 이해되어야 하며, 이 통일체는 절대적인 하나님의 말씀으로서의 예수 그리스도와 관련하여 이해되고 해석되어야 한다고 주장한다. 이점에서 그는 분명 그리스도 중심의 신학을 갖고 있다. 성경에는 "순수한 설화"도, "순수한 신화"도, "순수한 역사적 사건"도 없다. 그것은 분명 구속사다. 엘륄은 요나서, 복

---

46. *Hope in Time of Abandonment* (New York, 1973), 138.
47. *Judgment of Jonah* (Eerdmans, 1971), 10.
48. 「존재의 이유」, 287.

음서, 전도서를 주해하면서 언제나 이런 통전적 성경 읽기를 따랐고 그 결과 성경 전체가 담고 있는 계시의 의미를 통전적으로 파악할 수 있었다. 이렇게 "요나의 노래"(요나서 2장)의 삽입은 전적으로 의도적이었으면서도, 전혀 조잡하게 주워 모은 것이 아닌, 총체적 통일서이다. 예언으로서 요나서는 이스라엘을 향한 하나님의 말씀임과 동시에 그리스도에 대한 예표이다. 예언 자체와 예수의 언급이 이를 입증한다. 엘륄은 어떠한 해석도 그 본문에 대하여 신비의 열쇠나 전통을 부여하여 본문과 거기의 상징들을 다루는 것을 비난한다.

"우리는 성경 자체에 의하여 그것들을 독자적으로 해석해야 한다. 계시로서 전진적 사고에 대한 기록이라는 합의는 우리로 하여금 거기에서 상징적 요소들일 수 있는 것에 대한 이해를 하도록 허용하지만, 계시는 항상 성육화가 되어야 하기 때문에, 언제나 우리는 그 현실화가 가능한 한 사실로서의 사실로 유지되도록 해야 한다. 여기서 해석의 유일한 방법이란 있을 수가 없는 것이다. 서로 다른 책들이 서로 다른 범주 속에 떨어졌기 때문에, 서로 다른 범주의 해석이 있을 수 있지만, 그럼에도 불구하고 그 해석은 언제나 변하지 않는 중심선에 연결되니, 바로 예수 그리스도이다!"[49]

성경의 그리스도 중심적 통일성에 대한 엘륄의 이런 태도는 그의 다른 책들에서도 동일하게 나타난다. 그는 「하나님의 정치와 인간의 정치」에서 "계시와 그것의 진전의 통일성에 대한 사실을 무시하는 것은 불가능하다. 모든 것이 예수 그리스도에게로 향한다, 마치 모든 것이 그에게로부터 오는 것 같이!"[50] 「요한 계시록」은 너무도 당연히 예수 그리스도

49. *Judgment of Jonah*, 46.
50. *Politics of God and the Politics of Man* (Eerdmans, 1972), 9.

와 관련되어져야만 한다. 「도시의 신학」도 도시와 관련된 이야기지만 그 중심에는 예수 그리스도가 있다.

엘륄의 성경 해석학-성경 사회학

엘륄의 성경 읽기를 정리하면 첫째, 기록된 말씀과 계시의 말씀이 실질적으로 동등하나 독자의 결단을 요구한다는 것이어서, 순수하게 과학적이고 객관적인 해석은 성경이해에 도움은 될 수 있지만 계시 이해의 수준은 아니라는 것이요, 둘째, 저자와 사조와 문학 형태의 다양성이 있음에도 불구하고 급진적 통일성이 있기에 통전적으로 읽어야 한다는 것이며, 셋째, 이 통일성은 성육하신 말씀이신 예수 그리스도 안에 있다는 것이다.

이제 엘륄의 성경 해석의 문제는 현대 사회에의 적용이다. 엘륄이 처음부터 시도한 성경 해석은 현대 문명 앞에 계시의 말씀을 대립적으로 세우는 일이었다. 따라서 그는 고대의 성경을 오늘과 관련시켜서 해석해야 했다. 엘륄에 따르면, 성경은 명백히 현대적이고 살아 있다. 그런데 역사비평은 성경의 살아 있는 적용을 끝장냈다. 역사비평의 약간의 공헌에도 불구하고 그것이 던진 문제는 "우리가 더 이상 단순한 마음으로 성경을 읽을 수는 없다는 것이다. 왜냐하면 이러한 신학이 의심을 낳기 때문이며…우리는 계시의 내용과 마찬가지로 그 표현에도 물을 타서 희석하는 시대에 살고 있기 때문이다."[51]

엘륄은 현대 사회를 기술 사회로 규정했고 기술과 필연의 윤리가 이 사회를 이끄는 것으로 보았다. 이런 기술 사회학의 미래는 수단이 목적

---

51. "Mirror of These Ten Years," *Christian Century* 87 (February 18,1970), 203.

을 지배하기 때문에 결과적으로 문명 붕괴에 이른다. 이런 기술 사회를 발전시키는 서구 문명은 그 자체로 소망이 없다. 엘륄의 모든 성경 해석은 이런 문명 앞에 성경 사회학을 세우는 일이다. 여기서 성경 사회학이란 성경 계시를 통해서 본 사회라는 의미이다.[52] 엘륄은 성경을 해석함으로써 기술이 만들어가는 사회에 대해 성경 계시가 제시하는 사회를 묘사한다. 물론 이것은 묘사로 끝나는 것이 아니라 결단을 요구하는 것이다. 분명 우리가 사는 2000년대는 성경 사회가 아니다(성경 속의 사회라는 의미에서가 아니라 성경이 요구하는 사회라는 의미에서). 물론 언제나 그런 사회는 없었다. 엘륄은 이 사실을 이미 도시와 교회를 분석하면서 확언한바 있다. 그럼에도 불구하고 그가 끊임없이 사회와 국가와 문명에 이의를 제기하면서 어쩌면 이뤄질 수 없는 메시지를 계속 외쳐댄 것은 계시가 그것을 요구하고 있기 때문일 것이다. 이런 점에서 엘륄의 성경 해석학은 사회학적 해석일 수 있다.

엘륄은 「자유의 투쟁」에서 자신의 성경 해석의 사회학적 적용을 시도했다. 우리가 이미 이 텍스트를 분석했기 때문에 반복할 필요는 없다. 다만 그가 "외국인과 나그네"라는 성경 계시에 입각해서 기술 사회에서 어떻게 살아야 할지를 정치와 종교 그리고 노동을 포함한 일상사 전체와 관련해서 비교적 상세하게 제시한다.[53] 일례로 그리스도인의 정치 참여의 참된 방법은 비정치적 입장이 아닌 반反정치적 입장을 갖는다는 것, 따라서 기독교 국가나 정당이 목표가 아니라는 것, 오히려 여러 정당에 분포되어 그리스도인의 존재를 알리라는 것, 따라서 모든 것을 정치화

52. 윤원근이 「성경의 사회학」(말씀과 만남, 2005)에서 성경이 말하는 사회를 자유민주주의 사회라고 규정하는 것은 성경을 계시 중심에 따라 통전적으로 읽는 일에 실패했기 때문이다.
53. 위의 분석 참고.

하는 것을 막으라는 것, 등등이다. 이와 같은 자유의 행위들은 일반 사회학에서는 비효율적인 패자의 모습이다. 그러나 성경 사회학에서는 거기에 소망이 있다.

엘륄은 「잊혀진 소망」에서 이런 "외국인과 나그네"의 모습을 잠행으로 표현했다.[54] 성경 사회학에 그려지는 계시 담지자들의 모습은 실로 그러했다. 역사 속의 이스라엘 민족은 내내 잠행의 민족이었다. 하지만 그 잠행은 언제나 소망 속에서의 잠행이었다. 이런 잠행은 침묵이나 은둔도 아니며, 좌절이나 포기의 태도도 아니며, 일반 사회학적 게토도 아니다. 사회 참여가 아닌 것이 아니다. 하나님의 침묵으로 더 이상 소망이 없는 문명에서 다른 방식으로 참여하는 것이다. 이런 잠행은 단호하고 절대적이며 흠 없는 신앙을 전제로 한다. 잠행의 목적은 소망을 남기고 알리는 일이다. 엘륄의 성경 사회학은 더 이상 가톨릭도 개신교도 아니며 잠행하는 나그네들이 만드는 "제3의 종단"이 될 것이다.

비평

데이비드 길은 엘륄의 성경 해석에 대한 평가를 비평가들의 서평을 중심으로 열거했는바, 여기서는 그들의 평가들을 간략하게 소개한다. 먼저 긍정적 평가들이다.

로날드 레이Ronald R. Ray는 엘륄이, 그리스도인들이 보다 학술적인 결과들로 인해서 선입관을 가지고 쉽게 잊어버릴 수 있는, 어떤 기본적인 기독교 신념들에 대한 성경적 지식을 품고 있었다고 믿는다.[55]

---

54. 「잊혀진 소망」(대장간, 2009), 392-408.
55. Ronald R. Ray, "Jacques Ellul's Innocent Notes on Hemmeneutics", *Int* 33/3(July 1979), 282.

베르나드 엘러Vernard Eller: "극작가의 대본을 다루는 연극 평론가와 같은 연극의 수행을 다루는 그[엘륄]와의 사이에는 차이가 있다. 대부분의 학문은 그 원본에 대하여 스스로를 제한하는데…엘륄은 그것의 수행을 기독교 성서처럼 평가한다."[56]

버바드 차일즈Bervard Childs : "다행스럽게도, 창조적인 설교 주해가 골동품 책들로 갇혀지지 않고 있다. 하나님의 계획과 인간의 계획에 대한 자끄 엘륄의 뛰어난 해석은 목사에게 열정적으로 추천되어질 수 있다. 확실히, 그의 해석은 때때로 주관적이면서 종종 공상적이기까지 하다. 하지만 엘륄은 열왕기에 대한 진지한 설명을 위하여 대담하고 창조적인 방법을 제공하는데…요나서에 대한 자끄 엘륄의 짧은 연구논문은 주석이라기보다는 설교의 장르에 훨씬 더 가깝다. 아마도 그 책은 전통적인 신학적 영향 속에 있는 좌익이나 우익 모두를 만족시키지는 못할 것이지만, 그래도 그것은 진지한 사고를 자극하지 않을 수 없는 고도의 창조적이면서 건전한 신학적 해석을 보여준다."[57]

다음으로 엘륄의 성경 해석에 대한 부정적인 비평들을 보자.

조지 랜드스George Landes는 엘륄의 요나서 연구가 "지극히 실망을 시키는" 것임을 발견한다. 엘륄의 그리스도 중심적 해석은 무모하고 무책임하며 설득력이 없게 보인다. 엘륄은 그 책의 원래 의미를 적절히 다루는데 실패했으며, "또한 복음의 암시 속에 있는 그것의 의미를 잘못 해석했다. 신학적 해석은 우선되어야할 주의 깊은 역사적 주해 없이 이뤄

56. V. Eller, "How Jacques Ellul Reads the Bible," *Christian Century* 89 (November 29, 1972), 1214.

57. B. Childs, *Old Testament: Book for Pastor and Teacher* (Philadelphia: Westminster, 1977), 52, 86.

졌다."[58]

깁슨 윈터Gibson Winter는 엘륄의 「도시의 신학」에 대해 "단면적이고," "왜곡되었으며," "지나치게 간소화된" 것으로 보고 그 왜곡을 두 가지 방면에서 파악한다. 먼저 "성경에 그리스도에게 인도하는 정죄-완성의 도식을 부과하는 점에서", 다른 하나는 "우리 시대의 첫 세기에 나타난 묵시적 해석이란 이름으로 성경적 경험과 상징의 다양한 얽힘을 삭제한다는 점에서…이러한 묵시적 그리스도에 대한 구약의 동화는 잘못된 "유대-기독교 사조"로 나아간다…진실로, 이 단어는 서양에서 상상할 수 없는 죄악을 유발시킨 역사적 교만을 반영하고 있다."[59]

월터 뮤엘더Walter G. Muelder는 역시 「도시의 신학」에 대해, 엘륄은 "힘있는 설교"를 썼지만, 궁극적으로 통일된 성경 신학에 대한 그의 기본적인 범례는 받아들이기가 어렵고 입증되기도 어렵다고 말한다.[60]

월터 브루지만Walter Brueggemann은 「하나님의 정치와 인간의 정치」가 "위험스럽고," "통제할 수가 없으며," "역사적으로 일차원적"인데다가, 더욱 너무 주관적이라고 본다. "우리는 수많은 엘륄과 단지 약간의 성경을 제공받는다. 나는 그의 결론들의 대부분과는 말다툼을 벌이지 않지만, 보다 관념적이며 악마적으로 영감 되었을 수도 있는 그의 방법이 얼마의 다른 사회계층을 위하여 사용되어 질 수 있음을 염려한다."[61]

데이비드 허버드David Hubbard는 같은 책에 대한 비평에서 엘륄의 메시지는 "비정상적이고," "자극을 주며," "통찰력이 있지만," 역시 혼란을

58. G. Landes, *Int* 26(January 1972), 98-99.
59. G. Winter, *JAAR* 40(March 1972), 118-122.
60. W. G. Muelder. *Christian Century* 88 (March 3, 1971), 299.
61. W. Brueggemann. *JBL* 92(September 1973), 470-471

주고 있다고 지적했다.[62]

데이비드 길이 오래 전에 모아 놓은 이런 서평들은 아마도 전도서, 복음서, 로마서에 대한 엘륄의 마지막 주해들의 경우에도 유사하게 적용될 듯하다. 이런 비평에도 불구하고 위에서 말한 성경 사회학에 대한 엘륄의 공헌은 계속해서 그 맥을 이어갈 것이다.

⋮

2. 엘륄이 믿는 하나님

엘륄은 자신의 결론적인 책을 출판하던 해, 신앙고백적인 작품을 썼다.[63] 엘륄은 「내가 믿는 것」에서 세 가지 신념과 신앙을 말한다. 첫째는 자신의 삶과 관련된 신념croyance이요, 둘째는 인간 역사의 진행과정에 대한 신념이며, 셋째는 하나님 및 구원과 관련된 신앙foi이다. 처음 두 가지 신념에 대해서는 적당한 곳에서 보겠거니와 여기서 문제는 그의 신앙이다. 어디까지나 엘륄이 그가 믿는 것임을 밝히기 때문에 평가는 독자의 몫으로 돌린다. 먼저 하나님에 대한 신앙을 보고 이어서 구원에 대한 그의 신앙을 알아보자.

엘륄은 그가 믿는 하나님을 말하기에 앞서 하나님에 대한 의미 없는 담론들에 대해 언급한다. 먼저 그에게 신 존재 증명은 무의미하다. 하나님은 자신의 옹호자를 필요로 하지 않는다. 다음으로 엘륄에게 하나님은 절대자가 아니며, 또한 신비나 감정으로 충만한 존재도 아니다. 하나

62. D.A. Hubbard, *Christian Scholar's Review* 3/2(1972), 172-173

63. *Ce que je crois*, (1987).

님이 사랑이나 능력이 아니라는 말이 아니라 갑자기 사랑에서 능력으로 바뀌는 변덕적인 감정에 대한 경계다. 마찬가지로 그에게 하나님은 무슨 원인이 되는 임시 대역이 아니다. 그러면 그가 믿는 하나님은 어떠한 분인가? 엘륄은 두 가지 양상으로 설명을 시도한다.

하나님의 다양성

엘륄이 생각하는 하나님의 첫째 모습은 그가 균일하게 일관된 이미지를 갖지 않는다는 것이다. 그는 한 가지 것과 동시에 반대의 모습을 갖는다. 엘륄은 하나님의 다른 요소들을 종합하려 하지 않는다. 그는 지적 일관성을 거부하면서 그가 믿는 것을 세 가지로 분류한다.

첫째, 그는 교회가 전통적으로 인정한 교리를 믿는다. 즉 예수가 하나님의 성육신이요 참 하나님이자 참 사람이라는 것, 하나님이 창조주라는 것, 그가 셋이자 하나라는 것, 그가 점진적으로 자신을 계시하고 역사에 개입하며 새 하늘과 새 땅의 재창조자라는 것이다. 엘륄은 이 진리를 설명하기 위해 사용된 언어들을 부수적인 문제로 본다. "그러므로 나는 적어도 교회의 전통적 가르침을 산출해낸 사람들인 교부들과 신학자들의 가르침을 아무런 불편 없이 받아들인다."[64] 하지만 엘륄은 여기서 멈추지 않는다. 그는 이 전통 신학이 오늘날 우리와[65] 관련이 없어진 사실을 지적하면서 두 가지 자신의 신앙을 첨가한다. 하나는 하나님은 전적으로 알려질 수 없으며 인간의 신앙고백적인 서식에 담겨질 수 없다는 것이다. 다른 하나는 예수 그리스도의 하나님은 나에게 개인적 결단을

64. *Ce que je crois*, 227.

65. 엘륄은 18세기 이후 자유주의의 영향 하에 있는 그리스도인들을 염두에 두고 있다.

요구하고 나는 그에 따라 행동해야 한다는 것이다.

둘째, 엘륄의 하나님은 따라서 전적 타자다. 그는 칼 바르트를 따라 하나님을 인간의 손이 닿을 수 없는 곳에 위치시키고 오직 예수 그리스도를 통해서만 하나님이 누구인지를 알 수 있다고 말한다. 하나님은 예수 그리스도의 아버지다. 이것이야말로 예수를 모범적 인간으로 축소시키는 것과 하나님에 대해 알 수 없다는 불가지론을 넘어서게 한다. 하지만 예수 안에서 나타나는 성부도 그의 계시이지 그의 존재는 아니다. 엘륄은 키르케고르가 당대에 그랬듯이 예수를 단순한 역사적 인물로 전락시키는 자유주의 신학자들에게 신랄한 비판을 가하고 있다. 이것이 엘륄이 지적으로 하나님을 설명하는 것의 불가능성을 말하는 이유다. 그는 성경 도처에서 하나님이 우리가 알 수 없는 방식으로 자신을 드러내는 것을 들춰낸 뒤, "하나님은 폭로되는 대상으로가 아니라 우리의 삶과 우리의 역사에 개입하는 자로 자신을 드러내며, 우리는 이 개입을 통해 그의 존재를 추출할 수 없다"고 말한다.[66)]

셋째, 엘륄의 하나님은 또한 파스칼의 심정으로 느끼는 하나님이다. 이 하나님은 역사의 뒤안길에서나 황홀경에서 느끼는 하나님이 아니라 구체적 삶에서 체험하는 하나님이다. 물론 내가 경험한 하나님이 그의 존재 전부는 아니다. 그런데 이 경험은 신비적 묵상이 아니라 말씀의 경험이다. 엘륄은 무수한 성경 읽기를 통해서 말씀이 그에게 진리가 된 것을 고백한다. "그것〔진리〕이 별안간 내 삶의 중심에 자리 잡았다."[67)] 하지만 그는 이 경험이 설명될 수 있는 것이 아니라고 말한다. 엘륄이 파스칼

66. *Ce que je crois*, 232.
67. *Ce que je crois*, 233.

과 같은 극적 체험을 했음에 분명하다.[68] 인간은 이 체험을 자신의 말로 표현할 수 없으며 오직 창조주의 말씀만이 그것을 가능하게 한다. 이 말씀은 나를 설명하지만, 나는 그 말씀을 설명할 수 없다. 내가 말할 수 있는 것은 다만 하나님이 나를 위해 무엇을 했나이다. 이것은 하나님에 대한 간접적인 표현방식만이 가능하다는 말이다. 그러므로 심정으로 느끼는 하나님은, 결코 서술적이거나 지적인 방식이 아닌, 오직 비유적이거나 신화적인 방식으로만 지칭될 수 있다.

엘륄은 세 영역niveau의 하나님, 즉 "교회의 전통에서 가르쳐진 하나님과 자신이 이해하고자 하는 하나님과 심정으로 느끼는 하나님이 서로 겹치지 않으며 서로 일치하지 않지만, 세 영역 사이에 모종의 관계가 존재한다"고 말한다. 엘륄은 자신이 믿는 기독교의 하나님이 유대인의 야훼 하나님이나 이슬람의 알라와는 다르다고 말하는데, 이는 다른 곳에 성육하신 예수 그리스도의 존재가 없기 때문이다.

하나님의 초월성

엘륄이 생각하는 하나님의 둘째 모습은 약속의 하나님이 역사 속에 현존한다는 것이다. 이제 그는 지식이나 경험에서 출발하지 않고 그가 살고 있는 기술 사회라는 상황에서 출발한다. 문제는 추상적이거나 신학적인 것이 아니라 실존적이다. 결론적으로 엘륄의 하나님은 초월자이다. 엘륄은 먼저 기술 체계와 수평 신학의 관계를 언급한다.

엘륄은 기술 체계[69]가 총체적이고, 인간 삶의 모든 양상들을 다른 것

---

68. 파스칼이 죽은 후 그의 옷에는 이 체험의 기록이 꿰매진 채로 있었다.
69. 엘륄은 여기서 기술 체계라는 말을 사용한다. 그가 자신의 신념과 신앙을 고백하던 이 시기(1987)는 그의 기술 체계(1977)가 나온 지 10년이 지난 후다.

으로 변형시키며, 그 체계 밖에서 태어나는 모든 것을 흡수한다는 사실을 지적하고 이런 병합l'englobant의 기술 체계에서 수평 신학 또는 땅의 신학은 다음 세 가지 결과로 귀착한다고 말한다. 〔1〕 이 체계에 대해 판단을 내릴 준거가 아무것도 없다는 것이다. "나사렛 예수의 준거도 존재하지 않는다. 왜냐하면 그는 전통적인 비 기술 사회에서 가능한 모델에 불과하기 때문이다." 〔2〕 무신론적 기독교의 가설이 인정되는 한 더 이상 기술 체계에 대한 비판은 불가능하다는 것이다. "비판을 하기 위해서는 문제제기나 분할division이 비판의 대상 밖에서 그 자체로 있을 수 있어야하며 따라서 받침점, 다른 등급의 가치, 외적 분석의 도구가 필요한데, 전 포괄적인 기술 체계는 이런 것들을 배제하기 때문이다." 〔3〕 신의 죽음 가설 이후에는 이 세상이 그 실제성과 역사성에서 출구가 없다는 것이다. 오직 기술의 길로 들어서는 것 외에 다른 가능성이 없다. 기술은 문자적으로 운명과 동의어가 된다. 그리하여 어떤 소망도 가능하지 않게 된다. "왜냐하면 이 기술 체계가 잘 굴러가건 잘못 굴러가건 결과는 혼란이기 때문이다."[70]

그렇다면 이런 기술 체계에서 소망, 삶의 의미, 사랑, 진리, 자유란 없는가? 엘륄은 이것들의 가능성을 오직 기독교에서 제시된 대로의 초월자에 근거시킨다. 불가지론의 초월자가 아니라, 우리에게 가까이 오신 초월자 예수 그리스도다. 오직 그만이 기술 체계에 대해 비판 활동을 가능하게 한다. 그런데 이것은 보장되어 있는 것이 아니라 우리의 행동을 요구한다. 우리의 개입 없이는 이런 세계적인 병합에 대한 어떤 인간 행동도 불가능하다. 바로 여기에 엘륄이 늘 상 말하는 변증법이 있다. 변증

---

70. *Ce que je crois*, 240-242.

법은 삶의 운동 자체이고 역사에 필수불가결하다. 그런데 만일 기술이 전적 병합이 되고 초월이 없다면, 변증법은 불가능하고, 변증법이 없다면 역사도 없다.[71)]

그런데 이 초월자는 자연의 여러 신들과 구분되어야 한다. 다시 말해서 자연을 넘어서는 신이어야 한다. 왜냐하면 인간의 창조물이자 인간 내부에서 나온 기술 체계는 자연 세계까지 포괄하기 때문이다. 따라서 기술 체계와 맞서기 위해서는 인간의 뇌나 가슴에서 나오지 않는 초월자가 있어야 한다. 엘륄은 이 초월자를 이스라엘의 하나님으로 보는 것이다. 이 초월자가 자신을 계시하는 한 세상은 전체주의적인 체계 속에 갇힐 수 없다. 기술 체계는 바벨의 역사에 속한다.[72)] 인간이 만든 도시들은 초월자를 축출했다. 소망은 하나님이 내려와 보시는 이런 외적 개입에 있다. 그때 기술화의 역사, 즉 기술 세계에 인간이 편입되는 역사와는 다른 역사가 가능해진다.

엘륄은 초월자를 긍정하는 것이야말로 "기술 사회에서의 신학의 위치요 역할이며 기능"[73)]이라고 말한다. 바로 이것이 그가 「세상속의 그리스도인」에서 주장했던 비-순응주의의 길이다. 이 보장 없는 주관적인 신앙의 삶이 지속될 수 있는 것은 새 창조의 초월자가 기술 세계에 객관적으로 개입하여 외적인 창조 행위를 하시리라는 소망 때문이다.

71. 엘륄이 서구 문명의 붕괴를 말하는 이유도 여기에 있었다(2부 5장 참고).

72. 이것이 「도시의 신학」의 내용이었다(2부 6장 참고).

73. *Ce que je crois*, 246-247.

⋮

3. 엘륄이 믿는 구원

엘륄은 보편구원론을 믿는다. "시간의 기원 이래로 모든 인간들이 예수 그리스도 안에서 하나님에 의해 구원받으며, 그들이 무엇을 할 수 있었건 간에, 은총을 입는다."[74] 그러나 그는 자신이 말하는 보편구원의 신앙이 무슨 진리의 차원이 아니라 단순히 그가 믿는 것(책 제목처럼)임을 밝힌다. 이것은 정의 문제에도 걸리며, 신학자들의 만장일치와 성서 텍스트들에도 위배될 수 있다. 엘륄은 이 걸림돌을 제거하고자 시도한다. 먼저 정의의 문제를 해결하기 위해 엘륄은 하나님이 사랑이심을 주장하고 이어서 성서 텍스트들을 검토한다.

하나님은 사랑이시다

지옥은 정의 문제를 해결하기 위해 우선적으로 다뤄야할 주제다. 엘륄은 두 가지 이유에서 전통적 지옥 개념을 부인한다. 첫째, 엘륄은 하나님이 전지전능한 창조주이실진대, 하나님이 없는 장소는 생각되어질 수 없다고 단언한다. 그리하여 그는 장소로서의 지옥은 존재할 수 없다고 본다. 그렇다고 지옥이 무néant가 아니다. 이것은 성서에 없는 철학과 수학의 개념이다. 성서에는 하나님의 창조에 맞서는 원수들(일례로 큰 뱀)이 있어서, 이 창조가 끊임없이 위협당하고, 또 끊임없이 보전되는 것으로 묘사된다. 둘째, 엘륄에 의하면 예수 그리스도 이후 하나님은 사랑이시다. 사랑의 하나님이 그의 형상으로 만든 존재를 사랑하기를 그친다는

---

74. *Ce que je crois*, 249.

것은 생각될 수 없다. "사랑의 하나님은 그가 아들을 주시기까지 사랑한 그 자신의 피조물을 지옥에 보낼 수는 없다!"[75)]

다음으로, 엘륄은 "하나님은 사랑이지만 공의이기도 하다"는 걸림돌을 해소하고자 한다. 인간에게는 흉측한 자들이 저 세상에서는 처벌되기를 바라는 마음이 있으며, 전통 신학도 이를 공언한다. 선인들은 이 땅에서 불행하나 하늘에서는 행복할 것이며, 악인들은 이 땅에서 성공하나 하늘에서 처벌될 것이라고 말이다. 엘륄은 이런 보상 신학을 믿지 않는다. 이것은 하나님을 야누스의 얼굴로 만든다는 것이다. 엘륄은 사랑의 하나님과 공의의 하나님을 동시에 말하는 모순을 인정하지 않는다. 하나님은 공의는 오직 예수 그리스도에게, 즉 자기 자신에게 행해지고, 인간들의 악 때문에 친히 정죄를 당했다. 인간들을 두 번 정죄할 이유가 없다는 것이다. 이제 하나님의 얼굴은 오직 사랑의 얼굴 하나뿐이다.

당연히 엘륄은 이중 예정론을 버리고 하나의 예정, 즉 구원으로의 예정만을 믿는다. 따라서 구원에 관한 인간의 자유선택권은 없다. 하나님이 인간에게 복음을 제시하고 그것을 받거나 거부할 선택권을 넘긴다고 말하는 것은 우롱적이다. 간혹 인간이 구원을 거부하는 경우에 대해서, 엘륄은 교회의 인간적인 명령들이 계시와 아무런 상관이 없을 수 있다고 주장한다.

사람에게 진리를 인정하게 하는 것은 성령의 내적 조명이다. 누군가가 복음의 메시지를 거부한다해서 그가 하나님에 대한 불복종을 선택했다고 말할 수 없다는 것이다. "나는 모든 인간들이 하나님의 은총에 포함되는 것을 믿으며, 정죄와 지옥에게 넓은 자리를 만들어주는 신학들

---

75. *Ce que je crois*, 252.

은 은총의 신학에 불충하다고 믿는다.…은총의 신학은 보편구원을 내포한다."[76]

성서 텍스트

엘륄은 그리스도 중심의 은총의 신학을 극단으로 밀어붙인 뒤, 이제 문제의 성구들로 향한다. 그러기 위해 두 가지를 지적한다. 하나는 심판과 정죄를 혼동해서는 안 된다는 것이다. 어떤 텍스트가 심판을 말한다 해서 그것이 정죄를 의미하는 것이 아니다. 심판들은 소송 대상의 무죄 선포로 결론지어진다. 다른 하나는 영벌 개념을 담고 있지 않은 히브리 신학 사상에서 구약의 정죄 텍스트들은 결코 영원한 저주가 아니라 역사적이고 일시적인 저주와 관련된다는 것이다. 그럼에도 불구하고 지옥과 저주를 말하는 복음서와 서신서와 특수 본문들이 있다.

복음서 복음서에는 예수께서 지옥, 꺼지지 않는 불, 등등으로 위협하는 무수한 비유들이 있다. 이점에 대해 엘륄은 두 가지로 말한다. [1] 첫째, 비유에는 특별한 교훈이 있어서, 그것을 일종의 교리로 삼을 수 없다는 것이다. 일례로 부자와 거지 나사로의 비유(눅 16:19-31)는 지옥에 대한 가르침이 아니라 부의 문제/부자와 가난한 자의 관계에 대한 교훈이다. 즉 지옥은 예수가 말하려는 본질을 이해시키기 위한 수단에 불과하다는 것이다. 지옥과 영벌이 중심인 비유는 열방의 심판(마 25:31-46)뿐이다. 엘륄은 이 문제를 서신서에서 다룰 것이다. [2] 둘째, 이런 비유들은 위협이 아니라 경고로 받아들여야 한다는 것이다. 즉 인간을 결단 앞에 세우기 위해 예수가 선택한 수단으로 말이다. 예수는 공포를 유발시

---

76. *Ce que je crois*, 255.

키려는 것이 아니라 사랑이 없는 세상이 어떤 것인지에 대한 이미지로서의 비유—바로 거기에 지옥이 있다—를 제공한다.

서신서와 특수 본문들 서신서에도 영벌과 지옥이 언급되는 무수한 본문들이 있다. 엘륄은 본문들을 보기에 앞서 두 가지를 먼저 지적한다. 하나는 서신서에 나오는 본문들이 영벌과 보편구원을 동시에 모순적으로 말한다는 것이요, 다른 하나는 이 본문들이 믿음 밖에 있는 타인들의 정죄에 관심이 있는 것이 아니라, 그리스도인들에게 주어진다는 것이다. "지옥과 영벌의 가능성은 그리스도인들로 하여금, 하나님의 사랑과 예수 그리스도의 희생 때문에, 사람들에 대한 정죄가 없고 죄가 (하나의 예외 없이 모두) 용서되었음을 말하게 하기 위함이다."[77] 엘륄은 본문들을 몇 가지 유형으로 나눠 설명한다.

첫째, 죄인들이 하나님 나라를 유업으로 받지 못한다는 본문들이다(고전 6:9-10; 갈 5:19-21; 엡 5:5; 히 5:5). 엘륄은 이런 표현이 지옥이나 영원한 불과 상관이 없다고 본다. 하나님 나라는 악, 불의, 증오로 구성되지 않기 때문에 그것들이 그 나라에 들어갈 수 없다는 말이다. 이 본문들은 보편구원의 본문들(롬 7:14-24; 고전 15:50)과 나란히 읽혀야 한다. 인간에게 있는 육, 즉 연약함은 하나님 나라에 들어갈 수 없지만, 그 자체로는 악이 아니다. 본문들에 열거된 모든 죄는 실제로 육에 대한 표현이다. 엘륄은 인간의 육과 존재 자체를 구분한다.

둘째, 인간은 행위대로 심판을 받으리라는 본문들이다(계 20:12; 롬 2:6). 이 행위들에는 인간의 말도 포함된다(마 12:36-37; 약 3:2-12). 하지만 엘륄은 이 본문들을 개인 자체에 대한 정죄나 영원한 정죄나 은총 밖

77. *Ce que je crois*, 259.

으로의 결정적 거부로 보지 않는다. 그는 은총과 칭의와 성화를 다음과 같이 설명한다. 예수 그리스도를 믿는 믿음으로 의롭게 된 자는 구원에 합당한 의의 행위를 행함으로써 거룩하게 살아야 한다. 하지만 그가 은총에 의해 회수되는récupéré 자는 아니다. "은총은 예수 그리스도 안에 있는 구원을 성령을 통해 인간에게 평생 계시하는 하나님의 행위가 아니라, 심판 때 정죄받은 자에게 용서를 주러 오시는 하나님의 행위다."[78) 바로 이것이 잃은 양의 비유가 보여주는 내용이다.

셋째, 이중예정 교리의 토대가 되는 본문이다(롬 9:14-23). 엘륄은 여기에 나오는 바로의 비유가 하나님의 의의 문제도 아니요, 구원과 관련된 영원한 심판의 문제도 아니라, 이집트인들에 대한 하나님의 진노의 문제라고 지적한 뒤, 또한 토기장이의 비유 역시, 어떤 이들은 하나님의 진리를 증거하는 데로 부름받는 반면 어떤 이들은 무의미한 상태에 갇혀 아무런 의미 없는 삶을 사는 것에 누구도 하나님을 비난할 수 없다는 표현일 뿐이라고 말한다. "멸하기로 준비된 진노의 그릇"이 이중예정의 표현이 아니라 정죄나 저주가 아니라 쓰임과 관련된 말이라고 지적하면서 A. 마이오와 K. 바르트의 주석을 인용한다. "의롭게 하시는 하나님은 필히 예정하시는 하나님이다." "우리 각자는 진노의 그릇이자 영광의 그릇이다."[79)]

넷째, "믿는 자는 멸망하지 않고 영생을 얻는다"는 유명한 요한복음 3:16의 해석이다. 엘륄은 하나님의 사랑이 표현되는 앞부분과 믿는 자에게 국한되는 영생의 관계를 설명하면서 그 논리적 귀결인 "믿지 않는

78. *Ce que je crois*, 262.
79. *Ce que je crois*, 264-265.

자는 영생을 얻지 못하고 멸망한다"에 이의를 제기한다. 그럴 경우 예수 그리스도 이전에 살았던 사람들과 그에 대해 들어보지 못한 사람들이 구원 밖에 있게 되기 때문이다. 그런데 하나님은 이 사람들을 포함한 세상을 사랑하신다. 이어지는 구절들은 뜻을 분명히 해준다. "그 정죄는 이것이니 곧 빛이 세상에 왔으되 사람들이 자기 행위가 악하므로 빛보다 어둠을 더 사랑한 것이니라." 이 구절을 통해 엘륄은 예수가 구원한 것이 어둠을 좋아하는 인간들의 일반적 성격이라고 말하고, 그들이 구원받은 세상에 속해 있음을 알지 못한 채 여전히 어둠에 머물러 회개하지 않는 데 문제가 있다고 여긴다. 진리를 따라 행하며(주여, 주여 하는 자가 아니라) 믿는 자는 그들이 심판을 받고 영생을 얻었음을 안 사람들이다. 믿지 않는 사람들의 경우 그들의 심판은 그들의 영벌을 의미하는 것이 아니라, 다만 평생 그들이 선택한 어둠에 넘겨져 있다는 사실을 의미한다. 즉 그들은 출구 없는 상황에서, 심판으로서 세상의 비극과 공포에 굴복하고 말며, 어떤 영생도 없다고 여기며 날마다 죽음의 상태에 머문다. 한편 믿는 자는 멸망하지 않는 영생의 씨(하나님의 말씀)를 갖고 소망 가운데서 산다. 하지만 이 두 가지 유형의 삶은 인생의 일시적인 상황이다. 이 세상의 역사의 과정에는 이 행복과 빛을 아는 자들과 출구 없는 길에서 "길 잃은"(멸망당한) 사람들이 있으나 모두 하나님의 사랑 밖에 있는 것은 아니다.

다섯째, 화목을 선포하는 본문들은 명백히 하나님의 사랑을 드러낸다(고후 5:11; 롬 5:11). 세상 및 전 인류와 하나님과의 화목은 영벌의 모든 가능성을 배제한다.

여섯째, 계시록에 나오는 지옥과 둘째 사망에 대해 선언하는 본문들이다(계 20: 7-10; 22:15). 불과 유황 못에 던져지는 자들은 백성들을 미혹

하여 하나님을 대적하게 만든 마귀(이간질하는 자)와 짐승(권세)과 거짓 선지자들(거짓말)이다. 이들은 사람들이 아니라 창조 이래 하나님과 인간을 분리시킨 영적 권세들이다. 민족은 결집된 사람들 이상이며 민족들은 신들로 여겨지기에 하나님도 대적할 수 있다. 이때 둘째 사망(불못)이 온다(계 20:14). 이것이 죽음의 사망이다(고전 15:26). 그런데 그때 생명책이 펼쳐지고 죽은 자들이 책들에 기록된 그들의 행위대로 심판을 받는다(계 20:12). 엘륄은 생명책과 책들을 구분한다. 생명책은 모든 인간들이 다 기록되어 있는 단 한권으로 된 은총의 책인 반면, 다른 책들은 소송과 심판의 책들이다. 문제는 이 생명책에 기록되지 못한 자들이 있을 수 있다는 것이다(계 20:15). 엘륄은 바르트를 따라 이것을 "가능한 불가능성"이라 불렀다. 하나님의 은밀한 자유 앞에서 엘륄은 보편구원을 절대 진리로 확신하지는 않는다. "나는 보편구원을 가르치지 않고, 그것을 전할뿐이다."[80)]

일곱째, 두 가지 기본 질문에 대한 답이다. 모두가 구원받는다면 그리스도인과 비-그리스도인의 차이는 무엇인가와 그리스도인으로서 경건한 삶이 무슨 소용인가이다. 뒷 질문에 대해서 엘륄은 구원과 행위와의 관계에 대해 전통적인 방식으로 답한다. 덕스런 삶이 구원을 가져다주는 것이 아니라 구원 받았기 때문에 덕스런 삶을 사는 것이다. 앞 질문과 관련해서, 보편구원을 받아들일 경우 그리스도인이 된다는 것은 개인구원의 영역을 벗어나게 된다. 엘륄은 복음 전파의 목적으로 다음 세 가지 근거를 제시한다. 첫째로, 지식[savoir] 전달이다. 즉 모두가 구원을 받지만 복음을 믿는 자들만이 그것을 안다는 것이다. 전쟁이나 죽음 앞에

---

80. *Ce que je crois*, 272.

서 불안하며 사랑을 잃고 절망한 사람들은 그들이 사랑받고 있음과, 진리와 정의에 대한 미래를 약속받고 있음을 알지 못한다. 이것이 현대인의 비극이다. 복음 전달은 이 놀라운 소식의 전달이다. 둘째로, 이 복음을 이해하고 수용한 자들은 이 하나님의 종이 되어 소명을 받는다. 그리스도인이 된다는 것은 무슨 특권이나 이득을 갖는 것이 아니라 책임을 갖는 것이다. 셋째로, 아무것도 인간들 가운데서 복음의 영속성과 지속성을 보장해주지 않는다는 인식해야 한다. 예수님의 한탄과 약속이 있을 뿐이다. "인자가 올 때 땅에 믿음을 보겠느냐?" "내가 너희와 세상 끝까지 함께 하겠다." 예수의 사랑을 섬기는 일이 우리를 모든 민족과 모든 계층의 복음화로 이끌어야 한다. 마지막으로 "무신론자와 이방인들도 구원받기 때문에 더 이상 믿음이 필요없다"고 말하는 것은, 하나님의 사랑과 그의 은총을 알고서도 그 은총을 조롱하며 그 사랑에 부응하지 않는 것이기에, 용서와 용납이 되지 않는 영벌의 위험을 갖는다.[81)]

⋮

4. 엘륄의 기독교적 소망-장 클로드 기으보Jean Claude Guillebaud

1962-1968까지 보르도 법대 학생이었던 기으보는 먼저 당시 지배적이었던—오늘날 시장경제 이념이 지배적이듯이—사르트르-마르크스주의 이념에 중화제를 가져다 준 엘륄에 끌렸다. 다음으로 기술에 대한 엘륄의 예언주의, 특히 기독교적인 경향에 주목을 했다. "그를 비관적인 예언자로 만드는 것은 오해에서 비롯된다. 그것은 그의 신학적인 경향과

81. *Ce que je crois*, 274.

지칠 줄 모르는 소망의 재-표명을 망각하기 때문이다." 기으보는 엘륄의 기독교 소망 개념이 역사의 직선 사고—그리스의 순환 사고와 반대되는—인 유대 예언주의의 재-표명으로 본다. 이런 직선적인 역사 개념은 다가오는 세계에 대한 책임을 의미한다. 유대 사상에 따르면 인간은 노정에 있다. 다시 말하면 인간은 현실 그대로의 세상에 적응하는 스토아의 지혜인 명상 가운데 있는 것이 아니라 세상에서의 행동 가운데 있다는 의미다. 엘륄은 현대성, 도시, 현대인에 대한 불행을 말하면서도 동시에 기독교의 소망을 통해 이 비관주의를 구원한다.

기으보는 엘륄의 신학에 있어서 매우 소중한 "자유"라는 말이 공허한 표현이나 적절한 경의의 인사치레가 아니다. 사실 엘륄에게 있어서 자유는 흔히 생각하는 것보다 훨씬 예외적으로 일어난다. 자유는 시대사조의 미묘한 압력, 순응주의의 답답함, 집단 및 당파 정신에 대한 지속적 저항을 전제한다. 자유는, 적어도 당분간, 홀로 옳을 수 있음을 의미한다. 자유는 필요하면 자신을 따르는 자들도 반대한다.

엘륄은 60, 70년대의 진보주의, 구조주의, 제 3세계주의, 혹은 과학에 대한 부르주아의 낙관주의와의 관계에 있어서, 자신의 입장을 바꾸지 않았다. 이런 그의 용기는 동구권 나라들의 반체제주의자들—공식 입장들에 대해 연대적으로 반대했던—의 용기와 무관하지 않다. 엘륄은 이 반체제주의자들로 하여금 이들에게 평판을 얻게 하고 흔히 유행으로 끝내버리는 대중 매체들에게서 멀어지게 했다. 한마디로 엘륄은 "자기 고향의 예언자"가 아니었다. 이런 철저한 정신적 자유와 즉시 인정되는 정직함은 그의 모든 책들에게 특별한 무게를 주며 지속적이고 예외적인 가치를 부여한다. "늦게 터지는 폭탄"인 그는 오랫동안 여전히 우리 가운데 있을 것이다.

⋮

5. 자유의 윤리에 대한 평가[82)]

필자는 위에서 「자유의 윤리」의 실천 방향을 소개하는 「자유의 투쟁」을 소개했는바, 여기서는 그것에 대해 평가했던 글을 싣는다. 본래 해당 장소 마지막에 단평으로 삽입하려 했던 것이나 일련의 평가들이 나열되는 이곳이 더 적당해 보였다.

엘륄의 「자유의 투쟁」은 「기술 사회」에 대한 기독교적인 응전, 아니 성경적인 응전이다. 엘륄은 구약의 선지자들과 신약의 예수 그리스도 및 그의 제자들이 당시 사회에 하나님의 말씀을 대변하듯이 현대 서구 사회 앞에 새로운 방식으로 성경의 메시지를 제시한다. 이런 점에서 엘륄은 현대의 선지자로 불린다. 이 말은 그가 선지자-예수-사도를 잇는 모종의 계보를 형성한다는 말이다. 세상에서 이런 종류의 형태는 흔히 급진적 제자도로 분류된다. 교회의 역사에는 이런 삶을 산 사람들의 폭넓은 전통이 있다. 이런 모습은 초대교회의 초기 세대에서 나타나며[83)] 긴 중세교회 기간에도 제도권 교회에서 "소외된 그리스도인들" 가운데서 발견된다. 이런 유형은 종교개혁 기간에는 스위스 형제단 등 일부 재세례파에게서 나타나며 근대의 비국교도들은 그들을 계승한다. 그리고 엘륄 바로 앞 세기에는 그가 모방하는 키르케고르가 있다.

이 급진적 제자도의 계보의 특징은 "자유"가 가장 결정적인 중심 주제

82. 이것은 「신학지남」에 실린 글의 일부다("자끄 엘륄과 그리스도인의 자유", 신학지남, 2005/가을).256. 쿠아드라투스의 저작으로 알려진 「디오그네투스에게 보내는 편지」를 참조하라.

83. 쿠아드라투스의 저작으로 알려진 「디오그네투스에게 보내는 편지」를 참조하라.

로서 등장한다는 것이다. 물론 선지자들의 주제가 정의이고 예수의 메시지가 사랑이며 사도들이 믿음 외에도 다양하게 권면한 것은 사실이지만, 이들이 세상 전체에 대해 취하는 태도는 자유다. 바로 이 자유의 성격을 설명하기 위해 쓴 책이 「자유의 윤리」이다. 다니엘 크렌데인Daniel B. Clendenin은 엘륄의 자유론은 그리스도인의 삶을 축소시킨다고 비판한다. 왜냐하면 엘륄에게 있어서 자유는 그리스도인의 여러 덕목 가운데 하나가 아니라 필요불가결한 조건이기 때문이다.[84] 하지만 엘륄에게 있어서 자유/소망은 믿음/성결, 사랑/관계라는 또 다른 중심 주제들과 별개로 존재하는 것이 아니다. 그가 저술하지 못한 채 죽음으로 말미암아 계획으로 끝난 나머지 두 주제는 어쩌면 자유의 윤리와 변증법적 관계를 형성하리라.

그렇다면 이런 유형의 삶과 엘륄이 보여주는 삶의 방식은 어떤 문제를 야기하는가? 이 질문은 교회사에서 어째서 제도권의 교회들이 급진적 제자도의 삶의 방식을 결정적으로 거부했는지를 묻는 것과 같을 것이다.[85] 첫째, 선지자-예수-사도의 방식은 역사를 이루지 못한다. "개혁주의"는 창조질서와 일반은총의 영역에서 부패한 인간의 본성을 재제할 제도의 필요성을 인정한다. 이것이 츠빙글리와 칼뱅이 재세례파를 거부한 이유이기도 하다. 역사를 이루기 위해선 각 시대에 필요한 대안의 질

84. 물론 한 가지 신학적 주제나 개념으로 기독교를 재구성하려는 시도는 비단 현대의 몫만은 아니다. 정통 프로테스탄트주의도 신앙의 중요성에 중점을 두었다. 물론 근-현대에 이르러 이런 현상은 두드러진다. 그중 Käsemann과 해방신학자들은 엘륄과 마찬가지로 해방/자유를 중심주제로 삼았다. Clendenin이 볼 때 엘륄의 문제는 자유가 그리스도인의 삶의 한 가지 양상이 아니라 바로 그것 자체라고 주장하는 데 있다(*Theological Method in Jacques Ellul*, 131이하).

85. 사실 이 질문은 엘륄이 「뒤틀려진 기독교」에서 던진 것이다.

서를 추구해야 한다. 하지만 엘륄에게 있어서 그리스도인의 자유질서는 대안의 질서가 아니라 구원의 질서이다. 엘륄은 키르케고르와 더불어 예수와의 "동시대성"을 말한다.

둘째, 엘륄 식의 자유의 투쟁은 그리스도인이 싸워야할 권력과 돈을 하나님의 원수로 보게 한다. 일반적으로 "개혁주의"는 권력과 돈의 문제에 있어서 청지기 이론을 갖고 있다. 이 이론에 따르면 이런 인간적인 수단들이 하나님의 나라와 영광을 위해 선하게 사용될 수 있다. 그리하여 기독교 정치와 기독교 경제관이 성립되고 실제로 그런 정당을 창설한다. 그러나 엘륄에 따르면 권력은 언제나 부패하며 맘몬은 하나님과 더불어 섬길 수 없는 우상숭배의 대상이 된다. 그러므로 그리스도인이 정치와 경제에 참여하는 방식으로 청지기 이론에는 모종의 한계가 있다. 왜냐하면 청지기가 되기 위해선 언제나 갖는 쪽을 택해야 하기 때문이다.

셋째, 투쟁 방식에 있어서 확실하고 구체적인 목표인 "핵"보다는 막연한 "주변"을 공략하는 경향이 있다. 일례로 노예를 자유인으로 만드는 것이 문제가 아니라 노예를 바라보는 시각을 바꾸는 것이다. 그 수단도 비폭력적이다. 그러므로 사실상 「자유의 투쟁」은 비효율적이 된다. 해방신학이나 혁명신학은 타도해야할 대상이 있고 폭력을 수단으로 그 핵을 친다. 개혁주의도 정의 수호를 위한 정당방위 등의 필요한 폭력을 인정한다. 엘륄에 따르면 그리스도인들은 개개인이 독립적으로 의연하게 행동한다. 설령 집단을 이룬다 해도 거의 개인처럼 활동한다. 이런 개인들이 세상의 지배적인 세력 앞에서 무슨 일을 할 수 있겠는가? 비열한 세계에 말로 싸우는 데는 한계가 있다. 하지만 폭력으로는 진정한 자유를 얻지 못한다는 것도 사실이다.

넷째, 엘륄에 따르면 나를 위해서 또는 내가 속한 공동체를 위해서 종교적 자유를 주장할 수 없게 된다. 하지만 역사에 존속하기 위해서 교회 공동체는 억압체제에 종교적인 자유를 요구해야하지 않을까? 그렇지 않을 경우 박해와 죽음이 기다리기 때문이다. 하지만 엘륄에 의하면, 나와 내 공동체가 그리스도를 진리요 구주로 고백할 수 있는 한 종교적 자유는 언제나 있다. 박해가 이 자유를 말살하지 못한다. 죽음은 내 자유의 완성이다. 그렇지 않은 경우는 사실상 정치적 자유다. 그러나 억압체제에서 교회가 존속할 수 있었던 것은 종교적인 자유를 위한 투쟁과 타협 내지 굴복 때문이 아니었던가?

마지막으로 세상의 윤리(창조/타락의 윤리)와 계시 윤리의 모순을 있는 그대로 놓아둠으로 말미암아 자아의 무능으로 인한 무기력에 노출될 수 있다. 개혁주의는 이 모순을 해결하기 위해 모종의 종합을 시도한다. 모든 목회신학은 일종의 해결책이다. 예수의 오신 목적과 그의 비폭력적인 수단 등은 역사를 이뤄야하는 우리와는 다른 영역에 속한다. 산상설교는 개인윤리로 국한된다. 그리하여 개혁주의의 이원론은 급진적 제자도의 이원론과는 다른 양상을 띤다. 오히려 계시 윤리를 지향하는 편이 통합적 심리를 가져올 수 있지 않을까? 엘륄은 이 모순의 종합을 시도하는 것을 죄로 본다.

지금까지 언급한 엘륄 식의 급진적 제자도의 문제제기는 그 반대의 문제제기에도 고스란히 적용된다. 오늘날 개혁주의는 지나치게 수단에 의존되어 있다. 역사를 이뤄야한다는 사명적인 구실 하에 권력과 돈의 노예가 되고 있고 그리하여 교회사회가 모종의 억압적인 형국에 이른다. 엘륄의 메시지는 어떤 면에서 성경의 메시지를 새로운 언어로 전달하고 있음에 불과하다.

Life and Thoughts of Jacques Ellul

Chapter 12

엘륄의 역사관과 문명관 평가

앞에서는 성경관과 신학과 윤리에 대한 평가를 보았다면 이제는 역사와 문명에 대한 평가를 볼 차례다. 이를 위해 필자는 유사하게 비교할 수 있는 인물들과 엘륄을 비교하면서 자연스럽게 평가가 이뤄지는 방법을 택한다. 역사관에 있어서는 리쾨르와, 문명관에 있어서는 프랜시스 쉐퍼와 비교한다. 그리고 마지막으로 기독교 세계christendom관에 대해서는 키르케고르와의 비교를 시도한다.

1. 엘륄의 역사 이해[86]-리쾨르와의 비교

우선 우리가 묻고 싶어지는 것은 엘륄에게 역사가 의미 있는 것일까라는 질문이다. 흥미있는 것은 그의 고백적 책 1장에서 역사의 의미보다는 삶의 의미를 말하고 있다는 점이다. 이것은 믿는 자들의 삶과 믿지 않는 자들의 삶을 망라한다. 물론 삶이 의미가 있다는 것은 곧 역사가 의미 있다는 것과 통한다. "마르크스의 후계자들에게 있어서 역사의 의미는 계급투쟁의 발견으로 말미암아 그 베일이 벗겨졌다."[87] 한번 발견된 의미는 방향성을 갖는다. 따라서 우리가 그 방향을 찾던지 못 찾던지 간에 역사는 그의 길을 가는 것이다. 하지만 동시에 우리는 우리자신의 역사를 만든다(마르크스). 우리의 결정이 역사의 의미가 되는 것이다. 이런 관점에서 사건들이란 우연의 열매이고 무수한 중립적 요인들의 활동이다. 여기서는 인간이 역사의 주체가 된다. 그는 일어나서 이렇게 말한다: "이것이 이 모든 것이 의미하는 것이고, 따라서 이것이 이제 내가 하고자 하는 것이오."

엘륄은 역사의 이 두 가지 해석을 모두 인정한다.[88] 그는 그리스도인으로서 역사의 완성(종말)을 믿는다. 그러면서도 인류 역사의 의미 없는 우연성을 말한다: "인류역사는 사실 한 멍청이가 한 이야기이다." 그렇다고 개인의 삶이 의미 없는 것은 아니다. 우발적으로 전개되는 사건들

86. 엘륄은 프랑스 종교교육에 대해 쓴 글에서 자신이 가장 가르치고 싶은 과목으로 역사를 꼽은 적이 있다. 그의 역사에 대한 관심은 그가 이 방면에 쓴 책만큼이나 다양하다: 법, 군대, 교회와 그 치리, 제도, 선전, 인류 등. 이 가운데 우리가 구할 수 있었던 최근의 작품은 *Histoire des Institutions*, vol.4 (XVIe-XVIIIe si?cle), (PUF, 1956/1989); *La subversion du christianisme* (1984); *Ce que je crois* (1987)등에 불과하다. 하지만 이 마지막 두 작품을 통해서, 특히 그의 신앙고백이 담겨있는 고백서(*Ce que je crois*)에서 우리는 엘륄의 역사에 대한 생각들을 어느 정도 추출해낼 수 있으리라 여긴다.

87. *Ce que je crois*, 23.

88. Dijon에서 철학을 가르쳤던 Jean Brun은 역사의 의미를 세 가지로 해석한바 있다. 역사신학에서 역사는 signifiée이고, 역사철학에서는 signifiante하며, 실존 사상에서 역사는 significative이라고 말하면서 마지막의 입장을 지지했다(cf. *A la recherche du paradis perdu*, [Lausanne, 1979]). 그런데 역사신학이나 역사철학에서 역사가 의미와 방향을 갖는다는 점에서 동일하게 파악될 수 있기 때문에 어쩌면 엘륄은 이들을 하나로 취급했는지 모른다.

을 의미 있게 하는 삶—개인적이건 집단적이건(양자 사이에 다소간의 의미 차이가 있다 하더라도)—이것이 엘륄이 보는 역사의 의미이다. 의미를 가질 수 있는 것은 삶뿐이다. "나는 의미 없이 서 있을 수 없다."[89]

엘륄은 인류의 시대를 선사, 역사, 탈역사의 세 단계로 구분하고 각 시대를 각각 자연, 사회, 기술로 특징짓는다. 이 가운데 자연환경을 특징으로 하는 선사시대를 제외하고, 역사와 탈역사의 시대적 고찰을 들여다보자.

역사시대와 사회 환경

인류의 역사시대는 대략 BC 3000년경에 시작된다. 중국의 역사는 BC 4000년 까지 거슬러 올라간다고 하며 성경에 나오는 갈대아 우르의 역사는 BC 2000년을 기록하고 있다. 아브라함이 갈대아 우르를 떠나던 때는 대략 BC 1700-1800년경으로 추정된다. 성경이 역사시대의 산물이라는 것은 두말할 여지가 없다. 여기서 창세기 1장과 창세기 4장사이라고 추정될 수 있는 선사시대에 대해선 언급할 생각이 없다. 다만 우리의 관심사는 선사시대에서 역사시대로의 변천이 있었다는 사실이고 그 특징은 자연환경에서 사회 환경으로 바뀌었다는 점이다. 엘륄은 이런 환경의 변천과정을 다섯 가지로 묘사했다.[90]

첫째, 우선 사람들이 모여 살면서 자발적이고 인위적인 환경을 조성하게 되었다. 창세기 4장의 가인은 최초의 성을 만들었고, 그 후예들은 적극적으로 문화적 사명을 감당했으며 일부다처제를 실시했다. 사람들

89. *Ce que je crois*, 25, 23.
90. *Ce que je crois*, 121-188.

이 모이면서 단순한 부족집단을 넘어서 일종의 규율을 갖게 되었는바 이 규율은 사람들이 자발적으로 만든 것이다.

두 번째 단계로 이렇게 모여 사는 그룹들 사이가 단순환 관계에서 서로에게 영향을 끼치는 관계로 발전한다. 이런 영향은 정복, 여행, 무역 등을 통해 제도와 종교적 영역으로까지 퍼진다. 사회가 진보해 나감에 따라 점차 더욱 인위적 환경을 조성하게 된다. 인류는 이런 환경을 조성함으로써 자연환경이 주는 구속력과 강제성에서 일종의 자유를 경험하게 되었다(비록 다른 의미에서 사회 환경이 그들의 자유를 제한하긴 했지만). 사람들은 집단적으로 집을 짓고 거대한 도시를 건설했다. 성경은 바벨탑 이전에 큰 성의 존재를 말한다(창 10:12). 성읍은 인간이 아직 정복하지 못한 세계로 둘러싸여있는 인간의 세계요, 인간의 영역이다. 이 영역에 들어오기 위해선 특별한 의식과 금기를 지켜야했다.

다음으로 나타나는 현상은 사회 계급제도의 등장이다. 성, 나이, 역할, 혈통 등이 계급제도를 결정하는 기준이 된다. 흔히 이름의 시조가 되는 왕조의 가문과 그러지 못한 이들 사이의 구별이 생긴다. 한 뛰어난 영웅이 있고 (이 사람은 거의 반신半神에 가깝다), 그는 훌륭한 아들을 통해 대를 계승하며, 이런 일의 반복을 통해 대대로 귀족계급을 형성하여 그 가문의 전설적인 인물로 남는다. 이런 계층이 지배계층을 형성하며 그렇지 못한 가족들은 평민이 되어 피지배계층이 된다. 역사시대의 역사는 실로 이런 종류였으니 지배계급의 역사가 전 사회의 역사였다. 부족사회에서부터 현대사회에 이르기까지 우리는 동일한 현상을 본다. 현대사회의 경우는 공산주의 사회, 파시스트, 아랍사회만 생각해도 충분하다. 유대 민족에게도 동일한 현상이 있다. 그들은 아브라함과 다윗의 혈통적 흐름을 갖고 있다.

네 번째 역사시대의 사회적 환경이 만드는 가장 인위적인 것은 법이다. 유대전통의 법은 정의와 밀접한 관련이 있고, 그리스-로마 전통은 신학적이기 보다 철학적 건축물을 갖는다. 따라서 서구 사회의 흐름은 법이라는 구조물과 정의 사이의 변증법적 발전이라 하겠다. 또한 법은 공간, 시간, 관계성의 도전에 대한 응전으로 만들어진다. 인간은 자연환경의 도전에 법을 정하여 응전했다. 시간이 흐름에 따라 사물이 변해가기 때문에 인간은 이 도전에 맞서 안정을 위해 법을 정함으로 응전했다. 사람과 사람, 그룹과 그룹의 관계는 법의 규정을 불가피하게 했다.

마지막 단계는 단순히 도전에 대한 응전의 형식이 아니라 예상되는 문제에 대해 적당한 대응책을 미리 강구해 놓는 것이다. 성경과 교회사는 이런 세속사의 흐름과 얽혀있고 그 가운데서 하나님의 백성의 반응이 어떤 것인지를 보여준다.

이제 이런 사회 환경에 대처해 온 신앙인들을 살펴보자. 구약의 백성들은 오실 메시아를 바라면서 그들의 변화하는 사회 환경에서 살았다. 그 환경이 어떠한 것이었든지 그들은 이 신앙가운데서 살았다. 히브리서 11장은 너무도 생생하게 이 믿음의 역사를 그려준다. 아벨, 에녹, 노아, 아브라함, 이삭, 야곱…그들이 위치한 환경은 각기 달랐어도 그들의 신앙으로 이어지는 역사는 면면히 흐른다. 히브리서 기자는 이들의 삶을 한마디로 "땅에서는 외국인과 나그네로 살았다" 고 말한다. 이 사실은 구속사가 세속의 사회 환경에서 자유하게 하는 역사임을 보여준다. 가인은 이 자유하게 하는 나그네 역사에 끼지 못한다. 비록 그가 하나님의 낯을 피하여 일시 나그네의 길을 떠나지만 그는 이내 세속도시를 형성함으로써 나그네로서의 삶을 끝내기 때문이다. 현대 세속도시의 무명성이 주는 자유감정은 믿음의 삶이 이끌어내는 자유개념과 동일시될 수 없다. 또 가인의 환경을 도시 환경구조로, 아브라함의 환경을 농촌 환경구조로 설명할 수도 없다.

이스라엘 백성의 출애굽 사건은 이런 개인적 나그네의 역사에서 집단적 나그네의 역사로의 전환을 의미한다(히브리서 기자는 이것을 또한 믿음의 역사로 설명한다). 아브라함으로 비롯된 이스라엘 백성들은 이제 애굽이란 나라의 종살이에서 벗어남으로서 한 국가(아직 땅은 없지만)의 형태를 갖추게 된다. 이스라엘이 국가의 형태를 띠면서 역사에 출현한 사실은 한 가지 중대한 의의를 갖는다. 그것은 주변의 많은 국가들과 비교해서 참 국가이어야 할 어떤 것을 계시하고 있기 때문이다. 특히 애굽 봉건국가 체제의 상징인 바로의 통치형태와 대립시키면서 여호와 하나님의 절대주권적인 통치가 나타난다. 이것이 시내 산에서 체결된 하나님에 의한 통치계약이다. 이스라엘이 주변국가에게 보여줘야 할 것은 인간이 인간위에 군림하는 제국주의적 지배체제가 아니라 오직 여호와 하나님만을 유일한 통치자로 하는 체제(신정통치)로서 가난한자들이 국가통제적인 지배체제의 억압을 받지 않는 완전한 의미의 사회정치적 평등을 누리는 확대가족적인 지파 자치사회를 수립하는 것이었다.

따라서 요단강을 건넌 이스라엘 백성이 이룩해 놓은 사사시대의 정부형태는 바로 이런 확대가족적인 지파 자치공동체였다. 이때 이스라엘 백성들은 주변 국가의 군주제의 유혹을 받게 되지만 어떤 사사도(모세나 여호수아도) 왕이 될 수 없었다. 기드온은 왕이 되어달라는 백성들의 요구에 대답하기를 "나는 너희를 다스리지 아니할 것이요, 내 아들도 너희를 다스리지 아니할 것이요, 여호와께서 너희를 다스리시리라"(삿 8:22-23)고 하였다. 이스라엘에게 왕을 세우는 것은 하나님의 뜻이 아니었다. 그러나 이스라엘 백성들은 결국 자치적 지파 공동체를 견뎌낼 수 없었고

(객관적 안정을 원하여 그것을 주변 국가의 군주제에서 찾음), 결국 여호와께 왕을 요구했다. 이 말을 들은 사무엘은 불쾌해 했고 여호와는 이 일이 범죄 행위임을 알게 했다. 그러나 하나님은 군주제가 민주적 신정체제와 얼마나 다른지를 말씀하시면서도 그들의 요구를 들어 주셨다. 여기서 하나님과 백성 사이에 통치계약의 갱신이 생긴다. 하나님은 군주제를 허락하시되 입헌 군주제를 주셨다(삼상 8:11-19 참고).

다윗 왕의 위대함은 그 무엇보다도 자신이 왕이었음에도 불구하고 진정한 이스라엘의 통치자가 여호와 하나님이심을 알았다는데 있다. 하나님이 솔로몬을 통해 계시하신 뜻은 이중적이다. 곧 왕권의 영화와 그 허무성이다. 전도서는 이 사실을 정확히 보여주고 있다(예수님은 꽃 한 송이만 못하다고 말했다). 이후로 이스라엘은 권력투쟁의 와중에 빠졌고 종교적 민족주의의 이교적 형태가 자행된다. 이것은 특히 북쪽 이스라엘에게 해당되며 남쪽 유다도 동일한 유혹을 받는다. 많은 선지자들이 북 이스라엘의 왕들에 대하여 반군주제 투사들로 나타나는 바, 아합과 엘리야의 투쟁은 대표적인 경우이다. 이런 사실은 참 통치자 예수 그리스도께서 오셨을 때 분명히 들어나고 말았다.

탈역사시대와 기술 환경

엘륄은 20세기부터 인류는 탈역사시대로 접어들었다고 믿는다. 그는 「기술 사회」와 「기술 체계」에서 기술 환경의 특징들을 상세하게 설명했기 때문에 여기서는 매우 간단히 두 가지로 언급하고 지나간다.[91]

첫째, 현대인은 기술 설비와 보정술없이는 살아갈 수 없다. 기술적 수

91. *Ce que je crois*, 179-188.

단들이 없이 생존할 수 없는 현대인은 의식주의 모든 영역에서 기술에 의존한다. 기술 사회에서 인간은 구석기 시대 이래 만들어지지 못한 것들을 생산해 냈다. 그것은 모든 인류를 사라지게 할 정도의 위협을 가져왔다. 핵과 생태학적 위험들 가운데서 대표적인 사례는 삼림의 황폐화 현상(산소 부족과 인간의 호흡 장애)이다.

둘째, 기술 사회는 즉각적이다. 손을 뻗히는 곳엔 어디나 기술 대상을 만난다. 기술은 "수단의 막"écran de moyens을 형성한다. 이러한 기술 환경의 창조는 두 가지 결과를 낳는데, 하나는 앞선 두 환경의 점진적 소멸이다. 물론 자연과 사회가 여전히 존재하긴 하나, 인간 장래에 아무런 힘이나 결정력이 없는 채 남아 있게 된다. 지진과 화산 분출, 태풍이 여전히 있고, 기근과 기갈이 더욱 심하게 있을 것이다. 그러나 이런 환경이 인간을 무력하게 하지 못한다. 인류는 대응할 기술적 수단을 갖는다. 이 재난이 퍼지는 것은 수단 동원, 정치적 결단, 의지 등의 결여 때문이다. 자연과 사회 환경은 종속적 환경이 된다. 정치, 예술, 인간이 모두 기술 환경에 종속한다는 말이다. 또 다른 결과는 인간이 기술 환경에 적응하고 온전히 바뀌게 된다는 것이다. 인간은 실험 재료가 되는데, 헉슬리의 「신세계」*Brave New World*는 이를 잘 드러낸다.

교회 시대와 종교 환경

여기서 우리는 엘륄이 보는 교회사에 흥미를 느끼지 않을 수 없다. 그의 「뒤틀려진 기독교」는 전통적인 교회사와는 확연히 다른 형태를 띤다. 어쩌면 그것은 "계시의 역사"요, "교회의 배반의 계절들"이며, "숨은 교회의 역사"이다. 우리의 목적은 그의 교회사 책 전부를 분석하는 것이 아니라 종교 환경에 비쳐진 교회의 모습을 들여다보는 일이다. 따라서 우리의 분석은 그의 책 제3장에 국한된다.

엘리아데Mircea Eliade에 따르면, 종교는 인간의 나이를 갖는다. 이 말은 인간은 종교 없인 살 수 없다는 말이다. 그런데 종교는 신성한 것sacré으로 이뤄진다. 따라서 인간이 종교 없이 살 수 없다는 말은 곧 인간은 신성한 것 없이는 살 수 없다는 뜻이다. 신성한 것은 종교적 인간학의 산소와 질소이다.[92] 일반적으로 신성한 것은 속된 것에 반대된다. 이 양자 사이의 긴장은 생각하는 나와 나를 둘러싼 세계와의 긴장만큼이나 근본적이다. 무엇이 신성한 것이고 무엇이 속된 것인가를 생각하는 나, 그리고 신성한 것과 속된 것이 섞여 있는 것 같은 세계이다.

대체로 신성한 것은 인간 생활의 세 가지 양상과 관련한다. 공간성, 시간성, 그리고 사회성이다. 인간은 신성한 것의 덕택으로 세상질서를 정의하고 그것에 대해 말하며 그 한계와 방향을 고정시킨다. 어떤 신성한 장소를 중심으로 세상 질서가 선다. 시간이 어떤 의미를 갖는다는 점에서 성스러운 시간이 있다. 모든 날이 다 동일한 것이 아니다. 사회적 영역에서 신성한 것은 집단과 관련한다. 집단 사회에서 신성한 것은 공통으로 수용되고 체험된 경우뿐이다. 한 개인을 중심으로 하는 통합의 형태를 띠며 때론 무시무시하게, 때론 매혹적으로 나타난다. 이것이 의문에 부쳐질 때 그것은 더 이상 신성하지 않고 세상질서는 그것과 함께 무너진다.

종교사적 현상으로서 이 신성한 것은 한번 등장하여 하나의 질서를 이루다가 곧 의심되고 비판되면서 이내 사라지고, 또한 사라지기가 무

92. Cf. Mircea Eliade, *Histoire des croyances et des idées religieuses*, vol. I, (Paris, 1976), 22.

쉽게 또 다른 신성한 것의 다른 현상이 나타난다. 다시 말하면 신성화의 시기가 있고 비신성화의 시기가 있으며 이내 재신성화의 시기가 뒤따른다는 말이다. 이것은 단지 고대에 덜 성숙한 인간들의 사회에 있었던 이야기가 아니라 오늘 과학문명에 살고 있는 인간들에게도 그대로 적용된다. 이것이 엘리아데가 말한 "신성한 것은 의식구조에 있는 한 요소이지 이 의식사에 있던 한 단계가 아니다"의 의미이다. 1, 2세기에 있었던 것과 15, 16세기에 있었던 작업들은 오늘날의 기술 사회에도 여전히 존재한다.

이교가 신성한 것과 세속적인 것 사이의 긴장을 이완시킨다면, 성경의 종교는 창조주와 세상에 있는 인간 사이의 유일한 관계 위에 이 긴장을 집중시킨다. 구약의 창조 개념은 다른 종교들에게 신성한 영역을 더 이상 부여하지 않게 했다. 자연의 신들이 갖는 자연적 힘에는 엄밀히 신성한 것이라곤 아무것도 없다고 선포한 것이다. 이것이 구약의 종교가 가나안, 갈대아, 애굽의 신성한 것들과 투쟁을 벌인 이유이다. 단순히 다신교에 대항하는 유일신교의 모습(종교사의 순환 이론)이 아니라 말씀에 의한 창조 개념이 필연적으로 다른 모든 신성한 것의 비신성화를 낳은 것이다. 그럼에도 불구하고 구약의 백성들에게 재빨리 등장하는 새로운 신성한 실재들은 구약의 종교가 산만하게 흩어져 있는 신성한 것에서 집중된 신성한 것으로의 이동이라는 종교사적 분석을 가능케 한다.

기독교는 유대교와 더불어서, 아니 그보다 더욱 삭막하게 땅의 신성한 영역을 황폐하게 했다. 창조의 히브리적인 개념에 예수 그리스도의 성육신 사상이 첨가되면서 신성한 것은 그 어느 것도 전개될 수 없게 되었다. 기독교의 하나님은 예수 그리스도 안에서만 알려지고 그 밖에서는 어디서도 알려지지 않는다. 따라서 하나님은 어디서도 보이는 형태를 취할 수 없다. 게다가 예수 그리스도의 어떤 형상도 보존될 수 없다. 기독교는 예수 그리스도 안에서 완성된 오직 유일한 제사 외에 어떤 제사도, 어떤 제사장도 갖지 않는다. 나아가 세상의 신비한 권세들도 결정적으로 쫓겨나고 제거되며 패배된다. 그러한 기독교가 세속 역사를 사는 동안(이것이 교회사이다), 특히 중세 기독교에서와 오늘날에 있어서, 신성한 것을 재구성하고 기독교적 신성한 것을 만든 것도 피할 수 없는 종교사적 순환 현상인가?

16세기의 종교개혁은 기독교 내부에서 일종의 비신성화의 작업을 수행한 것이다. 이미 그 근원을 알 수없는 낯선 중세 기독교에서 이탈한 것은 감히 예수 그리스도가 유대교에서 떨어져나가는 현상과 비교될 수 있으리라. 현대의 기독교를 분석하는 일은 필자의 현 작업이 아니다. 다만 지금까지 전개한 관점으로 볼 때, 오늘날 종교로서의 기독교가 얼마만큼 그 본질에서 멀어졌고 또 멀어질 수 있는가를 역사를 통해 교훈 받아야할 필요를 말하련다. 의외로 사람들은 역사에게서 결코 교훈을 받으려 하지 않는다.[93]

역사의 의미

그렇다면 엘륄에게 있어서 역사는 무슨 의미를 갖는가? 우리는 그가 자신의 창조 신앙을 언급하는 곳에서 그가 믿는 역사의 의미를 찾아본다.[94] 성경은 제8일을 언급하지 않는다. 7일의 연속적 순환이 있을 뿐이다. 창세기 사건을 역사적으로 볼 때 전 인간의 역사는 바로 이 제7일에

93. 「뒤틀려진 기독교」, 제3장.
94. *Ce que je crois*, 203-221.

일어난다. 따라서 우리는 제7일에 살고 있고, 하나님의 안식에 위치하고 있다. 하나님은 제7일을 복주셨다. 제7일이 단순히 안식일을 의미하는 것만은 아니니다. 오히려 안식일의 순환적 반복은 제7일의 계속적 시간성을 상징하는지도 모른다.

인간 역사는 하나님의 안식에서 시작되었고 따라서 역사는 하나님의 행위의 산물이 아니다. 물론 안식이라 할 때 무관심이라든가 방치의 의미는 결코 아니다. 우리가 우선적으로 알아야할 것은 하나님은 우리에게 자유를 주시고 안식에 들어가신 인격체라는 사실이다. 또한 그가 안식에 들어가셨으나 여전히 하실 일이 있고 또 하신다(요 5:17-21)는 사실이다.

이스라엘 민족의 사례를 통해 볼 때, 하나님은 뜻을 바꾸시는 분으로 나타난다. 그 뜻을 바꾸시기까지 하나님은 오래 참으시는데 이 인내야말로 하나님의 안식의 표현이다. 안식은 창조를 버렸다는 의미가 아니다. 인간이 그들의 우둔함과 자만, 하나님이 되려는 욕망 등으로 역사를 만들고 이것이 하나님의 안식을 뒤흔들어 놓는 것이다. 한편 하나님의 백성의 기도가 또한 하나님의 간섭을 재촉하기도 한다. 하나님이 역사에 개입하고 간섭하는 때와 방법은 다양하다. 우선 인간의 악이 극도에 달할 때, 하나님은 직접 간섭하신다. 다시 말해 인간이 하나님을 향해 우상숭배, 교만, 이기심 등으로 가득차고, 이웃에 대해 극도로 악해질 때 직접 간섭하신다(바벨탑, 노아 홍수 등). 다음으로 인간의 비참과 고통이 극에 달할 때, 그리하여 사랑의 자유로운 행사가 불가능하여 더 이상 인간적인 해결책이 없을 때, 그 때 하나님은 역사의 모습을 완전히 뒤집어엎으신다. 그러나 하나님은 에덴동산의 상태로 재건시키시지 않고 다만 다시 살 수 있도록 하신다(주님은 모든 병자를 다 치료해 주시지 않았다). 마지막으로 하나님은 직접 개입하시기도 하지만 또한 인간을 보내셔서 간섭하기도 하신다. 사사, 선지자, 왕들을 보내시며 심지어 이방 왕(고레스)과 이방 나라도 들어 쓰신다.

이와 같이 엘륄은 타락한 인간의 삶이 어떤 방식으로 진행되고 진보되는지(이것이 그의 사회학이다)보다는 하나님의 시각에서 인간의 삶의 방향과 가치가 어떠해야 하는지(이것이 그의 신학이다)에 더 관심을 기울인다. 바로 이것이 그가 창조 질서를 안식의 입장에서 보는 이유다. 또한 이미 거기에 종말이 있다.

역사는 그리스도께서 완성하신 이 안식에서 그 궁극적인 목적에 도달할 것이다. 이 안식은 죽음으로 얻어지는 것이 아니다. 그것은 사랑의 충만이다. 이것은 완성에의 참여다. 이 약속된 안식은 가치의 변화이다. 하나님의 안식에 들어가는 것은 파괴적 행동을 그치는 것이다. 존재의 충만으로 들어가는 것이다. 안식은 한가한 무료함이 아니라 궁극적으로 완성된 사랑의 발견이다. 우리는 신앙 안에서도 아직 이 안식에 있지 못하다. 우리의 신앙은 자꾸 어떤 행동을 요구한다. 그러나 이 모든 행동은 하나님이 그의 백성에게 요구하는 내용, 그리고 예수 그리스도의 프락시스에 의해 비판되어야 한다. 역사 속에서의 행동은 안식과 평화를 파괴하는 데로 나아간다. 하나님은 안식의 기초로서 한 날을 인류에게 주셨다. 이 날은 인류에게 매우 중요하다. 유대인은 이 기호를 받았다. 안식일은 주님의 부활과 더불어 더욱 새롭게 되었다. 안식일은 일의 끝이요, 주일은 삶의 시작이다.

여기에는 세 가지 의미가 있다. 첫째, 일은 저주의 증거로서 우리는 저주아래 있지 않다는 것이요, 둘째, 역사가 시간의 끝과 더불어 종말이 오며(이 끝은 아무도 말할 수 없다), 그때 우리는 하나님의 안식에 들어간다는 것이며, 셋째로, 안식일과 주일은 그리스도 안에서 약속된 화해의 표시라는 사실이다. 따라서 안식일과 주일은 자유와 기쁨의 상징이다. 주님은 안식일을 폐기하지 않았다. 그것을 기쁨과 자유의 날로 만드셨다. 역사는 이 제7일의 순환적 반복에 있으며 그 이유는 기쁨과 자유를 통해서 안식과 평화를 누리게 하려는 것이다. 그것은 돈이나 힘을 통해 얻어지는 것이 아니다. 이 메시지의 선포야말로 그리스도인의 역사적, 문화적 사명이 된다.

엘륄은 역사를 초역사의 관점에서 보고자 한다. 이것이 엘륄의 종말에 대한 이해다. 그의 종말론은 미래에 이뤄지는 것이 아니다. 마치 안식이 우리가 들어갈 미래의 쉼이 아니듯이, 그의 종말론도 역사적 종말론이 아니다. 그것은 당연히 실존적 종말론이다. 이런 엘륄의 입장은 그의 요한계시록 주석에서 명백해진다. 엘륄은 계시록에서 시간의 종말로서 세상의 종말을 보기보다 현실과 진리의 대립을 통한 삶의 종말을 본다. 물론 그는 이 종말을 소망으로 끌어간다. 이점에서 그는 뒤에 볼 리쾨르의 역사 이해와 맥을 같이 한다.

엘륄의 실존적 종말론은 그가 종말의 성격을 피력하는 데서 명백해진다. 그는 종말이 역사의 의미와 현재성의 의미를 파악하게 해준다고 말하고, 이것이 "시간적 연속선상에 있는 종말"이 아니라 "절대적 종말"임을 지적한다. "바로 이점으로부터(오직 이점으로부터) 우리는 역사라는 것이 무엇인가에 대해 말할 수 있게 된다."[95] 엘륄에게 중요한 것은 현재의 의미이다. "깊은 의미의 오늘이란 어제, 그제의 기계적 연속이 아니라 우리가 살아야 할 이 시간 속에 있는 종말이다." 그런데 그것은 현실 앞에 진리를 대비시킴으로써만 드러날 수 있다.

---

95. 「요한계시록주석」, 29.

계시록을 현실(기술 사회라는 세상)과 진리(하나님 나라에 따른 삶)의 대립으로 보는 것은 그의 변증법적 방법론과 정확히 일치한다. "여기서도 나는 사회나 인간의 업적, 특히 기술에 관한 나의 변증법적 입장을 밝히고자 한다. 이는 사회학적 검증과 사례 읽기를 대조시키기 위함이다. 왜냐하면 요한계시록은 인간 행위의 의미와 무의미에 관한 매우 훌륭한 사례이기 때문이다."[96] 현실은 진리에게 표현 방법을 제공하고 진리는 현실을 변모시켜 거기에 없는 의미를 부여한다. 결과적으로 우리는 이 역사의 종말론적 의미들을 2부에서 상세하게 해부한 셈이 된다.

이제 엘륄에 대한 결론적 평가로 들어가기에 앞서 장 브룅과 폴 리쾨르의 역사 이해를 살피도록 하자.

장 브룅에 있어서 역사의 의미

어쩌면 장 브룅의 입장은 엘륄의 생각을 보다 분명하게 해 줄 수 있을 것이다.[97] 흔히 사람들은 역사에 무슨 의미가 부여된 것signifiée으로 생각해 왔다.[98] 하나님이 역사에 의미를 부여하셨기에 역사는 의미를 갖는다는 것이다. 이 작업은 역사신학자[99]의 몫이다. 물론 우리는 섭리의 역사를 믿는다. 그러나 이 섭리를 결정론이나 숙명론으로 받아들이는 것은 비성경적이다. 로마 가톨릭에서 개신교가 떨어져 나갈 때, 문제는 신론에 있었던 것이 아니라 구원론에 있었다. 16세기 종교전쟁의 배후에

---

96. 「요한계시록주석」, 12.
97. Jean Brun, *A la recherche du paradis perdu*, ch. VII: Les masques du significatif, 119-139.
98. *Ibid.*, 126.
99. 여기서 역사신학은 신학교의 커리큘럼으로서의 의미가 아니라, 「하나님의 도성」을 쓴 아우구스티누스처럼 시간의 의미를 묻는 신학 작업과 관련한다.

는 "하나님이 원한다"는 역사에 부여된 의미가 깔려 있었다. 하나님의 역사란 개념은 모든 유일신 종교의 공통점이다. 이따금 사람들은 하나님의 역사를 나의 역사와 혼동하면서 진정한 하나님의 뜻에 어긋나는 역사를 만들어 낸다. 결국 하나님은 자신의 뜻을 바꾸시고 이때 역사는 새로운 국면에 접어든다.[100] 역사 속에서 하나님의 간섭은 매우 복잡하고 다양하다. 본래 역사에 간섭하시는 하나님의 목적은 인간 역사가 하나님의 나라 안에서 끝을 맺도록 하는데 있는 것이 아니다. 다만 개인이나 백성들이 야훼만이 하나님이시라는 것을 알게 하기 위함이다.

인간 역사가 잃어버린 낙원을 찾아가는 역사, 그것을 건설하는 역사로 여기고 역사에 인간이 의미를 부여하는 개념signifiante으로 파악한다면 이것 또한 비성경적이다.[101] 이것은 역사철학자의 몫이다. 헤겔의 역사철학은 하나님의 섭리의 역사에 코페르니쿠스적 전환을 가져온다. 이 게르만 민족의 철학자에 의해서 역사란 의미를 부여받은 것이 아니고 인간 쪽에서 부여하는 것이 되고 만다. 둘은 같은 말이 될 수 있으나 근본은 하나님을 인간으로 대치한 것이다. 헤겔에 따르면 "역사란 인간 정신이 시간 속에서 역사에 부여하는 해석과 설명에 불과하다". 이제 인간은 길이요 진리요 생명이 되는 역사로 인해 자아 창조의 길을 열게된 것이다. 헤겔이후 역사는 선의 역사에서 변증법적 역사로, 역사적 계시에서 계시적 역사로 나아가게 되었다. 따라서 역사의 종국을 하나님의 나라로 여기며 이 하나님의 나라 건설에 인간이 주인의식을 가지고 행사하게된 것이다.

---

100. Cf. Pierre Chaunu, *Eglise, culture et société*, (Paris, 1981), 23-37.
101. Jean Brun, *op. cit.* 128.

19세기 역사 철학자들이 하나님을 하늘에서 땅으로 끌어내렸을 때 신학자들도 같이 동조하거나 최소한 신학적 입장을 주기위해 철학의 뜰을 드나 다녔다. 소비시대에 맞춰 당연히 새로운 신학들이 다량으로 생산되었다: 신의 죽음의 신학, 세속화 신학, 해방신학, 민중신학…이 모두는 정치-사회-문화와 결탁하여 "하나님 나라를 이 땅 위에"라는 표어 아래 초월의 개념을 파괴하고 만 것이다. 창조 때 잃었던 낙원을 역사에서 찾자는 것이다. 성경의 모든 신화들은 신학자들의 손으로 비신화화 되었고 예수님의 부활마저도 새로운 해석이 부여되었다. 신학자들은 철학자들과 나란히 모든 해석학에 발을 맞췄다. 성경은 해석학의 밥이 되었다. 기독교는 결국 하나의 이데올로기로 전락했고 모든 초월의 개념은 이들의 손에 의해 청산되었다.

장 브룅은 역사신학이나 역사철학의 입장이 아닌 실존적 역사관에 서서 역사의 모든 사건들을 단순히 의미적significative일 뿐이라고 여긴다.[102] 근대 역사철학의 지상 제일주의적인 거동에 반격을 가한 이들이 있었는데 그들은 하나 같이 초월의 개념을 강조했다. 하나님을 전적 타자로 말한 칼 바르트, "이 세상 밖이면 어디든지"를 읊은 프랑스 상징주의 시인들, "인간은 자기의 그림자 밖으로 뛰쳐나갈 수 있는 동물이다"라고 말한 사르트르, "나는 고향이 없으면서도 고향이 그립다"고 한탄한 니체, 등등.

사실 인간은 자신의 자취를 남기려는 행동과 그렇지 않은 이중적 행동을 한다: 보행과 춤, 산문과 시, 말과 노래, 행동과 꿈, 보행과 산문, 그리고 말과 행동은 역사를 필연으로 몰고 가지만 춤과 시, 그리고 노래와

102. Jean Brun, *op. cit.* 135.

꿈은 역사를 우연의 영역으로 이끌어 간다. 역사신학과 역사철학의 차이점은 전자가 역사의 의미를 하나님께로부터 부여받은 것으로 여긴다면, 후자는 인간이 역사에 의미를 부여한다고 믿는 것이다. 동일한 점은 둘다 역사의 의미를 인정하는 것이다. 그러나 실존의 영역에서는 역사란 무의미한 우연의 연속일 뿐이다. 현대 서구인들은 역사신학과 역사철학의 희생물이라고 생각할 수 있다. 온갖 이즘ism과 이데올로기가 난무하는 가운데 그들은 이 모든 것에서 벗어나고 싶은 충동을 느낀 것이다. 대체로 다음 세 가지 형태로 이 충동은 발산했다: 마약, 동양철학에 대한 매력, 정신분열.

마약은 시간과 공간을 초월하는 하나의 여행이다. 마약을 통해서 인간은 수평적 차원에서 수직적 차원으로 이행하고 싶어 한다. "난외 주"에 남고 싶은 욕망, "시리즈"밖으로 빠지고 싶은 충동, 엉뚱한 것을 만들고 싶은 욕망 등은 이 모든 역사철학적 시도의 장난으로 들어가고 싶지 않은 자유로운 의지를 보여준다. 역사신학/역사철학의 합동작업은 초월적 존재로서의 인간을 역사적이고 현실적인 존재로서의 인간으로 끌어내린다. 바로 이것 때문에 정치화된 기독교에서 등을 돌린 많은 사람들이 차라리 동양의 신비종교에서 길과 진리와 생명을 찾는다. 그들은 그곳에서 학문으로 자연을 지배하는 것과 아무런 관계없는 하나의 세계관을 발견한다. 결국 이런 역사적 거동은 정신분열증이라는 현실절단의 임상학적 상태로 나아간다. 정신분열 증세는 닫힌 창구에서 노는 것과도 같다. 그 병자의 논리적 헛소리는 사회적-실제적 시간이 그를 강요하는 논리와 상반된다. 이것이 현대 서구에 사교적 이단들이 득세하는 이유이고 기독교 내에 카리스마 운동이 퍼져나가는 이유이다.

이렇게 볼 때 역사는 인격체가 아니며 살아서 움직이는 것이 아니다.

역사는 인간이 지나가는 시간에 불과하다.

리쾨르가 보는 기독교와 역사의 의미

리쾨르는 "기독교와 역사의 의미"[103)]라는 글에서 엘륄이나 브룅과는 약간 다른 시각에서 역사의 의미를 찾는다. 그는 역사를 이해할 수 있는 용어를 진보, 모호성, 소망으로 나누어 설명한다. 진보는 발전적 역사 개념으로, 때로 기독교의 소망과 대립되는 것처럼 이해하기 쉬우나 리쾨르는 이런 대립을 잘못된 것으로 본다. 그에게 있어 진보란 "역사에게서 오직 경험의 축적으로 여겨질 수 있는 것을 취하려 할 때만 형성된다". 이런 관점은 역사를 도구의 수준에서 바라보는 것으로, 여기에는 인간 드라마란 없다. 역사를 결단, 위기, 흥망을 동반하는 드라마처럼 보게 되는 것은 모호성의 관점에서이다. 진보가 추상의 역사라면, 모호성은 구체적(실존적) 역사이다. 리쾨르는 "기독교 역사관이 활동하기 시작하는 것은 바로 이 두 번째 역사 이해 위에서다"라고 말한다. 그가 진보와 모호성을 말하는 것은 참된 역사의 의미를 담고 있는 소망의 역사를 끌어내기 위함이다.

첫째, **진보로서의 역사**는 도구의 역사이다. "인간이 자연과 동물의 풍습의 끝없는 반복을 단호히 잘라내고 역사를 갖는 것은, 그가 도구와 더불어 일하기 때문이다." 인간은 다시 태어나고 다시 시작하지만, 그가 남긴 업적은 지속된다. 진보가 가능한 것은 바로 이 인간 업적의 시절 안에서이다. 이것은 단순한 기술 세계monde technique뿐만 아니라 모든 도구

103. Paul Ricoeur, "Le christianisme et le sens de l'histoire" in *Histoire et Vérité* (Paris, 1955); "기독교와 역사의 의미", 「역사와 진리」(솔로몬, 2002), 97-117.

의 세계monde instrumental를 포함한다. 다시 말해 물질적 도구뿐만 아니라 문화적 도구, 지식적 도구를 포함한다. 이 인간 경험을 그는 "인간이 배운 모든 것, 그가 아는 모든 것, 생각하고 말하고 느끼고 행할 줄 아는 모든 것"이라고 말한다. 지식의 경우 그것에 흔적을 남기고 축적되게 하는 것은 활자요, 인쇄술이다. 이 점에서 리쾨르는 정확히 파스칼의 관찰을 인용한다. "모든 인간들은 수세기가 흐르는 동안 언제나 존속하고 지속적으로 배우는 동일한 한 인간으로 여겨져야 한다"(「진공론」에서).[104]

이렇게 기술과 발명의 역사는 (여러 민족과 개인들이 서로 협력하는) 하나의 역사를 만든다. 실제로 이 역사의 독특성은 발명가의 인격이 발명에 의해 지워지기 때문에(발명가의 인격은 공동의 역사에 함몰된다) 더 명백해진다. 발견의 역사도 마찬가지다. 기술사, 과학사, 지식사가 방법과 대안의 위기를 기억한다해도, 그것은 문제들과 싸웠던 인간 실존을 드높이기 위함이 아니다. 여기에는 인간 드라마가 없다. 따라서 급진적인 상실도 없고 헛된 일도 없다.

리쾨르는 한걸음 더 나아가서 양심 내지는 의식의 영역에까지 간다. 그에 따르면 도덕적 고찰, 자아 의식, 인간 조건 이해 등은 어떤 관점에서 삶의 도구들로 축적된다. 인간성의 도덕적, 정신적 경험이 있고 이것은 보화처럼 자본화 된다. 여기서 그는 결단, 사건, 행위 등의 영역과 족적, 남겨진 업적, 전통 등의 영역 사이를 구분한다—사람들은 결단, 사건, 행위를 통해서 축적의 현상으로서 전통 운동을 고립시키고, 이 진보의 도약은 우주적 또는 역사적 천재지변(지진, 침략 등)에 의해서만 끊길

104. 파스칼은 「팡세」에서 이렇게 적고 있다: "내 책이라고 불러서는 안 된다. 우리의 책이라고 불러야 한다."

수 있다. "이런 이유에서 우리는 소크라테스, 데카르트, 다빈치를 반복할 수 없다". 왜냐하면 우리는 이미 그들보다 더 많이 더 풍부하게 인간성의 기억을 갖고 있기 때문이다. 그러므로 우리는 보다 넓은 역사관을 취함으로 다시 시작해야 한다. 이것은 진보의 큰 일부를 이루며 동시에 그 한계를 이룬다. 진보의 일부라 함은 도구 세계가 우리의 모든 업적(지적, 정신적)을 망라하기 때문이며, 한계라 함은 진보가 고통하고 원하는 개인의 구체적 드라마에서 떨어져 나가, 익명의 정신과만 관계하기 때문이다.

리쾨르에 따르면, 이런 진보의 도면에서, "역사의 기독교적 의미"와 이 익명의 발아bourgeonnement 사이에 결정적인 충돌은 없다. 그는 진보와 소망, 진보와 신비를 대립시키는 것을 기만행위라고 말한다. 그럼에도 불구하고 진보의 익명적이고 추상적인 성격으로 인해 "역사의 기독교적 의미"와의 충돌은 가능해진다. 진보의 역사에서 드러나는 가치란 인간이 기술적, 지적, 문화적, 정신적 모험에 의해 자신의 운명을 완성한다는 확신이요, 인간이 창조의 선상에 있다는 확신이다. 그렇다면 진보의 역사에 기독교는 무슨 의미를 주는가?

리쾨르는 그리스의 지혜와 기독교를 비교하면서 이를 설명한다. 그리스인들에게 있어서 프로메테우스의 잘못은 불, 기술과 예술의 불, 지식과 양심의 불을 훔친데 있다. 그런데 아담의 잘못은 프로메테우스의 잘못이 아니다. 그의 불순종은 기술적이고 지식적인 인간이 되는 것이 아니다. 그의 잘못은 인간의 모험에서 하나님과의 생명선을 끊은데 있다. 가인의 범죄는 자연적 도구를 사용한데 있었던 것이 아니라 형제에 대한 미움이었고, 동물 사냥이 아니라 사랑의 부재였다. 그러나 비록 기독교가 프로메테우스를 정죄하지 않고 불의 사용을 오히려 창조의 의도라는 표현으로 인정하기까지 한다 하더라도, 기독교는 기술, 예술, 지식,

양심의 역사의 익명적이고 추상적인 양상에 근본적으로 관심을 갖지 않는다. 기독교는 구체적 인간들이 그들의 멸망 또는 구원을 위해 역사를 만드는 것에 관심이 있다. 진보의 가치는 진보 자체처럼 추상적 가치로 남는다. 기독교는 인간 모두와 그 행동거지의 전 실존에게로 향한다. 그러므로 진보에 대한 토론은 결국 쓸데없는 것이 된다. 사람들은 한편으로 진보를 정죄하는 잘못도 저지르지만, 다른 한편으로 진보를 칭송해서 크게 얻은 것도 없다.

리쾨르는 이렇게 진보의 측면에서 역사를 살피고 기독교가 진보와 결정적으로 대립되지 않으면서 또한 크게 관계하지 않음을 보인 다음, 오히려 인간의 구체적 삶은 모호성에 있고 기독교가 역사의 의미를 실제로 포착하는 곳이 바로 이 실존적 측면임을 보인다.

둘째, **모호성으로서의 역사**이다. 리쾨르는 먼저 실존적 역사관이 진보의 측면을 떠나면서 모든 역사적 고려를 포기하고 개인의 고독 속으로 함몰한다고 생각하는 사람들에 대해서 그렇지 않다고 말한다. 그는 실존적 역사 속에 구체적인 역사가 있다고 말한다. 이런 새로운 역사적 차원의 표지로 그는 다음 세 가지 것을 말한다.

1) 첫 번째, 표지는 많은 문명들이 있다는 사실이다. 진보의 시각에서는 하나의 인간성만이 있으나, 문명사의 시각에서는 여러 개의 인간성들이 존재한다. 인간성이란 역사적 지리적 복합체로서 문명의 중심이다. 그런데 어떤 문명은 도구에 큰 가치를 부여하지 않는다. 도구란 그것이 가시화되지 않는 한 쓸모가 없다. 그러므로 문명사는 수단의 역사일 뿐인 기술사보다 더 심오한 면이 있다. 구체적 역사는 목적과 수단의 역사요, 인간의 완전한 의도의 역사이다. 하나의 문명이란 실존의 구체적 양식을 투영하고, 인간을 원하는 하나의 일시적 방식이다. 리쾨르는 토

인비의 문명사를 이 범주에 위치시킨다. 이것은 역사 기간의 회귀적 개념과 진보의 선적 개념을 동시에 취하는 것으로, 두 개념의 높낮이는 결정되지 않는다. 전자는 보다 윤리적 측면이고 후자는 보다 기술적 측면이다. 진보의 현상이 족적의 축적과 관련하는 반면, 문명의 생사는 위기 개념과 관련한다. 이것이 문명의 도전에 대한 응전이다. 응전하는 창조적 핵이 있는 한 문명은 산다. 옛 응전만 반복할 때 그 문명은 죽는다.

2) 두 번째, 표지로 리쾨르는 의미 있는 역사적 사건들과 인물들의 줄일 수 없는 성격을 든다. 역사의 옛 방식은 전쟁사, 왕조사, 결혼, 성공, 나눠 갖기의 역사였다. 그러나 이러한 역사는 역사적이기를 그치게 되며, 배우가 제거되고 사건 없는 역사가 된다. 역사가 역사적인 것은, 중요한 특별 행동들이 있고 중요치 않은 다른 행동들이 있으며, 중요한 인물이 있고 중요치 않은 인물이 있으며, 전투에 져서 너무 빨리 우두머리가 죽고 운명이 바뀌기 때문이다.

리쾨르는 구체적 역사의 3) 세 번째, 표지 또는 특징으로, 역사에 있는 정치의 현저한 위치를 말한다. 정치란 권력을 기회로 한 인간관계의 총화로서 권력 정복, 행사, 유지 등을 포함한다. 권력은 정치의 핵심적 문제이다: 누가 명령하는가? 누구에게 하는가? 어떤 한계에서 하나? 무슨 통제 하에서 하나? 역사의 실록적인 양상과 정치적 양상 사이에는 일치하지는 않으나 밀접한 관계를 갖는다. 정치적 위기는 이중적이다. 이 위기가 문명의 물리적 운명 및 의지와 관련된다는 것과, 그리고 이 위기가 역사의 한복판에 인간의 근본적 특징인 유죄성culpabilité을 야기한다는 것이다. 오만, 증오, 공포라는 가장 소름끼치는 열정이 얼굴을 내미는 것은 바로 권력의 주변에서다. 이 사실은 인간의 위대함이 있는 그곳에 인간의 잘못이 있음을 입증한다. 리쾨르가 역사 신학에 임무를 부여하는 곳이 바로 여기다. "역사 신학의 임무 가운데 하나는 (국가와 중앙 집권적 세계의 근대적 경험의 조명하에, 그리고 심리학과 열정의 심리분석의 도움으로), 권세자들을 성경적으로 비판하는 것이다. 보다 더 큰 위험은 위대함과 유죄성 사이의 관계(역사의 두 번째 권세에 모호성으로 있는)를 놓치는 일이리라. 유죄성이 있는 곳에 위대함도 있다고 말해야 한다."

이 신학에 시동을 걸기 위해선 이런 역사의 차원을 인간들의 기획으로, 결단으로, 위기로 자리매김함이 필수적이다. 유죄성은 역사가 위대함의 기획의 가능성이 되는 그곳에만 나타난다. 진보의 차원은 도구의 차원이다. 도구에는 유죄성이 없다. 도구는 창조를 통해 인간의 운명을 표현한다는 점에서 선하다. 하지만 역사를 위기로 파악하여 잘못에 어떤 의미를 부여하려 한다면, 유죄성의 신학이 우리에게 경종을 주어야 하고, 잘못에 대한 명상을 내포하는 역사의 드라마적 양상에 민감해야 한다. 잘못은 사건 세계에서만 존재하고, 모호한 역사만이 죄인이 될 수 있다. 자연적 존재에는 죄인이 될 수 없다. 오직 역사적 존재만이 죄인이 될 수 있다.

셋째, **소망으로서의 역사**이다. 리쾨르는 역사의 기독교적 의미가 실존적 양상에서만 찾아질 수 있음을 말하고 이제 그 유죄성에서 구원의 소망으로의 도약을 말한다. "어떻게 구원의 소망이 역사의 의미를 만나는가?" 이 문제를 풀기 위해 그는 두가지 용어를 사용한다. 의미와 신비. 의미란 "역사 안에서 사는 용기의 원리"이고, 신비란 "이 의미가 감춰져 있어서 아무도 그것을 말할 수 없다"이다. 그리스도인은 이 의미를 신앙으로 말한다.

리쾨르에게 있어서 모든 그리스도인의 역사관을 지배하는 것은 하나님의 주권을 믿는 신앙이다. "만일 하나님이 개인 삶의 주인이시라면 그는 역사의 주인이시다.” 리쾨르는 역사의 기독교적 의미를 이렇게 말한다: “역사의 기독교적 의미는 세속사가 거룩한 역사가 전개되고, 결국 하나의 역사만이 있으며, 그리하여 모든 역사가 거룩하게 되는 이 의미에 속하리라는 소망이다.” 하지만 이 역사의 의미는 신앙의 대상으로 남는다. 진보가 역사 안에 합리적인 것이 있다는 것이고, 모호성이 역사 안에 비합리적인 것이 있다는 것이라면, 소망을 위한 역사의 의미는 초합리적 의미이다. 그리스도인은 이 의미가 종말론적이며, 자신의 삶은 진보의 시절과 모호성의 시절에서 흘러간다고 말한다. 그리스도인은 마지막 날에 일치된 의미가 나타날 것을 바라며, 두 종류의 역사(모든 역사)가 어떻게 그리스도 안에서 총괄될지 보게 될 것을 소망한다.

이제 리쾨르는 의미 그러나 감춰진 의미 앞에서 그리스도인이 결코 절망해서는 안 되며 소망을 갖는 신앙인의 모습에 호소한다. 이는 그 시대의 절망적 성격을 역으로 증거하는 말이기도 하다. (실제로 리쾨르는 당시 게오르규의 25시가 던진 절망의 파문에 대해 쓰고 있다). 그는 이러한 세계에 역사를 위한 소망인 기독교 소망이 모든 잘못된 예언들을 쫓아낸다고 말한다. 그는 전쟁에 지치고 현대 사회의 문제에서 도피 알리바이를 찾는 여론의 잠재적 패배주의에 대해서도 비판하면서 갑자기 설교의 논조로 말한다. “이 신앙에서 출발하여 삶의 전면으로 나아가자! 나는 언제나 우리가 할 일이 있다고 믿는다. 항상 채워야할 임무, 잡아야할 기회가 있다고 믿는다!” 리쾨르는 부조리, 모호성에 빠져 더 이상 앞으로 나아가지 못하는 실존주의와 바로 그 부조리의 밑바닥에서부터 소망하는 기독교를 대비시킨다. 실존주의의 경우 모호성은 마지막 말이나, 기독교의 경우 모호성은 사실이고 실제적이지만 마지막 말은 아니다. 그것은 마지막 전 말avant-dernier mot이다. 리쾨르는 기독교가 신앙을 통해 감춰진 의미를 믿는 신앙으로 용기를 낸다는 점에서 실존주의 기질보다는 마르크스주의 기질에 더 가깝다고까지 말한다. 다만 마르크스주의가 교조주의로서 자아에 갇히지 않고 탐구 방법으로 남는다는 조건 하에서 말이다.

리쾨르는 소망을 부조리와 대치시킨 뒤, 체계와도 대치시킨다. 이렇게 소망은 "의미를 찾아라"라고 말할 뿐만 아니라, "그 의미가 감춰졌다"라고도 말한다. 기독교는 역사의 체계적 철학을 불신한다. 신비와 체계 사이에서 선택해야 한다. 역사의 신비는 이론적이고 실천적인 광기, 지적이고 정치적인 광기에 주의하게 한다. 리쾨르는 미국의 과격론자들과 공산주의자들을 광기 있는 자들로 본다. 그리고 광기에서 자신을 지키기 위해 설명적 전망들을 다변화할 것을 말한다. 미국과 소련의 이원론 앞에서 리쾨르는 "모든 것을 복잡하게 만들자, 그들의 카드를 흐릿하게 하자"고 외친다. 그는 "신비의 기호 하에 문명이건 개인이건 역사적 소명의 다원성의 감정을 갖는 것이 중요하다"고 말하면서, 때론 참여 예술과 참여 문학보다 비참여dégagé 문학이 어쩌면 주어진 시대에 인간의 필요를 가장 잘 말하는 것이라고 주장한다.

"그러므로 의미, 그러나 역사의 감춰진 의미를 믿는 신앙은 가장 비극적인 역사의 심오한 의미를 믿는 용기이자, 동시에 투쟁의 한복판에서 확신과 포기의 기질이다. 그리고 열려진 것의 의미, 체계와 광기의 확실한 거부이다." 그러나 리쾨르는 이런 소망이 합리적인 진보에서는 얻어질 수 없고 오직 모호성의 양상과 직접적인 관련이 있다고 말하면서 역사에 대한 실존적 시각의 중요성을 강조하고 끝맺는다.

단평

엘륄과 브룅과 리쾨르는 모두 실존적 역사관을 각기 자신들의 용어로 설명했다. 따라서 이들 사이에 근본적 차이는 없다. 특히 엘륄과 리쾨르는 소망의 역사로의 진행에 있어서 발걸음을 같이 한다. 그것은 분명 그리스도인의 역사 참여와 관련한다. 역사의 소망은 예수 그리스도에 의해서 제시되었다. 엘륄과 리쾨르는 공히 예수의 삶과 가르침에 따른 역사참여를 주장한다.

엘륄이 「인간 예수」를 모델(물론 자유주의의 모범적인 인간 예수가 아니다)로 기술 사회에 맞서 광야의 시험을 이기라고 권면한다면, 리쾨르는 예수의 산상설교에 따라 "비폭력적 역사 참여"를 요구한다.[105] 하지만 리쾨르의 소망은 엘륄의 것에 비해 보다 미래 지향적인 역사에 속한다. 그것은 그들이 현대의 특징을 달리 파악하기 때문일 것이다. 엘륄이 기술이라고 말한 자리에 리쾨르는 과학정신을 위치시킨다. 따라서 리쾨르의 변증법은 대립에서 끝나지 않는다. 그는 하나님을 개인사와 문명사의 주인으로 보고 모든 역사의 과정과 종말을 하나님께로 돌린다. 이 때 그는 실존주의와도 결별한다. 체계로 빠지지 않는 역사주의도 말한다. 다만 그는 실존적 시각을 통해서 역사의 모호성과 부조리, 사건들의 드라마적 양상들을 훨씬 더 잘, 그리고 더 많이 파악한다고 지적한다. 게다가 진보의 역사를 결코 부정하지 않았다. 이런 이유 때문에 개혁주의 세계에서 리쾨르가 엘륄보다 부드럽게 느껴지는 것이 사실이다.

질서의 하나님을 믿는 개혁주의 신앙은 흔히 우리를 역사에 대한 직선적 진보 신앙으로 이끌어 간다. 하지만 사실 개혁주의 사관은 직선적이 아니라 나선형의 상향곡선으로 그려진다. 따라서 개혁주의 사관도

---

105. Paul Ricoeur, "L'homme non-violent et sa présence à l'histoire", in *Histoire et Vérité*, "비폭력적 인간과 역사 참여", 「역사와 진리」, 285-298.

모호성을 인정하는 진보 사관이라 볼 수 있다. 그럼에도 불구하고 그곳에는 모호성과 부조리의 강조보다는 합리적인 것과 체계가 강조되는 것도 사실이다. 비록 실존적 역사관에 역사적 객관성과 역사적 종말이 결여되어 있다 하더라도 진보사관의 아전인수식 역사 해석에 대한 제동을 걸 수 있다는 점에서 우리가 병용해야할 사관임에 틀림없다.

이렇게 개혁주의 노선과 실존적인 복음주의 노선은 상호 다른 세계관을 품고 있으면서 서로에게 보완적인 관계를 형성한다. 필자는 오래 전부터 실존적 세계관에서 개혁주의 세계관이 가질 수 있는 약점을 보완할 수 있다고 보고 엘륄을 소개했다. 일례를 들자면, 권력과 돈을 보는 시각에서 보다 강한 저항력을 키우는 일이다. 대안을 추구하다보면 대안이 겨냥하는 목적보다 그 수단에 빠지고 말기 때문이다. 이런 예들은 기독교 정치, 기독교 경제, 기독교 대학 등등에서 얼마든지 발견된다.

⋮

2. 엘륄의 문명 이해-쉐퍼와의 비교

우리는 2부에서 엘륄의 서구문명 비판을 분석한 바 있다. 이제 이곳에서는 그의 문명관을 프랜시스 쉐퍼Francis Schaeffer(1912-1984)와 비교하면서 평가하고자 한다. 그런데 쉐퍼는 칼뱅주의 개혁파 전통에 속하는 문명 비평가이다. 따라서 엘륄과 쉐퍼를 비교하기 전에 칼뱅이 서구문명에서 차지하는 위치를 먼저 보는 것이 유익할 것이다.

칼뱅과 서구문명

1762년 장 자끄 루소는 그의 「사회계약론」에서 제네바 공화국을 언급하면서 칼뱅의 업적에 대해 짤막한 단평을 각주에 남겨둔 바 있지만[106] 실로 오랫동안 칼뱅은 신학자로서만 알려졌다. 학자들이 정치-경제-사회적 관점으로 칼뱅을 바라보기 시작한 것은 19세기 중후반 무렵부터다. 제네바 개혁자를 추종하는 사람들은 그를 "근대 자유들의 창설자"로 표현하곤 했다.[107]

베버와 트뢸치는 보다 객관적인 시각에서 칼뱅과 칼뱅주의를 분석한다. 이들에 따르면 칼뱅은 자유 진보의 수호자이면서도 그래도 "독재자"였다는 것이다. 베버가 "신-프로테스탄티즘"에 근거한 프로테스탄트 문명 일반 이론을 세우면서 칼뱅을 구-프로테스탄트 인물로 설명했다면 트뢸치는 칼뱅과 후기 칼뱅주의를 구분하여 설명했다. 이들에 따르면 자유의 진보는 "종교개혁 이전에 그것 없이" 형성되고 발전되었다. 다만 칼뱅과 칼뱅주의자들은 자신도 모르는 사이에 자유의 진보에 공헌했다는 사실이다. 게다가 종교적 관용과 신앙고백의 자유라는 근대정신의 기원에는 심령주의와 리베르탱주의가 있다. 아무튼 근대문명의 특징인 자유와 개체성 개념이 프로테스탄트 종교성의 품에서 발전한 것임에는 틀림없다.

동일한 시각에서, 그러나 약간은 보다 긍정적으로, 앙드레 비엘레는 칼뱅을 "근대에 이르는 통로"로, 에밀 레오나르는 "한 인간 유형과 한 문

106. "칼뱅을 신학자로밖에 생각하지 않는 사람은 그의 천분의 넓이를 잘 모른다. 그가 크게 이바지한 우리 제네바의 현명한 여러 법령의 편찬은 저서 「기독교강요」와 같은 정도의 명예를 그에게 준다. 시간의 흐름과 함께 우리의 신앙에 어떤 혁명이 초래되건, 조국과 자유와의 사랑이 우리 사이에서 사라져버리지 않는 한, 이 위인의 기억은 우리의 축복의 표적이 되기를 결코 그치지 않을 것이다"(「사회계약론」 [홍신문화사, 1993/2007], 49).

107. 근대적 칼뱅에 대해서는 필자의 "칼빈과 그리스도인의 자유"(「John Calvin: 칼빈, 그 후 500년」, 한국칼빈학회, 두란노아카데미, 2009, 195-206)를 참고하라.

명의 창시자"로 설명한다. 피에르 메스나르는 16세기 정치철학과 관련해서 칼뱅의 "통로" 역할을 가장 잘 설명했다. 중세의 기독교적인 인간사상에서 근대로 넘어가는 일종의 가교로서의 역할을 의미한다. 칼뱅에 앞서 마키아벨리, 토머스 모어, 에라스무스 등이 있었음과, 그 뒤에는 그보다 더 자유의 진보를 보이는 인물들이 있음을 기억해야 한다.

이 모든 작품들은 칼뱅이 근대문명의 시작에 있었음을 입증한다. 사실 1960년대까지 실로 무수한 작품들이 "근대적 칼뱅"을 설명하기 위해 쏟아져 나왔다. 그리고 이런 경향은 오늘날에도 여전히 존재한다. 하지만 대부분의 학자들은 칼뱅의 근대성에 모종의 한계—종교적 관용에 있어서나 저항 방식에 있어서—가 있음을 인정한다. 이것은 칼뱅에게 일종의 모순이 있음을 뜻하는데 이는 칼뱅의 종교개념과 사회윤리 사이의 관계가 매우 변증법적이라 할 수 있기 때문이다. 과연 칼뱅에게 있는 모순을 풀 수 있을까? 학자들은 칼뱅의 책임 있는 자유의 윤리 문제를 줄기차게 추적했다. 칼뱅에게, 베버의 명제에 따라서 말하자면, 종교적 비합리성에서 정치-경제적 합리주의로의 이동이 있는가? 이 질문에 어떤 이들은 매우 긍정적으로 답한다. 일례로 여성의 지위와 시간 지키기에 대한 칼뱅의 근대성 입증 같은 경우다. 서구문명에 끼친 칼뱅의 영향에 대한 연구는 20세기 후반부 내내 제네바 개혁자에 대한 참고도서목록을 풍부하게 만들었다.

이 영역에서 스위스 윤리 신학자들의 공헌은 남다르다. 이들에 따르면 칼뱅의 윤리는 섭리와 예정에 근거하는 것으로 단순히 합리성의 문제가 아니다. 사실 칼뱅은 하나님의 예지와 예정과 자유의 문제를 풂에 있어서 당대의 합리주의자들에 맞섰다. 칼뱅을 설명함에 있어서 에릭 푹스가 신학적 윤리의 모순 형태에서 자유의 두 양상—하나님의 자유와 인간의 자유—을 연결한다면, 드니 뮐러는 신학적 문제와 율법의 윤리에 주의를 기울인다. 결국 책임있는 자유 윤리가 인문주의자 칼뱅을 한편으로는 "자유의 실제적인 수련"으로, 다른 한편으로는 "자유의 해방"으로 이끌어갔다는 얘기다.

모순 극복을 위한, 어쩌면 모순을 있는 그대로 보기 위한 시도는, 의외로 지성사, 내지는 심성사 계열의 역사학자들의 손에서 나왔다. 이들에 의해 표현된 칼뱅은 각기 "자기 자신에 반대하는 칼뱅", "불안과 자유의 두 칼뱅", "은밀한 삶의 칼뱅"이다. 이것은 칼뱅을 내면적 자유의 관점에서 볼 때야 가능하다. 그동안 "근대적 칼뱅"을 부각시키는 외면적 자유에 치우쳐온 칼뱅 연구를 "자아성찰의 칼뱅"이라는 심층 심리의 내면 쪽으로 방향을 돌린 것이다. 그런데 이들의 연구는 역사적 객관적 사실에 기초하기보다는 관념과 심리에 더욱 관심을 기울이기 때문에 많은 공격을 받았는데, 그 이유는 사상을 발생론적 내지는 동태론적으로 접근하지 않고 개념적이고 구조적인 방식으로 접근하기 때문이다.[108] 이것은 관념사학의 특징으로 결과적으로는 칼뱅의 자유의 교의학을 세우는데 일조했다 하겠다.

칼뱅의 자유는 "그리스도인의 자유"를 빼놓고 생각할 수 없다. 인간에게 선을 선택할 의지의 자유는 없지만 그리스도 안에서 성령의 도움으로 이 의지를 회복하며(이것은 단회적이 아니다), 그때 그는 하나님의 자유를 이해하고 동참할 수 있다. 인간의 정치-경제-사회적인 자유인 외적

108. 발생론적/동태적 입장은 "한 사상가나 집단의 사유와 관념을 그 발생적 연원과 시대적 전개 양상과 발전의 추이"에서 접근하지만, 개념적/구조적인 입장은 "사상의 아이템들과 사상 자체의 내적 정합성에 주목"한다. "전자가 통시적/역사적/외적 접근법이라면, 후자는 공시적/구조적/내적 접근법"이다.

자유 역시 그리스도인의 자유 안에서만 행사할 수 있으며 끊임없는 자아성찰을 통한 내적 자유에의 참여 속에서만 완전해질 수 있다. 물론 그의 영성은 불교나 동양 철학 내지는 수도회 영성과는 다르다. 그럼에도 불구하고 켈러는 "신비주의자 칼뱅"이라고 부를 수 있었다.

이러한 칼뱅 연구의 경향은 서구문명이 자유주의에서 자유로 넘어가는 흐름과 맞물린다고 볼 수 있다. 왜냐하면 칼뱅과 자유주의 전통의 결속은 근대성의 입장에서는 칼뱅을 위한 작업일 수 있지만 탈근대성의 입장에서는 시대착오가 되기 때문이다. 칼뱅의 의도야 어떠하든, 칼뱅은 근대 자유주의(개인의 자유를 가치로 삼는 세계관) 전통에 위치한다. 자유주의를 다룬 책들은 "종교개혁으로부터 자유주의에 이르는 길이 있다"고 말한다.[109] 이것은 종교개혁자들이 공유하는 두 왕국 개념에 의해 가능해 보인다. 이 개념은 서로마 제국의 멸망 이래 교회에 맡겨진 국가와 사회에 대한 전적 책임의 종말을 의미하는 한편 세속 국가의 독자적인 자유 발전을 의미한다. 이런 점에서 프로테스탄트주의는 세속적 르네상스와 같은 길을 간다. "프로테스탄트주의에서 기독교의 신을 뺀 것이 자유주의"이다. 두 왕국 개념은 "세상/국가로부터 종교의 퇴각"과 더불어 "세상에 대한 연구로부터 신학의 퇴각"을 가져왔다. 이것은 후대 칼뱅주의자들이 "일반계시"라는 용어로 설명하는 내용이다. 나아가 청교도 세계에 나타난 내면적 자아성찰도 자유주의에서 중요시하는 개인주의의 경향의 일례로 본다.[110]

이미 위에서 살핀 대로 칼뱅은 근대문명이 될 초석을 놓았다. 평신도가 직분에 참여하는 새 교회의 설립, 제네바 공화국 헌정에 의한 새 정치

---

109. 앤서니 아블라스터, 「서구 자유주의의 융성과 쇠퇴」(나남, 2007), 217.
110. 하지만 이것은 자유주의 이전의 자유의 관점에서 보아야 한다.

질서 수립, 노동과 직업적 소명의 새 인식뿐만 아니라 이자 붙은 대여의 정당화를 통한 새 경제질서 수립은 칼뱅의 저항 사상과 함께 근대 자유주의로 가는 통로이다. 물론 종교적 관용의 경우는 급진적 성향의 개혁자들—일례로 카스텔리오—에 비해 더 나가지는 못한 것이 사실이다. 그럼에도 불구하고 종교적 자유의 문제는 종교개혁에 의해 생성된 논쟁에 의해 18세기까지 이어진다.

흔히 칼뱅을 미국의 자유주의와 연결시킨다. "미국은 칼뱅의 종교와 홉스의 철학 위에 세워졌다." 또한 베이컨과 로크 등 영국의 경험론 철학자들이 칼뱅의 영향 속에 있다. 칼뱅주의자들이 성공적으로 수행한 자유혁명, 조직혁명, 규율혁명, 민주혁명은 칼뱅의 사상적 영향이다. 마르크스주의의 실험 100년 후 세계는 자유주의의 승리로 끝난 인상이다. 설령 자유주의에 대한 공동체주의의 보완이 있다 하더라도 그것은 여전히 자유주의 전통이다. 때로는 마르크스주의 세계관과 칼뱅의 세계관이 비교되면서 성경, 칼뱅, 자유주의 세계관이 가장 이상적인 기독교 세계관으로 묘사되기도 한다.[111] 그것은 당연히 서구 자유주의 문명의 발자취를 기독교문명으로 인식하는 경향을 낳는다. 칼뱅은 쉐퍼와 엘륄에게 어떻게 연결될까?

엘륄과 쉐퍼

개혁파 복음주의자인 프랜시스 쉐퍼는 이런 칼뱅의 세계관을 공유한다. 한편 엘륄은 일반 은총을 인정하는 개혁파 교회에 속해 있으면서도 실존적인 세계관을 생애와 작품에 투영한 급진적인 복음주의자이다. 같

111. 위에서도 언급한 윤원근의 「성경의 사회학」(말씀과 만남, 2005)이 대표적인 사례다.

은 해(1912)에 태어난 두 사람은 여러 가지 면에서 비교된다. 우선 방법론적으로 라브리L'abri의 창설자가 기독교 변증을 위한 합리적인 논리를 전개하는 반면 페삭Pessac 공동체의 지도자는 긍정과 부정의 변증법을 사용한다. 헤겔/마르크스와는 다른 엘륄의 "미완성의 변증법"은 어떤 면에서 쉐퍼의 반정립Antithesis과 유사한 면이 있으나 긍정의 논리와 부정의 논리가 확연히 구별되는 후자의 입장과는 명백히 다르다. 이런 입장은 결국 키르케고르를 보는 시각의 차이를 분명하게 한다. 쉐퍼가 "이성에서 도피"하는 덴마크의 철학자를 "절망의 선"의 출발점에 둔다면, 엘륄은 그를 인간의 질병의 진정한 치유자로 제시한다. 이들은 어쩌면 아브라함 카이퍼(1837-1920)의 정치적인 행보에 대해선 반대 입장을 취했으리라. 그것은 기독교적인 제도를 역사 안에 구현할 수 있다고 보는 개혁파 노선과 역사 내적 구조물에 기독교적인 칭호를 붙이기를 거부하는 실존적인 신앙 노선이 다르기 때문이다. "거기 계시며 말씀하시는 하나님"[112]이란 쉐퍼의 신앙고백적인 표현은 엘륄에게는 "거기 계시며 침묵하시는 하나님"이다.[113]

아마도 카이퍼/키르케고르와 쉐퍼/엘륄 사이에 메이첸과 바르트를 삽입할 수 있을 것이다. 이들은 19세기 자유주의에서 결별하는 점에서는 일치하나 기독교 계시를 이해하는 입장이 다르다. 메이첸은 기독교를 자유주의와는 다른 합리적인 논리 전개 방식으로 설명한다는 점에서 기독교를 인간의 손이 닿지 않는 곳에 올려놓는 바르트와 구별된다. 이런 비교 방식은 결국 칼뱅과 루터에게까지 거슬러 올라간다. 루터의 실존

112. 이것은 F. Schaeffer의 책 제목(*He is there and he is not silent*)이기도 하다.
113. 엘륄은 하나님과의 단절 상태에 대해 그의 「잊혀진 소망」에서 길게 다룬다.

적인 신앙이 역사 내적인 구조나 대안에 관심을 기울이지 않는 것이었다면, 칼뱅은 새로운 교회를 창설했을 뿐만 아니라 제네바 공화국의 헌법을 작성하는 입법자의 역할도 수행했다. 우리는 앞에서 제네바 개혁자에 대한 평가를 보았다.

쉐퍼와 엘륄의 공통 관심사는 「그렇다면 우리는 어떻게 살 것인가?」이다. 이것은 쉐퍼의 책 제목이기도 하지만 엘륄도 늘 상 던지는 질문이다. 역사와 문명을 보는 시각이 오늘날 우리의 행동을 결정할 수 있다. 두 가지 것에 대한 설명만 비교해보자. 즉 옛 문명의 멸망과 현대 문명의 붕괴다.

1) 먼저 고대 〔서〕로마제국의 멸망에 대한 해설은 이들의 문명관의 차이를 분명하게 보여준다.[114] 로마의 멸망에 대한 쉐퍼의 해설은 국가의 종교적 이념의 부실과 관련한다. "인간적인 신은 빈약한 토대이고 로마는 멸망했다." "로마는 야만족의 침략과 같은 외부 세력 때문에 멸망한 것이 아니다. 로마는 전혀 충분한 내적 기반이 없었다."[115] 로마 멸망을 이렇게 설명하려는 의도에는 기독교 종교의 국가 이념이 갖는 우월성과 정당성이 숨어 있는 듯하다. 쉐퍼는 로마의 이교 신들이 충분히 위대하지 못했으며, 신성화된 황제들 역시 부절적할 토대였다고 말한다. 어쩌면 쉐퍼는 이상적인 기독교 국가의 향수를 그리며 역사를 돌아보고 있는지 모른다. 그에게는 칼뱅의 제네바를 모델로 한 근대 칼뱅주의 국가들이 이상 국가로 보였을지 모른다. 개혁파 세계관 속에 여전히 기독교

---

114. 오래 전에 데이비드 길은 엘륄과 쉐퍼의 문명관을 비교하면서 세 가지 주제를 다룬 바 있다: 역사 해설, 로마의 멸망에 대한 해석, 현대 서구의 위기 문제. Cf. David Gill, "자끄 엘륄과 프랜시스 쉐퍼: 서구문명에 대한 두 가지 관점"("Jacques Ellul and Francis Schaeffer: Two Views of Western Civilization"), 라브리 편지 37호.

115. *How should we then live?*, 22, 29.

국가에 대한 갈망이 들어 있는 것은 우연이 아니다. 데이비드 길은 쉐퍼가 심지어 아우구스티누스의 「하나님의 도성」조차 읽지 않았다고 비꼰다.[116] 따라서 쉐퍼에 따르면 당연히 로마의 멸망은 기독교적인 이유에서 비롯된 것이 아니다. 그의 해석에 따르면 콘스탄티누스야말로 진정 강력한 기독교 국가를 성공적으로 세운 황제가 될 것이다.[117]

한편 엘륄은 「제도사」의 저자답게 비교적 객관적으로 로마의 멸망 원인을 기술했다. 서구문명의 절정은 이미 그리스의 철학과 로마의 법제도에 의해 완성되었다. 하지만 사회, 정치, 법률적 기술을 망라하는 로마의 천재성은 서서히 붕괴된다. 단순한 역사가로서의 여러 가지 분석이 뒤따르지만 그의 궁극적인 의도는 헬레니즘의 에로스 문명의 자기 붕괴적인 성격을 드러내는 데 있다. 당연히 헤브라이즘의 아가페를 표현하는 기독교는 로마 멸망에 일조를 할 수밖에 없다. 계시이신 예수 그리스도의 출현은 바벨탑을 향해 내려오시는 하나님과 같다. 우리는 이 사실을 「서구의 배반」을 분석하면서 파악했다. 서구가 고대 세계에서 중세로 넘어가는 과정에는 문명과 계시의 충돌이 있었고 점차 문명화된 콘스탄티누스 교회는 투쟁과 투쟁을 해결하는 과정에서 스스로 붕괴의 길을 자초했으며 서구 사회는 근대라는 새 문명으로 넘어가게 되는 것이다. 하지만 콘스탄티누스주의 전체를 거부하는 엘륄의 입장을 따를 때 필경 에로스 문명에서 살아야 하는 그리스도인들이 어떻게 사회학적이고 제도적인 교회를 유지해 갈 수 있느냐는 숙제로 남게 된다.

2) 다음으로 현대 문명의 붕괴에 대한 설명을 들어보자. 당연히 두 사

---

116. 로마 멸망과 관련된 쉐퍼의 해석에 대해서 데이비드 길은 통렬하게 비판한다(art. cit. 29).
117. 필자는 어느 유명한 목사가 강단에서, 그리스도인이 로마의 멸망을 막기 위해 적극적으로 정치에 참여해야 했다고 설교한 것을 기억한다.

람은 고대문명의 멸망 원인과 같은 맥락에서 현대 문명의 위기를 설명한다. 쉐퍼는 현대 서구문명의 여러 위기 현상들을 열거하고 그 원인을 "기독교적 기반의 상실"로 본다. 여전히 문제투성이인 그의 사회학적인 분석은 차치하고[118], 기독교 사회와 문명에 대한 그의 향수는 위험천만하게도 테오도시우스 식이고 제네바 식의 사회개혁 프로그램을 창출하게 한다. 문제는 사회의 기독교적 기반이 아니라 교회의 기독교적 기반이다. 데이비드 길의 다음 평가는 매우 타당하다. "우리는 설령 가능하다 하더라도(가능하지도 않지만) 테오도시우스의 오류를 반복해서는 안 된다. 기독교 세계Christendom는 지나갔고 그것은 적어도 승리만큼의 실패이기도 하다. 우리가 살며 목도하는 세속화되고 꾸밈없으며 다원화된 사회를 위해 싸우는 것이 재세례파와 다른 소수를 추방하거나 화형 시키는 제네바 치리회consistoire를 갖는 것보다 낫다."[119]

한편 콘스탄티누스주의를 비판한 엘륄은 기독교 사회를 건설하는 것을 목적으로 하지 않는다. 현대 사회는 필경 기술이 승리하는 사회이기 때문에 그것에 대해 그리스도인들이 어떻게 대처할 것인가에 초점을 맞춘다. 서구의 위대성은 사회가 기독교적 기반 위에 있기 때문이 아니라 에로스 문명에 맞설 수 있는 변증법적 대칭인 기독교가 살아 있었기 때문이다. 그런데 이 기독교가 기술에 순응함으로 말미암아 서구 문명은 위기를 맞게 되었다는 것이다.

현대 서구문명을 비판하는 보기 드문 두 지성인에 대해서, 우리는 당연히 둘 다 우리의 소중한 기독교의 지적이고 영적인 유산으로 간직해

118. 여기서도 데이비드 길은 쉐퍼의 분석 오류가 빈번하고 중대하다고 혹평한다.
119. *art. cit.*, 32.

야할 것이다. 그럼에도 불구하고 이들이 간직하는 기독교 세계관에 큰 차이가 있음을 지적하지 않을 수 없다. 그것은 우리가 살고 있는 사회가 기독교 시대에 속하는지, 아니면 탈기독교/또는 후기 기독교 시대에 속하는지에 따라 인식과 적용에 전혀 상반된 길을 걷게 할 수 있기 때문이다. 현대 서구사회는 명백히 후기 기독교 시대에 속한다. 그리스도인의 수가 적기 때문은 아니다. 인식의 문제다. 어쩌면 바로 그렇기 때문에 쉐퍼는 "전포괄적인 기독교 세계관"을 주장할 수 있었다. 또 바로 그렇기 때문에 엘륄은 "대립적인 기독교 세계관"을 세우고자 했을 것이다.

한국 사회는 기독교 세계를 경험하지 못했지만 한국의 기독 지성인들은 아브라함 카이퍼나 쉐퍼 같은 신학자들의 영향으로 정치, 경제, 문화를 포괄하는 세계관을 중요시하고 있다. 포괄적 세계관이건 대립적 세계관이건 세계관은 모든 문명적 요소들을 자신의 틀 안에서 설명하려는 것을 특징으로 한다. 그런데 대립적 또는 변증법적 세계관이 기독교 세계관 안에서 통합적으로 설명하려는 포괄적 세계관보다 문명에 객관적인 접근이 가능하게 보인다. 왜냐하면 대립되는 문명의 요소들을 그 자체적 내지는 독립적으로 파악하기 때문이다.

오히려 기독교 문명의 틀로 문명을 읽는 포괄적 세계관이 세속 문명을 그 자체로 인정하지 않으려는 경향을 보이기 쉽다. 이것은 자칫 기독교 변증에서 역효과를 낼 수도 있다. 게다가 한국의 기독교는 외래 종교인데다가, 엄연히 기존의 종교들도 한때 그들만의 포괄적 세계관(일례로 호국 불교)을 가진 바 있었기에 세계관의 충돌은 인식론의 영역에서뿐만 아니라 구체적인 사회 영역(정치, 교육, 도덕, 선교 등)에서도 불가피하다. 게다가 수단도 폭력적일 수 있다.

반면 엘륄의 대립적 세계관은 형식적으로는 대립구조를 갖고 있으나 결과적으로는 영적 충돌로 끝이 난다. 왜냐하면 엘륄의 대립적 세계관은 다른 방식의 문명 참여를 요구하기 때문이다. 애당초 기독교 정치나 기독교 경제가 없으며 기독교 문화라는 것도 의심스러워 보인다. 보편 구원론에 따른 선교도 그 의미가 다르며 수단도 비폭력적이다. 분명 둘 다 현대 서구문명의 위기와 붕괴 앞에서 그리스도인들이 어떻게 살아야 할지를 고민하게 하는 제안임에도 불구하고 그 선택에 따라서 참여 방식이 달라지는 것도 사실이다.

⋮

3. 엘륄과 키르케고르-진정한 종교적 저술가

엘륄이 키르케고르로부터 받은 영향은 크게 두 가지다. 하나는 저술 활동의 방법론이요, 다른 하나는 기독교문명에 대한 비판이다. 우리는 두 사람의 저술 활동이 변증법적인 이중성격을 띠고 있다고 말했다. 키르케고르가 심미학적 작품과 종교적 작품을 병행하며 글쓰기를 했다면, 엘륄은 사회학적 작품과 신학 작품을 번갈아가며 썼다. 그러나 엄밀히 말하면 두 사람은 오직 진정한 종교/신학 저술가였다고 말해야 할 것이다. 왜냐하면 그들의 궁극적인 목적은 그들이 발견한 기독교 진리를 인간의 심리와 인간 사회에 전달하는 것이었기 때문이다. 바로 이것이 두 저술가가 기독교문명에 대해 그토록 신랄한 공격을 한 이유를 설명해줄 수 있다. 엘륄의 방법론에 대해서는 거듭 언급해 왔기 때문에 여기서는 먼저 키르케고르의 집필 방식을 집중적으로 보고 이어서 엘륄의 키르케고르 인용 글들을 분석함으로써 그들이 기독교세계에 던진 공통적 메시지의 성격을 파악할 것이다.

키르케고르의 집필 방식: 삶의 중앙에 전환점이 있는 전후의 변증법

키르케고르는 죽기 7년 전에(1848) 자기 자신의 글쓰기에 대해서 —저자로서 내 작품을 보는 관점—[120]을 작성한 바 있으나 생전에는 출판하지 않았다. 그의 글쓰기의 모호성 내지 이중성은 같은 해에 작성된 두 권의 책이 입증한다. 이듬해 출판된 「죽음에 이르는 병」과 그 다음해에 출판된 「기독교의 훈련」이 그것이다. 사실 「이것이냐 저것이냐」에서 「사랑의 과업」까지 키르케고르의 저서들은 그가 어떤 종류의 작가인지 궁금하게 만든다. 그는 심미적 작가인가 아니면 종교 작가인가? 그가 쓴 저술들을 어떻게 분류할 것인가? 「저자로서 내 작품을 보는 관점」은 정확히 이 질문에 대한 답이다. 이제부터 저자 자신의 진술을 따라가 보자.

1) 먼저 키르케고르는 자신이 심미적 저술에서 종교적 저술로 활동영역을 옮긴 저술가가 아니라 처음부터 이중성이 있었음을 밝힌다.[121] 그리고 이중성이야말로 그의 전 저술의 본질적인 변증법적 특징이라고 말한다. 얼핏 보면 3년 후에 글쓰기의 방향이 심미적인 데서 종교적인 데로 전환된 듯 보이지만 그러기에는 3년이란 기간으로 불가능하다. 실

---

120. Kierkegaard, *The Point of View for My Work as an Author*, New York, Harper Torch books, 1962. 본서의 전체 제목에는 *A Direct Communication: A Report To History*가 첨가되어 있다. 필자는 키르케고르 선집인 *A Kierkegaard Anthology* (ed. by Robert Bretall, New York, 1936/1946, 323-339)를 참고한다.

121. 키르케고르는 자신의 저술을 세 그룹으로 나눈다. 첫째 그룹에는 심미적인 저술들인 「이것이냐 저것이냐」(1843), 「공포와 전율」(1843), 「반복」(1843), 「불안의 개념」(1844), 「서문모음」(1844), 「철학적 단편」(1844), 「인생행로의 단계」(1845)를 묶어 놓고(여기에 18 개의 교화 설교가 포함된다), 둘째 그룹에는 「비학문적 결정적 후기」(1846)를 담아두며, 마지막 셋째 그룹에 종교 저술들인 「여러 정신이 깃든 교훈적 설교」(1847), 「사랑의 과업」(1847), 「기독교 설교」(1848)를 묶었다(여기에 「한 여배우의 삶에 있는 위기와 어떤 위기」라는 소논문이 포함된다)(Cf. *A Kierkegaard Anthology*, 324, n. 1). 이어서 나오게 될 「죽음에 이르는 병」(1849)은 심미적 저술에, 「기독교의 훈련」(1850)과 「순간」(1854-1855)은 종교 저술에 각기 들어가리라.

제로 그는 처음부터 「이것이냐 저것이냐」와 동시에 「두 개의 교훈적 설교」[122]를 쓴 심미적 작가이자 동시에 종교적 작가였다. 또한 2년간의 종교적 저술 활동 뒤에 심미적 논문이 다시 집필되며[123], 보다 분명한 것은 「죽음에 이르는 병」의 집필이다. 키르케고르는 또한 자신의 모든 심미적 저술들에 다른 필명이 있으나 종교적 저술에는 그의 실명이 있음을 상기시킨다.

그렇다면 두 그룹 사이에 마치 전환점처럼 끼어있는 「결정적 후기」는 무엇인가? 키르케고르는 이 작품을 그의 전 저술의 핵심과제로 삼는바, 그 과제란 그리스도인이 되는 방식의 문제다. 따라서 앞의 익명으로 된 모든 저서들이(심미적 책들뿐만 아니라 18개의 설교 역시) 이 과제를 밝혀주는 데 도움이 될 것이다. 그는 이후로 자신의 실명을 사용할 것이다. 왜냐하면 필명은 저자의 저술 목적을 모르기 때문이다. 그러므로 「결정적 후기」는 심미적 책도 종교적 책도 아니다. 키르케고르가 필명의 가면을 벗고 실명으로 자신을 드러내는 단계다.[124] 그는 그 후 2년간 종교적 저술에 매진한다. 물론 한 번 익명으로 심미적 소논문을 썼지만[125], 이것은 계산된 행위로서 저자가 하나임을 알리기 위함이었다.

이와 같이 방법론적으로 키르케고르의 저술은 분명 변증법적이다. 그는 한편으로는 심미적 저서들을, 다른 한편으로는 종교적 저서들을 남겼다. 그럼에도 불구하고 그는 진정 종교적 저술가이었다는 결론에 이

122. 야고보서 1:17-22에 대한 설교이다.

123. 「저자로서 내 작품을 보는 관점」을 쓸 당시 키르케고르는 잡지 「조국」(1848년 7월)에 실은 *The Crisis and a Crisis in the Life of an Actress*를 생각하고 있었다.

124. 전체 제목이 이 사실을 보여준다. Concluding Unscientific Postscrpit To The "Philosophical Fragmants". An existential contribution by Johannes Climacus. Responsible for publication S. Kierkegaard. in *A Kierkegaard Anthology*, 190,

125. 키르케고르는 Inter et inter라는 제목만 밝힌다.

른다. "저자는 종교적 작가이고 또 종교적 작가였다."[126] 문제는 종교적 작가가 어떻게 이런 식으로 심미학을 사용했는가에 있다. 키르케고르는 스스로 자신의 변증법적 반복의 이유를 설명한다.

그는 「이것이냐 저것이냐」를 쓸 때 이미 종교(신약의 종교)의 영향을 너무 깊게 받았기 때문에 그 시대 많은 사람들이 살았던 중도의 길을 갈 수 없었다. "나는 멸망과 정욕으로 달려가거나 아니면 철저히 유일한 것으로서 종교인을 택하거나 해야 했다." 키르케고르가 택해야 했던 것은 무서운 세상이 아니라 수도원이었다. 하지만 이 시기에 그는 종교 쪽의 선택이 불가능하다는 것을 자각했다. 따라서 빅토르 에레미타Victor Eremita라는 익명으로 쓴 「이것이냐 저것이냐」는 인간 키르케고르의 서정적 만족이자, 종교적 의무였다. 깊은 종교적 묵상인 이 책—특히 "유혹자의 일기"—은 대단한 성공을 거두었으나 영원을 선택한 저자를 유혹하지는 못했다. 「이것이냐 저것이냐」와 변증법적인 입장을 보여주는 것이 「두 개의 교훈적 설교」로서 키르케고르는 이것을 "큰 숲에 숨겨진 작은 꽃"이라 불렀다.[127] 그가 앞의 책을 왼손으로 세상에 내밀었다면 뒤의 책은 오른 손으로 내밀었다. 하지만 소수만이 이 책을 이해했다. 키르케고르가 대중과 결별하고 개인을 독자로 삼게 된 것은 이때부터다. 대중이 그에게 비호의적이었기 때문이 아니라(사실 이때 그는 인기가 있었다), 그가 개인에 관심을 갖는 종교 작가가 될 것을 의식했기 때문이다. 그는 바로 이런 사고에 생명과 세상에 대한 온전한 철학이 담겨 있는 것으로 보았다. 「공포와 전율」도 같은 맥락에서 파악된다. 침묵 속에서 말을 건넬 수

126. *A Kierkegaard Anthology*, 328

127. *A Kierkegaard Anthology*, 329.

있는 진지한 관찰자라면(여기서 필명은 Johannes de silentio이다) 이 책이 특별한 심미적 작품인 것을 알 수 있다.

2) 그렇다면 키르케고르는 왜 심미적 책을 먼저 썼는가? 첫째로, 기독교세계가 엄청난 환상이었기 때문이다. 다시 말해서 기독교가 뭔지도 모르는 사람들, 심지어 하나님이 없다고 말하는 사람들이 모두 그리스도인인 세상에서 진정한 그리스도인이 누구인지를 직접적으로 말하는 것이 무의미했기 때문이다. 키르케고르에 따르면 환상은 직접적으로 파괴될 수 없고 다만 간접적으로만 철저히 제거될 수 있다. 모두가 그리스도인이라는 환상이 있다면, 자신을 비범한 그리스도인이라고 주장하는 사람이 필요한 것이 아니라 간접적으로 자신이 그리스도인이 아니라고 말할 준비가 된 사람이 필요하다. 바로 이런 이유에서 키르케고르는 「결정적 후기」 맨 마지막에서 요하네스 클리마쿠스Johannes Climacus의 이름으로 자신이 그리스도인이 아니라고 말한다.[128] 그는 기독교세계에서 사는 그리스도인들이 심미적 내지는 심미적-윤리적 범주에서 살고 있으며, 종교인의 범주에서 사는 사람의 직접적인 공격은 이들을 강하게 할 뿐이라고 본다. 여기서 간접적인 방법이란 진리를 사랑하고 섬기면서 모든 것을 변증법적으로 정리하고 수줍게 물러남으로 말미암아, 독자가 지금껏 환상 속에서 살았음을 인정하는 것이 드러나지 않도록 배려하는 방식이다. 그러므로 종교적 작가는 먼저 심미적 작품의 성공으로 시작해야 했다. 그렇게 번 돈은 정직하다. 그렇게 해서 환상 가운데 있는 남을 도와야 한다. 일반적으로 방법은 얻어낸 결과와 관련해서만 가치를 갖지만, 설령 여기서 아무런 성공을 못 거둬도 그의 삶이 참된 자기 부정

128. *A Kierkegaard Anthology*, 256.

인 한 결코 헛되지 않다.

둘째로, 독자를 돕기 위해서는 그가 처한 곳에서 시작해야하기 때문이다. 여기서 독자란 스스로를 그리스도인이라고 부르면서 환상에 빠져 있는 사람이고, 그를 돕는다는 것은 그에게 그리스도인이 된다는 것이 무엇을 의미하는지를 가르치는 일이다. 도움의 모든 참된 노력은 자기 비하에서 시작된다. 돕는다는 것은 지배자가 되는 것이 아니라 종이 되는 것이며, 야심을 품는 것이 아니라 인내를 품는 것이며, 다른 사람이 이해하는 것을 모른다는 평판을 당분간 견뎌내는 일이다. 심미적 범주에 사는 사람들에게 심미학의 마술적 매력을 고발한다 해서 바라는 결과를 얻지 못한다. 그들의 입장에서 이야기하되 내가 내놓아야할 것은 종교적인 것임을 잊어서는 안 된다. 그렇게 할 수 있을 때 심미학을 매력적으로 말할 수 있다. 교사가 된다는 것은 그게 그렇다고 단언하는 것이 아니라 배우는 자가 되는 것이다.

바로 이런 식으로, 사람이 어떻게 그리스도인이 되는가에 모든 생각을 집중하는 종교 작가인 키르케고르는 기독교세계에서 심미적 작가로서 출발한다. 그는 기독교세계가 기괴한 환상인지 아닌지 결정하지 않은 채 잠시 내버려둔다. 그리스도인이 마치 그가 그리스도인이 아닌 듯이 있는 것은 크게 해롭지 않으나 그리스도인이 아닌 사람이 그리스도인이라고 주장하는 것이야말로 크게 해롭다.

3) 그러므로 키르케고르의 모든 저서들에는 본질상 종교적 의도가 있다. "그리스도인이 된다는 문제가 실제로 작가로서의 내 전 활동의 근본 사상임에 틀림없다." 일례로 "유혹자의 일기"는 전체 저술 의도에 계획되어 있었다. 그 책이 성공한 것은 저자의 의도가 성공한 것이지만, 거기서 끝나지 않는다. 저자는 심미적 성공 가치조차도, 더 깊은 의미에서,

그 성공이 그리스도인이 되겠다는 결단의 중대성을 제공하는 지표indication에 있기를 바란다.

그리스도인이 된다는 것은 완전히 정직한straightforward 것이다. 심미적 작품이 반성을 가져오지만, 그런 반성으로 그리스도인이 되는 것은 아니다. 사람이 스스로를 반성함으로써 그리스도인이 되는 것이 아니라 그리스도인이 되기 위해서 다른 어떤 것으로부터 스스로를 반성해야 한다. 그 다른 어떤 것은 무엇인가? 이 다른 것의 성격이 반성 충동의 깊이와 의미를 결정하는바, 이것은 그리스도인인 체하는 흉내 밖의 먼 곳에 있다(뒤에 그는 이것이 신약의 기독교라고 말할 것이다). 이렇게 심미적 저술의 저자는 그가 익명의 활동을 시작한 바로 그 순간부터 기독교를 섬기는 일에 헌신했다. 그의 흥미로운 심미적 저술들은 점차 그리스도인이 된다는 단순한 문제로 나아간다. 그리하여 그가 말한 전체 작품의 전환점인 「결정적 후기」에 도달한다. 여기서 저자는 기독교세계의 체제와 싸우면서 그 체제에 치명적 상처를 입힌다. 이는 "길"이 체제에서 그리스도인이 된다는 단순함으로 돌아가는 데 있음을 보이기 위함이다.

엘륄의 키르케고르 인용: 은둔자와 내부고발자 이미지

엘륄과 키르케고르를 비교해보면 몇 가지 유사점과 차이점이 드러난다. 키르케고르의 심미적 저술과 종교적 저술은 엘륄의 사회학적 저술과 신학적 저술을 연상시키며, 둘 다 변증법적이다. 키르케고르가 당시 가짜-기독교의 사회 심리학[129]을 그려냈다면 엘륄은 현대의 기술 사회

129. 키르케고르를 기독교 심리학자로 보는 시각이 있다(C. Stephen Evans, *Søren Kierkegaard's Christian Psychology: Insight for Counseling & Pastoral Care,* [Zondervan, 1990]).

학을 묘사했다. 키르케고르의 심미적 저술이 익명(물론 의미가 있는)으로 처리된 데 반해 엘륄은 모두 실명으로 썼다. 키르케고르의 두 종류의 저술들이 그의 전환점이 되는 작품을 가운데 두고 전후로 나열되어 있다면 엘륄의 두 종류의 저술들은 서론과 결론 사이에서 좌우로 대칭되어 있다. 물론 이런 커다란 형식에도 불구하고 두 작가의 목적은 하나이기 때문에 형식의 틀과 상관없이, 다시 말해서 전후와 상관없이(키르케고르), 서론/결론과 상관없이(엘륄), 집필이 이뤄진다. 키르케고르가 목적을 감춘 채 변증법적 저술 활동을 하다가 중간에 전환점을 마련하고 분명한 나팔을 불었다면, 엘륄은 처음부터 전투를 선포하고 시작했다.

키르케고르의 과제인 "그리스도인이 된다는 것"은 엘륄에게 있어서는 "그리스도인으로서 어떻게 살 것인가"의 문제가 된다. 둘 다 대부분의 종교 저술이 성경 주해로 일관한다. 키르케고르의 최종 작품이 죽음을 동반한 기독교 체제와의 실제적인 투쟁의 결과인데 반해 엘륄의 최종 결론은 세상에 대한 유일한 계시인 전도서 주해이며 그의 삶도 비교적 행복하게 마무리되었다. 두 사람의 마지막 삶은 정확히 그들이 말해왔던 것과는 서로 반대로 이뤄진 느낌이다.

이와 같은 유사점과 차이점을 보다 분명히 하기 위해 엘륄의 키르케고르 인용 글들을 살피는 것이 유용할 것으로 보인다. 모든 저서들을 다 뒤질 수 없기 때문에 위에서 분석한 작품들에 국한해서 조사하기로 한다. 엘륄은 키르케고르의 작품들을 도처에서 비교적 골고루 인용한다.

1) 엘륄의 인용 글에 나타난 키르케고르의 이미지는 **묵상의 은둔자**다. 엘륄이 키르케고르의 세 그룹의 작품들을 모두 인용하는 곳은 그의 결론에 해당되는 「존재의 이유」에서다. 왜냐하면 전도서에는 헛됨을 다루는 철학/심미학도 있고 하나님 경외라는 기독교의 본질도 들어 있기 때

문이다. 키르케고르 식으로 말하면, 심미적 단계, 윤리적 단계, 종교적 단계가 다 들어 있다는 말이다.

첫째, 엘륄은 키르케고르를 코헬레트와 같은 유형의 은둔 사상가로 본다.[130] 분명 키르케고르의 어떤 심미적 책들은 전도서처럼 "고독한 묵상의 책이며, 자기성찰의 책"이다. 엘륄이 인용한 대표적인 책은 「이것이냐 저것이냐」이다. 키르케고르가 본 사회상과 코헬레트가 본 세상은 정확히 맞아떨어진다. 그의 웃음은 전도서 기자의 헛됨이다. "내가 본 것은 이렇다. 인생의 의미란 돈벌이 수단을 갖는 것…경건이란 일 년에 한번 성찬식에 참여하는 것임을 보았다. 이것들이 내가 보고 웃은 것들이다."[131] 키르케고르가 본 결혼, 어리석음의 희비, 젊은 여인에 대한 신뢰, 자살 또한 마찬가지다. 어떤 것을 선택하든지 후회뿐이다. 그러면서 그는 선택의 다른 방식을 소개한다. 자신은 "끊임없이 영원의 방식에 있다"고 말하면서 코헬레트의 표현방식을 따른다. 즉 "이것이야 저것이냐에 속한 일련의 변증법"이 아닌 "영원에 기초하는 변증법"이다.[132] 이미 「이것이냐 저것이냐」에는 키르케고르의 목적이 암시되어 있다.

둘째, 엘륄은 또한 심미적 단계에서 윤리적인 단계로 넘어가는 키르케고르를 보는바, 그의 "교대交代 문화"culture alterné라는 표현은 "코헬레트의 대부분의 주제들에 대한 탁월한 설명이며, 특별히 우수—정확히 헛됨에 상응하는—에 대한 놀라운 분석이요, 모든 소망의 거부—정확히 실용적 비관주의에 상응하는—이다."[133] 엘륄은 그의 「잊혀진 소망」에서

130. 「존재의 이유」, 293
131. 「존재의 이유」, 1부: 헛됨 서두.
132. 「존재의 이유」, 222.
133. 「존재의 이유」, 25.

소망에 관한 키르케고르의 분석을 「이것이냐 저것이냐」와 「공포와 전율」에서 찾아냈다. 엘륄이 볼 때 소망espérance은 "가능한 것들"과는 관계없다. 그런데 키르케고르가 주는 소망에 대한 심미적 정의에는 "가능한 것에 대한 집착"이 있다. 그러므로 그때의 소망espoir은 기독교 신앙의 표현이 아니다. 모든 "가능한 것들"에 대한 탐구는 윤리적 방식도 아니고 신앙의 방식도 아닌 심미적 방식의 총체다. "가능한 것"을 실현하려는 결단은 소망이 없는 인간의 태도이다. 키르케고르는 「이것이냐 저것이냐」에서 바로 이것이 신앙에 반대되는 것임을 입증한다. 여기서도 그는 은밀히 예수 그리스도에 대한 신앙이란 "불가능한 것에 대한 집착"임을 말하고 있는 것이다. 키르케고르는 「공포와 전율」에서도 이점을 정확히 지적했다. "한 사람은 가능한 것을 기다리는 소망에서 위대했고 다른 한 사람은 영원한 찬사들의 소망에서 위대했지만, 불가능한 것을 기다리기를 원했던 자는 모든 사람들 중 가장 위대했다."[134)]

셋째, 나아가 「존재의 이유」에는 종교적 단계로 넘어가는 키르케고르가 있다. 위에서 언급했듯이 「결정적 후기」는 키르케고르의 두 작품 군 가운데 종교적 단계로 가는 전환점을 이룬다. 엘륄은 지혜를 포함한 모든 헛됨을 주해한 후 이 책을 인용한다. 키르케고르가 코헬레트처럼 이 헛됨에서 출발하여 종교적 진지함을 이야기하고 있기 때문이다. "인간이 하나님의 말씀을 소중히 여겨야 한다면…이어서 자신의 모든 능력에서 하찮은 장난을 봐야 한다면, 모든 것이 헛되고 바람이며 연기에 불과하다는 핑계로, 무언가를 기획하는 것을 거부해야하는가? 그렇지 않다. 만일 실제로 그렇다면, 그는 장난을 이해할 기회로 삼는다. 왜냐하면 삶

134. 「잊혀진 소망」, 280.

의 진지함 편에서 볼 때 더 이상 장난을 유지해야 하는 모순이 결코 없으며, 만물의 헛됨으로 가득 찬 사람의 눈으로 볼 때 모든 것이 헛되다고 말해야할 모순이 결코 없기 때문이다. 유한한 세계에 관해 나태, 무위, 자만 등 이 모든 것은 나쁜 장난에 불과하거나, 아니면 보다 정확히 말해서 결코 장난이 아니다. 그것은 진지함이다! 종교적인 영역에서 긍정적인 것은 언제나 부정적인 것에서 인식된다. 진지함은 장난에서 인식되는바, 장난은 그것을 종교적 진지함으로 삼으며 진지함을 시시껄렁한 중대성과 구별하며, 서비스 업계의 셰프가 알리는 어리석은 중요성, 기자가 동시대인 앞에서 자기 것으로 돌리는 어리석은 중요성, 하나님 앞에서 큰소리치는 부흥사의 어리석은 중요성과 구별한다."[135)]

이런 종교적 진지함에 대한 인용 글은 서원을 다루는 본문 주해에서도 등장한다. 키르케고르는 「결정적 후기」에서 이렇게 썼다. "종교적인 영역에서 서원할 때 신중해야 한다. 그것의 깊은 가치는 서원 갚음을 늦추지 않는 것과 자아의 경계심으로 분간된다. 아니, 영혼의 모든 내면성과, 그리고 이중 태도에서 정화된 마음이 오늘과 내일을 위해 행하는 약속에 주는 동의는 하나님과 형제같이 지내는 이 심미가들(사제!)의 강연보다 더 종교적인 깊이를 이 맹세의 영역에 제공한다"[136)]

이런 종교적 결단에는 뒤돌아봄이 없다. 어쩌면 키르케고르는 코헬레트보다 더 참되고 강력한 기독교적 결단을 요구하는 듯하다. 엘륄이 인용하는 「결정적 후기」는 그런 느낌을 준다. "유머란 언제나 환기요 회상이다…그것은 우리가 돌이켜봄으로써 발견하는 관점이다. 기독교란 미

135. 「존재의 이유」, 132.
136. 「존재의 이유」, 249.

리 그리스도인이 되게 하고 계속 그렇게 되게 하는 사조이다. 현장에 멈추지 않고서 유머란 없다!…기독교에는 우울을 위한 자리는 없다…구원이냐 멸망이냐다. 구원은 앞을 보는 것이고, 누구든지 돌아서는 자—그가 무엇을 보든 간에—의 뒤에는 멸망이 있다…기독교에 있어서 자신의 주변을 바라보고 심지어 어린 날의 매력적이고 매혹적인 장소들을 응시하는 것은 멸망이다."[137)]

넷째, 엘륄은 전도서의 저자가 코헬레트와 솔로몬으로 지칭될 수 있는 근거를 키르케고르의 글쓰기에서 발견하고[138)] 두 필명의 사용의 정당성을 도출한다. "일련의 첫 필명들은 모범적인 저자의 차원보다 열등한 차원에 위치한다. 새 필명은 보다 고상한 영역에 속한다. 그런데 이런 식으로 작업 중단이 이뤄진다. 초월적 소여의 출현은 나로 하여금 나의 옛 경계를 회복하고 그 뒤로 몸을 피하게 한다. 그리고 그것은 내 삶이 너무도 고상한 요구에 응답하지 못한다는 것과 따라서 내 글이 시의 영역에 속한다는 것을 내게 가르치면서 나를 심판한다." 키르케고르의 필명들은 "기독교의 결정들을 향해 가는 심미학 또는 철학과 사색의 움직임"을 표현한다. "그것은 반성과 신앙의 유일함의 교차되는 운동이다—종교적인 것은 전적으로 반성 속으로 흡수되며, 따라서 이 반성을 완전히 버리고 단순함으로 돌아간다—이렇게 해서 독자는 책을 다 읽었을 때 단순함에 도달하게 된다는 것을 이해할 것이다."[139)] 이리하여 엘륄은

137. 「존재의 이유」, 268.

138. 여기서 엘륄이 인용하는 책은 Climacus Anticlimacus인데 동일한 책명이 *A Kierkegaard Anthology*에는 나타나지 않는다. 엘륄은 키르케고르 불어판 전집에서 인용한다(*Climacus Anticlimacus, Oeuvres complètes*, XVII, [Paris, 1982], 264). 키르케고르는 Johannes Climacus의 이름으로 「결정적 후기」를 썼고 Anticlimacus라는 이름으로 「죽음에 이르는 병」을 썼다.

"동일 저자가 「유혹자의 일기」와 「기독교의 훈련」이란 작품을 썼다는 것을 인정할 수 있다고 단언하는 것이 불가능한가?"라고 반문한다.[140)]

한편 「존재의 이유」에서는 키르케고르의 종교적 작품인 「기독교의 훈련」*L'Ecole du christianisme*의 글이 단 한번 인용된다. 엘륄은 전도서에 직접 의사소통과 간접 의사소통의 두 영역이 있다고 말하고 키르케고르를 인용하면서 간접적인 의사소통이 예수 그리스도와의 유일하게 가능한 의사소통임을 지적한다. 이 의사소통이 예수가 자신을 그리스도요 하나님의 아들이라고 직접적으로 전달할 수 없었던 주된 고통이었다. 이것이 스캔들이 된 것이다. 키르케고르에 따르면 "스캔들의 가능성 없다면 우리는 직접적인 인식을 가질 것이며, 인간이자 하나님은 우상이 될 것이다. 직접적인 인식은 이교다." 하지만 그는 간접 의사소통이 직접 의사소통보다 지지하기가 무한히 더 어렵다고 주장한다. "인간들은 서로를 필요로 하고 이 필요는 이미 직접적인 영역에 속한다." "인간이자 하나님만이 처음부터 끝까지 순전한 간접 의사소통이다…그는 어떤 식으로도 인간의 개념들에 따라 형성되지 않으며 직접적으로 말하지 않는다."[141)]

2) 엘륄의 인용 글에 비친 키르케고르의 두 번째 이미지는 **기독교 내부 고발자**다. 우리가 본대로 「존재의 이유」에는 키르케고르의 종교적 텍스트들이 그다지 인용되지 않는다. 오히려 그의 종교적 저술에 들어 있는 계시의 메시지는 엘륄의 신학 저술들 속에 등장한다. 특히 「뒤틀려진 기독교」와 「자유의 투쟁」은 그 앞표지에서부터 키르케고르의 가장 강력한 메시지를 담고 있는 「순간」을 인용한다. 「뒤틀려진 기독교」는 엘륄이 자

139. 「존재의 이유」, 296.
140. 「존재의 이유」, 286.
141. 「존재의 이유」, 89.

신의 지장을 표지에 남긴 두 권의 책 가운데 하나다.[142] 어쩌면 엘륄은 키르케고르가 시도한 직접 의사소통에 참여하고 있음을 보이고자 했을지 모른다. 「자유의 투쟁」도 마찬가지다. 이 두 권의 책은 성서 주해가 아니다. 키르케고르는 묵상적인 은둔에서 나와서, 그리고 독자에 대한 심미적인 배려에서 나와서 당대의 기독교세계에 대해 일침을 가한다.

"모든 기독교세계(즉, 인정된 그대로의 역사적 기독교)는 인류가 네 발 달린 동물 상태로 되돌아와 기독교를 청산하고 그것을 자신의 성취라고 주장하려는 노력 외에 다른 것이 아니다." "기독교세계라는 우리의 기독교는 기독교에서 거침돌과 모순과 고난을 제거하고 거기에 그럴듯한 것과 직접적인 것과 행복을 대체한다. 달리 말해서, 우리의 기독교는 기독교를 변질시켜, 신약에 있는 것과는 다른 것으로 만들고, 심지어 정확히도 그것과 정반대의 것으로 변형시킨다. 이것이 기독교세계의 기독교, 즉 우리의 기독교다." "기독교세계의 기독교에서 십자가는 기계로 움직이는 말이나 어린아이의 나팔[장난감]과도 같은 것이 되었다."[143]

이런 표현은 엘륄이 고발하고자 했던 교회/기독교 역사와 정확히 맞물린다. 키르케고르가 1800년을 분석하듯이 엘륄은 2000년을 분석한다. 또한 엘륄이 당면했던 기술 사회는 키르케고르가 당면했던 기독교 사회의 집단 및 개인 심리와 마찬가지로 필연의 질서에 속했고 두 세계에 동일하게 요구되는 것은 자유였다. 엘륄은 키르케고르에게서 그가 원하는 메시지를 발견했고 자유의 투쟁을 외쳤다.

"천재와 그리스도인 사이의 차이란 다음과 같다. 천재는 자연의 비범

142. 다른 한 권은 *Changer de révolution* (Seuil, 1982)이다.

143. 「뒤틀려진 기독교」 내부 앞표지.

한 존재다. 어떤 사람도 자기 자신을 천재로 만들 수 없다. 그리스도인은 자유의 비범한 존재다. 아니, 보다 낮게 말해서 자유의 일상적인 존재다. 다만 그리스도인은 극히 드물지만 우리 각자가 되어야할 존재라는 사실을 제외하고 말이다."[144]

이와 같은 공격의 이유는 무엇이었는가? 엘륄은 성경에서 읽는 것과 교회/그리스도인의 실천 사이에 있는 무한한 거리 때문이라고 보았다. 즉 현재의 실천은 성경의 요구와는 정반대라는 것이다. 바로 이것이 키르케고르가 당대에 당면했던 문제였다. 그는 그의 방식으로 이 문제를 해결했다면, 이제 엘륄은 현대에 요구되는 다른 것을 찾아야 했고 그것이 「뒤틀려진 기독교」였다.[145] 교회의 역사에는 이런 문제를 제기한 사람들이 있었는데 엘륄은 키르케고르를 프란체스코와 함께 그 반열에 두었다.[146]

이런 왜곡 가운데 하나가 기독교 국가의 탄생이다. 그 후 교회의 태도는 기독교가 국가의 관용 혜택을 받는 유일한 종교이어야 했고 교회는 특권을 받은 단체이어야 했다. 엘륄은 "이 주제에 대한 키르케고르의 숱한 텍스트들을 다시 읽어야 한다!"고 말한다. 어떻게 그리스도의 생각이 이렇게 뒤집히고 사랑이 이렇게 부패될 수 있었는지, 어떻게 하나님의 사랑의 선포가 독점, 종교재판, 타인들의 자유의 부정으로 나타날 수 있었는지를 이해하기 위해서 말이다.[147] 이런 식으로 키르케고르는 서구에서 1800년간 지속된 서약 행위를 지적한다. 복음서가 금하는 맹세와 서

144. 「자유의 투쟁」 내부 앞표지.
145. 「뒤틀려진 기독교」, 19.
146. 「뒤틀려진 기독교」, 321-322.
147. 「자유의 투쟁」, 418-419.

약을 재판정이나 다른 단체가 바로 그 복음서의 이름으로 맹세하게 하는 실천 말이다.[148] 이것은 개인과 집단의 문제와도 관련된다.

엘륄은 「일기」*Journal*에서 키르케고르의 말을 인용한다.

"그리스도가 인종을 구원한다고 주장하는 터무니없는 독단을 오늘날 사람들은 만들어 냈다. 그것은 쓸데없는 이야기이다. 그리스도가 그것을 원했을지라도 못할 수도 있다. 왜냐하면 인종은 바로 멸망이라는 범주에 속하고, 구원은 바로 인류에서 벗어남이기 때문이라고 심지어 나는 말하겠다. 그 인종 때문에 내가 우리의 타락한 인종에 속할 수는 있어도, 그 인종의 힘으로 나는 구원받을 수 없다…그러나 사람들은 그리스도인이 되는 것과 인간이 되는 것을 오늘날 거의 동일시하기에 이른다."[149]

엘륄은 키르케고르와 마찬가지로 진리가 다수에게 있지 않고 소수에게 있다고 본다.

"군중들이 존재한 이후부터 하나님은 보이지 않게 된다. 그리고 전능한 그런 군중은 자기 바로 가까이서 실망할 수도 있으나, 더 멀리 나아가지는 않는다. 왜냐하면 하나님은 개인을 위해서만 존재하기 때문이다. 그것이 바로 하나님의 절대적인 힘이다." 실존적 세계에서 군중은 "악의 원리"이며, "짐승의 힘"이며, "기분 전환"이다. 하지만 "하늘과 땅을 움직이는 것에 있어서는 단 한사람만 필요하다."[150]

이것은 또한 목적과 수단의 문제이기도 하다. 엘륄이 혁명적 기독교를 외칠 때부터 주장했던 목적과 수단의 뒤바뀜이 정확히 키르케고르에게 들어 있었던 것이다. 엘륄은 자유의 투쟁 중 하나가 수단에 대한 지속

148. 「뒤틀려진 기독교」, 35.

149. 「잊혀진 소망」, 221-223.

150. 모두 「일기」에서 인용된 글들이다(「잊혀진 소망」, 223).

적 비판임을 지적하면서, 키르케고르가 「상황 담론」[151]에서 제기하는 수단의 문제를 주시한다. 거기서 키르케고르는 수단이 목적과 일치할 뿐만 아니라 목적보다 더 결정적임을 입증한다. 왜냐하면 목적이 끝에 위치하고, 수단은 시작인 반면 목표는 드물게 달성되며, 인간은 언제나 수단의 단계에 머물기 때문이다. 나아가 키르케고르는 놀라운 방식으로 목적과 수단에 대한 판단이 세상에서와 신앙에서 정확히 뒤바뀌어 있음을 증명한다. "영원성의 경우 수단과 목적의 관계가 뒤바뀌었고", "인간은 철저히 그가 착수하는 수단으로 답한다"는 것이다. 엘륄은 수단이 그 맹목적 확실성을 아직 강요하지 않던 시기에, 이것은 놀라운 통찰력이라고 말한다.[152] 키르케고르는 역시 「상황 담론」에서 수단이 군중과 어떻게 연결되는지를 놀랍게 관찰한다. "고립된 개인들로서 진실로 선을 원할 수 있는 그 개인들이 서로 연합하거나 말을 하는 순간부터 부패된다. 선에 속한 사람은 군중을 해산시키기 위해 군중에 의뢰하거나 뒤에 군중을 두지 않는다. 한편 그는 그 앞의 군중을 해산시키기 위해 스스로 나아간다."[153]

그렇다면 그들은 성경에서 무엇을 읽었나? 그것은 필경 세상에 스캔들로 오신 예수 그리스도의 문제와 관련한다. 엘륄은 모든 스캔들 가운데서 최악은 한 교회나 한 백성이 이 견딜 수 없는 계시 앞에서 더 이상 스캔들로 시련을 받지 않는 것이라고 말하면서 키르케고르를 간접 인용한다. 두 사람에 따르면 "모든 올가미 가운데 최악의 것은 성육신과 십

151. *Un discours de circonstance.* 엘륄이 키르케고르 불어 전집에서 인용하는 이 텍스트가 정확히 무엇인지 알 수 없다.

152. 「자유의 투쟁」, 310.

153. 「자유의 투쟁」, 313.

자가에 달리신 사건이 매우 자연스런 실재가 되는 것이다. 예수는 자기 때문에 올가미에 걸리고 실패의 계기가 될 모든 사람들을 위해서 고통당한다."[154] 그런데 예수의 고난에 대한 두 사람의 이해는 다르다. 여기서 필자는 처음으로 엘륄이 키르케고르에 동의하지 않는 면을 본다. 키르케고르에게는 엘륄보다 훨씬 강한 동시대성 개념이 있다.[155] 따라서 예수의 고난에 참여하려는 의지도 키르케고르에게 더욱 실천적이다. 어쩌면 이런 이유에서 그는 약혼을 파혼하고 신학과 목회의 길을 포기했으며 기독교세계 전체와의 마지막 힘든 투쟁을 감행했을 것이다. 반면 엘륄은 "예수가 고난 받았음을 배웠다 해서 이것이 우리로 하여금 고난받기 원하도록 이끌어가서는 안 된다"[156]고 말함으로써 성경을 있는 그대로 보는 것에 있어서는 키르케고르와 다르지 않으나 그것을 따르려는 의지에 있어서는 그의 선배를 따를 수 없었다.

이런 점에서 엘륄의 「자유의 투쟁」이나 「뒤틀려진 기독교」는 「순간」만큼 강렬하지 않다. 키르케고르의 마지막 「순간」이 혁명적 기독교를 외친 엘륄의 모습이라면, 엘륄의 마지막 「존재의 이유」는 삶을 관조할 줄 아는 심미적 키르케고르로의 회귀와도 같다. 뜻밖에도 렘브란트의 「묵상하는 철학자」에게서 이 둘의 이미지가 중첩된다.

---

154. 「인간 예수」, 49.

155. 키르케고르의 동시대성 개념은 「기독교 훈련」과 「순간」에 들어 있다. 또한 그는 「예수의 생애」라는 소책자를 남기기도 했다.

156. 「인간 예수」, 9.

엘륄 실천하기의 어려움과 위안

"나는 하나님이 인간의 모든 역사 속에서
그와 동행한다는 확신으로 출구 없는 세상을 그렸다."

I

엘륄 실천하기는 본질상 사회학과 신학을 분리시켜서 생각할 수 없을 것이다. 하지만 실제적으로는 엘륄의 사회학 저술들을 읽고 저자의 의도에 부응한 사람들이 있다. 우리는 그 대표적인 사례로 호세 보베를 보았다. 그가 후에 읽은 엘륄의 신학 서적은 그가 가는 방향에 확신을 주었을 뿐이다. 그 방향이란 엘륄이 기술 사회에서 예언적으로 지적한 기술 통제적 사회로의 역사적 진행에 제동을 거는 일이다(실상 막을 수 없다는 것을 알면서 말이다). 그렇다고 소망을 갖지 않는 것은 아니다. 이미 지적한 대로 소망은 가능하지 않은 것에서만 품을 수 있는 개념이다. 엘륄 당시는 기술이 국가와 결합하고 있던 단계였기 때문에 엘륄 실천 성향들은 무정부주의와 소외 계층 편에서의 활동이었다. 그러나 지금은 기술이 경제를 품는 단계이기 때문에, 오늘날 엘륄이 있다면 그는 필경 신자유주의에 대한 반대 운동에 앞장섰을 것이다.

엘륄의 기술 이론은 오늘날 그 의미가 다소 흐려지고 있지만 그의 선전 분석은 촘스키의 선전체제 이론으로 그 가치가 인정되고 있다.* 비록 촘스키와 유사 인물들이 기독교 대신 불교나 도교 등의 학문적 성찰을 통해 모종의 혁명적 삶을 말하지만 자유주의의 조직 구성의 틀이 반인간적임과 서구 근대문명이 이런 거짓의 역사임을 고발하는 데에는 동일노선에 있다.**

엘륄 실천에는 기독교 혁명성이 있다. 물론 그것은 우리가 역사 속에서 보아왔던 부르주아 혁명이나 좌익 혁명이 아니다. 비록 이런 혁명이 역사 진행에 필수적이긴 하지만 그건 어쩔 수 없는 상황에서 일어나는 최후 수단이지 최종 목적은 아니다. 엘륄의 혁명은 목적과 수단이 뒤바뀐 사회에서 단지 수단에 불과한 기술을 수단으로 돌려보내는 혁명이다. 엘륄은 이런 혁명을 가장 잘 실천할 수 있는 부류로 기독교에 가담한 사람들을 꼽았다. 그러나 실상 많은 그리스도인들은 마르크스의 세계관을 잘 모를 뿐만 아니라 그를 반기독교적인 유물사관의 창설자로 본다. 특히 남북이 이념적으로 대치되어 있는 한국 사회는 그 경향이 더욱 짙다. 따라서 대체로 좌익성향으로 분류되는 사람들(그리스도인이건 아니건 간에)에게서 엘륄 실천의 일면을 발견할 수 있다. 물론 그들 중 일부는 철지난 사회주의 혁명 사상을 갖고 있을지 모르나 상당수는 비폭력을 견지한다.

오히려 한국의 대다수의 그리스도인들은 기술에 적극적이고 기술 사회에 순응적이며, 일부는 지나친 우익성향을 보인다. 그러므로 사회학

---

* 노엄 촘스키와 에드워드 허먼, 「여론 조작: 매스미디어의 정치경제학」(*Manufacturing consent: the political economy of the mass media*, [1988/2002]), (에코리브르, 2006). 이 책에서 촘스키는 엘륄이 지적한 선전(*Propagandes* [Paris, 1962/1990])의 근본적인 특성을 인용한다(70-71).

** 일례로 데이비드 에드워즈, 「자유와 진보, 그 교활함을 논하다」(*Free To Be Human*, [1995/2002]), (모색, 2005).

적 엘륄 실천은 그의 신학과 상관없을 수 있다. 어쩌면 「기술 사회」를 제대로 읽고 실천하는 사람이라면 「자유의 투쟁」을 바로 파악하는 사람이리라. 호세 보베가 「도시의 신학」을 바로 이해했듯이 말이다. 한국 사회에서도 기독교와의 관련 유무를 떠나서 이와 유사한 삶을 사는 사람들이 있을 것이나, 십중팔구 그들의 삶은 투쟁적으로 비칠 것이다. 여기서의 문제는 종교나 신학의 문제가 아니라 사회 철학의 문제일 것이다. 과연 엘륄의 말처럼 그리스도인이 이런 혁명적 삶에 가장 잘 어울릴까? 긍정적인 답이 망설여진다.

II

그렇다면 신학적 엘륄 실천은 무엇을 의미할까? 이것은 더 어려워 보일 수 있다. 엘륄의 신앙의 실천은 보편구원을 믿고 그것을 타인들에게 알리는 것이다. 그는 이것을 가르칠 수 없었기 때문에 단지 "그가 믿는 것"이라고 했다. 다른 사람들에게 강요할 수 없다는 말이다. 하지만 실상 엘륄 실천에서 보편구원은 필수다. 왜냐하면 이 전제 하에서 엘륄의 텍스트들이 바르게 읽혀질 수 있기 때문이다. 보편구원에 따르면 인류는 예수 그리스도에 의해서 모두 구원받았다. 다만 자신이 구원받은 사실을 모를 뿐이다. 복음을 믿는 자만이 그 사실을 알고 그 사람이 그리스도인이며, 그것을 전하는 것이 전도다. 그 사실을 받아들이지 않는다 해서, 그리고 달리 받아들인다 해서, 재판과 처형에 회부시킨 기독교 역사는 범죄사다. 서구의 기독교 국가들이 선교의 이름으로 저지른 악행들은 결코 정당화될 수 없다.

그러므로 엘륄의 신앙적 실천은 분명 개인 구원을 넘어서서 사회 구원을 지향한다. 그럼에도 불구하고 복음을 믿고 그리스도인이 되어 행복과 빛에 거하는 것이, 비록 구원은 받았지만 길 잃고 헤매는 것보다 나은 것은 사실이다. 다만 알지 못하고 어둠에 있는 자들을 정죄해서는 안 된다. 그리스도인이 된다는 것은 특권이나 이득을 갖는 것이 아니라 하나님 나라를 이룰 책임을 갖는 것이다. 바로 이 책임 있는 자의 의식과 행동지침을 밝혀주기 위해서 엘륄은 "기독교 윤리", 즉 자유의 윤리를 외친 것이다.

그의 수많은 신학 저술들 역시 이것을 목적으로 하는바, 그는 성서 텍스트를 주해함으로써 세상 문명에 대한 하나님의 행동이 무엇인지를 보여주었다. 그는 역사적 예수가 곧 신앙의 그리스도임을 밝히고, 교회의 왜곡된 역사는 3대 시험을 이기신 교회의 토대이신 예수에 의해 평가받아야 한다고 지적한다. 왜냐하면 교회사는 언제나 정치, 경제, 종교의 시험을 이겨내지 못했기 때문이다.

따라서 엘륄 실천에 있어서 가장 중요한 것은 복음을 먼저 받아들인 자들이 세상에서 하나님 나라를 유업으로 받기에 합당한 그리스도인의 삶을 사는 것이다. 그는 돈과 권력의 강력한 유혹에 대해 그리스도인의 자유로 저항할 것을 촉구했다. 그는 또한 그리스도인의 정치 참여가 어떠해야 할지, 현대의 노동의 의미가 무엇인지를 지적했다. 하지만 세상에 매우 순응적인 교회는 하나님 나라에 대한 믿음을 저버렸다. 그는 이런 믿음을 상실한 세상에서 "잊혀진 소망"을 되찾는 법도 제시했다. 일례로 히브리 전통의 나그네인 우리는 하나님나라의 스파이로 이 땅에서 잠행하며 살아야 한다고 말이다. 오늘날 교회의 삶과는 너무나 동떨어진 얘기다. 그가 하나님의 말씀을 주해하면서 던지는 말들은 이렇게 실천하기 곤란한 것들뿐이다.

III

엘륄의 사회학적 실천이나 신학적/신앙적 실천이 모두 평범한 우리에게는 버거운 요구로 이뤄져 있다. 우리 대부분은 엘륄을 그의 몇 권의 신학 서적들을 통해 접했을 뿐이다. 그 책들은 한편으로는 교회의 매우 그릇된 관행들을 꼬집는다는 점에서 눈에 들어오고, 다른 한편으로는 교회가 가르쳐온 성경해석 내지는 신앙/신학 교육과 뭔가 다르다는 점에서 눈 밖에 난다. 게다가 그의 사회학 책들은 뭘 어쩌라는 것인지 혼동을 주기 쉽다. 엘륄은 이래저래 불편하다.

하지만 적어도 엘륄의 사회학 실천을 한 인물이 있다. 아무나 하는 것은 아니다. 그것이 어렵다는 것은 결과적으로 기술 사회가 승리할 것이라는 엘륄의 전망에서도 예견되어 있다. 이것이 그를 비관주의자로 부르는 이유이기도 하다. 안 되는 줄 알면서도 해야 하는 사회참여, 그걸 지속적으로 실천할 때 오는 절망감과 무기력. 안 해본 사람은 말할 자격이 없겠다. 엘륄의 신앙적 실천 역시 그리스도를 본받는 수준에 있기 때문에 당연히 어렵다. 때로는 엘륄 자신도 지키기 어려웠다. 그럼에도 불구하고 우리는 그가 선정한 교회사의 별처럼 빛나는 수백명의 인물들의 계보에 그 자신을 첨가할 수 있을 것이다.

엘륄이 준 마지막 교훈은 위안이다. 이점에서 그는 제사장과 목회자의 역할을 수행한다. 더 이상 그는 예언자가 아니다. 이제 그는 "묵상하는 철학자"의 모습이다. 그는 그가 요구한 사회학적 실천과 신학적 실천의 노력이 얼마나 어려운지뿐만 아니라 얼마나 헛될 것인지도 알았다. 그것들이 결코 이뤄질 수 없는 것임을 성서에서 읽었기 때문이다. 그리고 40년이 넘는 동안 그 많은 책들을 쓰면서, 어쩌면 그 자신이 먼저 전도서에서 위로를 받았을 것이다. 이 땅에서 지혜로운 뛰어난 사람이나, 별 생각 없이 사는 사람이나, 사는 게 다 그게 그거다. 하나님을 경외하는 자나 그렇지 않은 자나 마찬가지다. 아니 전자가 후자보다 못할 때가 더 많다. 물론 모든 중간 평가들은 세상적인 기준에 따른다. 일반 사회건, 교회 사회건 매 한가지다.

실상 엘륄 실천가들은 비효율적이어서 결코 잘 수용되지 않는다. 돈이나 권력 지향적이지도 성공 지향적이지도 않을 뿐만 아니라 그런 삶에 반대하기 때문에 늘 부딪히는 편이다. 반면 이익 쟁탈전을 벌이는 곳에서는 화목을 외친다. 이게 다 헛된 짓이다. 허망하다는 의미가 아니라 아무것도 얻어내지 못한다는 말이다. 조금 얻어낸 것 같아도 잠시 후면 상황은 더 나빠진다. 다만 하나님 나라에 속한 그리스도인으로서 창조주이신 그분을 기억하며 그의 개입을 소망하는 것만 남는다. 매우 평범한 필자에게는 엘륄이 전도서 묵상을 결론으로 삼은 것이 왠지 위안이 된다. 문제는 내가 이 땅에서 해야 할 일에 최선을 다 한 후에 얻는 위안이어야 하리라.

| 자끄 엘륄 연보 |

1912년	보르도 태생
1936년	보르도 법대- 법학박사
1937-1938년	몽펠리에 법대 시간강사
1938-1940년	스트라스부르 법대와 클레르몽-페랑 법대 시간강사
1944-1946년	보르도 시의회 의원
1945-1955년	보르도 영화 클럽 지도
1943-1980년	보르도 1대학(법대) 교수
1947-1980년	보르도 정치학 연구소 소장
1947-1951년	세계교회협의회(WCC) 분과위원
1951-1970년	프랑스 개혁교회 총회 임원
1958-1977년	폐삭 청소년 범죄 예방 클럽 회장
1968-?년	아키텐 해안 보호 위원회 회장
1969-1994년	Foi et Vie 편집장
1980년	보르도 1대학 교수 은퇴
1994년	소천

레종 도뇌르 훈장, 국가 공로 훈장, 교육 공로 훈장 수훈
프랑스 아카데미 역사부분 수상(1941)
암스테르담 대학(1970)과 애버딘 대학(1980)에서 명예박사 학위 수여
Prix européen de l'Essai (Louis Veillon) (1975)

| 자끄 엘륄 한글 번역서 |

인용 서적(영역본 포함)

「원함과 행함」 *Le Vouloir et le Faire* (전망사, 1990).
「뒤틀려진 기독교」 *La subversion du christianisme* (대장간, 1990).
「세상 속의 그리스도인」 *Présence au monde moderne* (대장간, 1992).
「도시의 의미」 *Sans feu ni lieu (théologie de la ville)* (한국로고스연구원, 1992) : 본서에서는 「도시의 신학」으로 씀.

「인간 예수」*Si tu es le Fils de Dieu* (엠마오, 1993).
「기도와 현대인」*L'impossible Prière* (두레시대, 1993).
「기술의 역사」*La Technique ou l'Enjeu du siécle* (한울, 1996) ; *The Technological Society*, (New York, 1964) : 본서에서는「기술 사회」로 쓰되, 원제를 인용할 때는「기술 또는 세기의 도박으로」으로, 한글 역본을 인용할 때는「기술의 역사」로 표기한다.
「요한계시록주석」*L'Apocalyse: architecture en mouvement* (한들출판사, 2000).
「존재의 이유」*La raison d'être: Méditation sur l'Ecclésiaste* (규장, 2005).
「자유의 투쟁」*Les combats de la liberté* (솔로몬, 2008).
「서구의 배반」*Trahison de l'Occident* (솔로몬, 2008).
「잊혀진 소망」*L'Espérence oubliée* (대장간, 2009).

인용 인터뷰 서적

「때를 얻든지 못 얻든지」*A temps et à contretemps* (솔로몬, 1994).
「우리시대의 모습」*Perspectives on Our Age* (대장간, 1995).

참고 서적

「폭력」*Contre les violents* (현대사상사, 1974).
「법의 신학적 기초」*Le Fondement théologique du droit* (현대사상사, 1985).
「사람과 돈」*L'Homme et l'Argent* (보리, 1987).
「하나님의 정치 사람의 정치」*Politique de Dieu, politique des hommes* (두란노, 1987).
「무정부와 기독교」*Anarchie et Christianisme* (솔로몬, 1994).
「이슬람과 기독교」*Islam et judéo-christianisme* (대장간, 2009).
「하나님은 불의한가?」*Ce Dieu injuste...?: Théologie chrétienne pour le peuple d'Israël* (대장간, 2010).
「요나의 심판과 구원」*Le Livre de Jonas* (대장간, 2010).
「정치적 착각」*L'Illusion politique* (대장간, 2011).
「기독교와 마르크스주의」*L'Idéologie marxiste chrétienne* (대장간, 2011).

엘륄의 저서 목록

역사

1. *Etude sur l'évolution et la nature juridique du Mancipium*, Bordeaux, Delmas, 1936.
2. *Essai sur le recrutement de l'armée française au XVIe et XVIIe siècle*, 1941.
3. *Introduction à l'histoire de la discipline des Eglises réformées de France*, 1943.
4. *Histoire des institutions*, 5 vols. Paris, PUF, 1951-1957.
5. *Histoire de la propagande*, Paris, PUF, 1967.

사회학

1. *La Technique ou l'Enjeu du siècle*, Paris, Armand Colin, 1954/1990/1999.
2. *Propagande, Paris, Armand Colin*, 1962/1990.
3. *L'Illusion politique*, Paris, Robert Laffont, 1965/1977/2004.
4. *Exégèse des nouveaux lieux communs*, Paris, Calmann-Lévy, 1966/1994/2004.
5. *Métamorphose du Bourgeois*, Paris, Calmann-Lévy, 1967/1998.
6. *Autopsie de la Révolution*, Paris Calmann-Lévy, 1969.
7. *Jeunesse délinquante*, Paris, Mercure de France, 1971.
8. *De la Révolution aux révoltes*, Paris, Calmann-Lévy, 1972.
9. *Les Nouveaux Possédés*, Paris, Fayard, 1973/2003.
10. *Trahison de l'Occident*, Paris, Calmann-Lévy, 1975/2003.
11. *Le système technicien*, Paris, Calmann-Lévy, 1977/2004.
12. *L'Idéologie marxiste chrétienne*, Paris, Centurion, 1979.
13. *L'Empire du non-sens*, Paris, PUF, 1980.
14. *La Parole humiliée*, Paris, Editions du Seuil. 1981.
15. *Changer de révolution*, Paris, Editions du Seuil, 1982.
16. *Le bluff technologique*, Paris, 1988/2004.
17. *Déviances et déviants dans notre société intolérante*, Toulouse, 1992.
18. *La pensée marxiste. Cours professé à l'Institut d'études politiques de 1947 à 1979*, Paris, 2003.

신학

1. *Le Fondement théologique du droit*, Paris, Delachaux, 1946.
2. *Présence au monde moderne*, Genève, Roulet, 1948/1988.
3. *Le Livre de Jonas*, Paris, Foi et Vie, 1952.
4. *L'Homme et l'Argent*, Paris, Delachaux, 1954/1979.
5. *Le Vouloir et le Faire*, Genève, Labor & Fides, 1964.
6. *Fausse Présence au monde moderne*, Paris ERF, 1964.
7. *Politique de Dieu, politique des hommes*, Paris, 1966.
8. *Contre les violents*, Paris, Centurion, 1972.
9. *L'impossible Prière*, Paris, Centurion, 1972.
10. *Sans feu ni lieu (théologie de la ville)*, Paris, Gallimard, 1975/2003.
11. *L'Espérence oubliée*, Paris, Gallimard, 1972/2004.
12. *L'Ethique de la liberté*, 2 vols., Genève, Labor & Fides, 1973.
13. *L'Apocalyse: architecture en mouvement*, Desclée de Brouwer, 1975.
14. *Les combats de la liberté*, Genève, Labor & Fides, 1984.
15. *Conférence sur l'Apocalyse de Jean*, AREFPPI, Nantes, 1985.
16. *La Foi au prix du doute*, Paris, Hachette, 1980.
17. *La subversion du christianisme*, Seuil, 1984/2001.
18. *La raison d'être: Méditation sur l'Ecclésiaste*, Seuil, 1987/1995.
18. *La Genèse aujourd'hui*, Nantes, 1987.
19. *Anarchie et Christianisme*, Paris, 1988/1998.
20. *Si tu es le Fils de Dieu*, Centurion, 1991.
21. *Ce Dieu injuste...?: Théologie chrétienne pour le peuple d'Israël*, Arléa, 1991/1999.
22. *Islam et judéo-christianisme*, Paris, PUF, 2004.
23. *Le défi et le nouveau: Oeuvres théologiques 1948-1991*, La Table Ronde, 2007.

기타

1. "Sociologie des relations publiques", *Revue française de sociologie*, 1964.
2. "Voyage en Israel", *Foi et Vie*, 1977.
3. "Théologie du travail et monde moderne", *Foi et Vie*, 1980.
4. *A temps et à contretemps*, Centurion, 1981.
5. *Un chrétien pour Israël*, Monaco, 1986.
6. *Ce que je crois*, Grasset, 1987.

7. *L'homme à lui-même. Correspondance Jacques Ellul et Didier Nordon*, Paris, 1992.
8. *Sources & Trajectories: Eight Early Articles by Jacques Ellul That Set the Stage*, (tr.& com. Marva I. Dawn), Eerdmans, 1997.
9. *Entretiens avec Jacques Ellul*, (éd. Patrick Chastenet) Paris, 1994.
10. *Silences, Poèmes*, Bordeaux, 1995.
11. *Oratorio. Les quatre cavaliers de l'Apocalypse*, Bordeaux, 1997.

엘륄에 대한 연구 서적

1. *Introducing Jacques Ellul*, (ed. by James Y. Holloway), Eerdmans, 1970.
2. *Perspectives on Our Age*, New York, 1981.
3. *Jacques Ellul: Interpretive Essays* (ed. by Clliford G. Christians and Jay M. Van Hook), Univ. of Illinois Press, 1981.
4. *Religion, Société et Politique, Mélanges en hommage à Jacques Ellul*, Paris, 1983.
5. David W. Gill, *The Word of God in the Ethics of Jacques Ellul*, Metuchen, N.J., & London, 1984.
6. *Jacques Ellul: A Comprehensive Bibliography*, JAI Press, 1984.
7. Daniel B. Clendenin, *Theological Method in Jacques Ellul*, Univ. Press of America, 1987.
8. *Le siècle de Jacques Ellul: Hommage de Foi et Vie à la mémoire de son Directeur, Foi et Vie*, N°5-6, Déc. 1994.
9. Jean-Luc Porquet, *Jacques Ellul: l'homme qui avait presque tout prévu*, Paris, 2003.
10. 박건택 외,「자끄 엘륄 사상 입문」, 다산글방, 2003.
11. Patrick Troude-Chastenet(éd), *Jacques Ellul: penseur sans frontières*, Bordeaux, 2005.
12. Patrick Troude-Chastenet(éd), *L'Economie*, Bordeaux, 2005.
13. 손화철,「토플러와 엘륄: 현대 기술의 빛과 그림자」, 김영사, 2006.
14. 신광은,「자끄 엘륄 입문」, 대장간, 2010.
15. F. Rognon,「대화의 사상」, 대장간, 2011.

Life and Thoughts of Jacques Ellul